U0522408

本著得到首都师范大学文学院专项经费资助

都市：
货币、文化空间与人的发展

包晓光 主编　　闫 烁 副主编

中国社会科学出版社

图书在版编目（CIP）数据

都市：货币、文化空间与人的发展／包晓光主编．—北京：中国社会科学出版社，2021.11
ISBN 978-7-5203-9061-3

Ⅰ.①都… Ⅱ.①包… Ⅲ.①文化发展—研究—北京 Ⅳ.①G127.1

中国版本图书馆 CIP 数据核字（2021）第184125号

出 版 人	赵剑英
责任编辑	安　芳
特约编辑	张　婷
责任校对	张爱华
责任印制	李寡寡

出　　版	中国社会科学出版社
社　　址	北京鼓楼西大街甲158号
邮　　编	100720
网　　址	http://www.csspw.cn
发 行 部	010-84083685
门 市 部	010-84029450
经　　销	新华书店及其他书店
印　　刷	北京明恒达印务有限公司
装　　订	廊坊市广阳区广增装订厂
版　　次	2021年11月第1版
印　　次	2021年11月第1次印刷
开　　本	710×1000　1/16
印　　张	20
插　　页	2
字　　数	335千字
定　　价	108.00元

凡购买中国社会科学出版社图书，如有质量问题请与本社营销中心联系调换
电话：010-84083683
版权所有　侵权必究

目　　录

新时代语境下传统文化创造性转化、创新性发展的几个问题
（代序）……………………………………………………………（1）

上编　货币、文化空间与人

第一章　西美尔视野中的都市与货币经济 ……………………（3）
 一　西美尔与社会学 ………………………………………（3）
 二　西美尔的都市理论 ……………………………………（6）
 三　西美尔的货币理论 ……………………………………（20）
 四　都市与货币的产物：时尚 ……………………………（29）

第二章　空间视角下的北京历史文化街区重塑 ………………（45）
 一　文化空间与历史文化街区 ……………………………（46）
 二　北京历史文化街区的现实剖析 ………………………（61）
 三　北京历史文化街区的空间溯源 ………………………（65）
 四　以什刹海地区为对象的历史文化街区探析 …………（73）
 五　北京历史文化街区的未来图景 ………………………（87）

第三章　首都功能核心区名人故居文化生态与文化创意模式 ………（95）
 一　首都功能核心区名人故居概述 ………………………（96）
 二　首都功能核心区名人故居文化生态建设与文化发展模式 ……（103）
 三　首都功能核心区名人故居文化创意模式构建探析 …………（113）

第四章 "体验经济"视域下北京文化创意产业艺术型集聚区消费问题研究 （118）
一 体验经济与消费体验 （118）
二 体验经济视域下北京文化创意产业艺术型集聚区的消费体验 （128）
三 北京宋庄画家村消费体验研究 （133）
四 北京文化创意产业艺术型集聚区的发展策略 （142）

下编 文化服务、互联网创意与人

第五章 中关村文化创意产业集群研究 （153）
一 文化创意产业集群概述 （153）
二 中关村文化创意产业集群的创意元素 （158）
三 中关村文化创意产业集群存在的问题 （171）
四 中关村文化创意产业集群的发展对策 （174）

第六章 以数字化为核心的公共文化服务模式创新研究 （182）
一 一组概念：数字化、公共文化服务、公共文化服务社会化 （182）
二 从需求侧分析公共文化服务数字化的实现方式 （187）
三 数字化推动公共文化服务的社会化探索 （196）
四 以数字化促进公共文化服务的标准化 （207）
五 以数字化促进公共文化服务均等化的现实与前景 （214）

第七章 艺术类博物馆审美教育经验探究
——以美国纽约大都会艺术博物馆为例 （221）
一 纽约大都会艺术博物馆的审美教育活动现状 （222）
二 纽约大都会艺术博物馆审美教育活动的优势与问题 （245）
三 纽约大都会艺术博物馆审美教育活动的启示 （248）

第八章　中国网络院线价值链分析
　　——以"爱奇艺"为例 ……………………………………（254）
　一　网络院线概述与价值链分析 …………………………（254）
　二　"爱奇艺"网络院线价值链分析 ………………………（270）
　三　中国网络院线价值链发展困境 ………………………（281）
　四　中国网络院线价值增值的提升路径与制度保障 ……（290）

编后记 …………………………………………………………（302）

新时代语境下传统文化创造性转化、创新性发展的几个问题（代序）

包晓光

习近平总书记在中国共产党第十九次全国代表大会报告中直接提及文化、文化建设、文化发展等问题的语句多达60处，可见"文化"是这篇纲领性文献念兹在兹的关键词之一。文化问题为何如此重要？十九大报告做出了精辟回答"文化是一个国家、一个民族的灵魂。文化兴国运兴，文化强民族强。没有高度的文化自信，没有文化的繁荣兴盛，就没有中华民族的伟大复兴"。要实现文化强国的目标，中华传统文化的"创造性转化、创新性发展"至关重要。

一 新时代语境与中华传统文化

在世界各民族大家庭中，中华民族以拥有五千多年文明史和灿烂悠久的历史文化而备受瞩目。与其他国家或民族的传统文化相比，中华传统文化在生命体的绵延、主体的坚忍持久、历史轨迹的明晰、核心价值的凝聚等方面，似乎都更为突出。钱穆在《中国文化史导论》中认为，中华传统文化的历史就像是由一个运动员坚持的长跑，从起点不断地跑向终点，而其他文化形态，如古希腊文化精神，虽然绵延到今天，成长为西方现当代文化精神，但是，在这一漫长过程中，领跑者不断更换，先是希腊人，后来则是马其顿人、罗马人、法兰克人、雅利安人、盎格鲁—撒克逊人等等，就像是一场漫长的接力赛。而古巴比伦、古埃及、古印度文化则没有这样的运气，它们或是在很大程度上消亡了，或是在很大程度上播散了，或是与其他文化形态混融在一起。唯有中国传统文化卓然不群，即使命运多舛、历经坎坷，却能如瓜瓞绵绵、不断繁衍、无尽无休，从未在播散中丢失了本体和主体，而是在漫长的历史进程中保持并发展了自身的存在。

中华传统文化在复杂多变的历史时空中能够葆有其生命力，原因是多方面的。一方面固然在于外在的客观因素，比如独特的自然地理条件所使然，更为重要的和直接的因素则可能在于中华传统文化之主体和载体的独特性。中华传统文化的主体是不断存续和繁衍的中华民族生命体。这个生命体的凝聚力、向心力、创造力以及团结奋斗、劳作不息的精神，才是中华传统文化得以存续下去的保证。正是民族生命主体的坚忍不拔和勤奋进取，创造了底蕴深厚、富有特色、成就辉煌的文化载体——中华传统文明。与其他形态的传统文明相较，中华传统文明在器物科技、典章制度、衣食住行等方面的成果极为丰硕，它们积淀为珍贵的历史遗产和历史记忆，对今天的人们产生着深远的影响。

应该看到，中华传统文化虽然在历史时空的变换中保持了生命的传承，在此意义上，它确如钱穆说的那样像是一个运动员坚持的长跑，但是，当这个长跑者跑过不同的历史阶段的时候，历史的场景并非总是复制过去也并非总是风和日丽，实际上，对中华传统文化的生存和发展而言，毋宁说困难和曲折的道路要占到多半。在不同的社会发展阶段，在不同的历史时期，这个长跑者总是要有一些变化，有的时候充满朝气，有的时候满怀疲惫。这些变化不仅作用于这个长跑者的心理和情绪，也改变着他的机体结构和主体意识。因此，站在今天的角度来观照中华传统文化的时候，一定要坚持历史唯物主义的观点和立场，将中华传统文化置于不同的历史语境之中，只有这样才能保持头脑清醒，才能对中华传统文化的价值有比较准确的判断和分析。

我在《中国传统文化精神》一书的导论中曾经指出："考察进而阐释'中国传统文化精神'问题的生成机制，实际上是对这一问题得以成立的语境的了解。中国传统文化问题是在特定的历史语境中产生、演化和发展的，它的问题机制与时代风貌一开始就受到历史语境的深刻制约，直到今天，当我们思考这一问题的时候，仍然不能不考虑到这一制约因素。"①因此，只有从特定的历史语境出发，才能对中华传统文化问题作出比较真切的观照，这样的观照才有意义。

那么，我们当下谈论"传统文化创造性转化、创新性发展"问题的时候，所处的历史语境如何呢？十九大报告给出的回答是："经过长期努力，中国特色社会主义进入了新时代，这是我国发展新的历史方位。""传统文化创造性转化、创新性发展"正是在"新时代"语境下提出的重大历史课题。

"新时代"语境紧承改革开放语境。所谓改革开放语境是指1978—2012年间我们思考和表达中华传统文化问题时所处的语境。这一时期，影响和制约我们认识和思考中华传统文化问题的主要因素包括：世界范围内的经济全球化及政治经济利益的结构性调整、社会主义国家的市场经济改革进程及其经验教训、对中国社会主义革命和建设时期计划经济的体制性反思、中国共产党对社会主义初级阶段的认识及建设有中国特色社会主义市场经济的历史决断。正是在这些动因的复杂作用下，中国的改革开放才逐步深入，并在1992年之后走上了社会主义市场经济改革的快车道。历经三十余年的改革开放，我们迎来了一个新的历史节点，这个节点在十九大报告中被表述为十八大以来所取得的重大理论创新，其标志就是"形成了新时代中国特色社会主义思想"。

相对于改革开放语境而言，"新时代"语境一方面继承了改革开放语境的改革、开放、发展主题；另一方面则对过去的主题进行反思和超越。集中表现在：在政治上，升华了原来的指导思想，提出了新时代中国特色社会主义理论，将中国社会的主要矛盾表述为"人民日益增长的美好生活需要和不平衡不充分的发展之间的矛盾"。在经济上，对改革开放时期经济高速增长模式进行反思，提出了"三去一降一补"等供给侧结构性改革的举措。在文化上，对改革开放时期积累的一些文化问题进行反思，从制度文化、器物文化、观念文化、审美文化、符号文化、习俗文化入手，革故鼎新，提出了中国特色社会主义文化理论，其核心就是"坚持中国特色社会主义文化发展道路，激发全民族文化创新创造活力，建设社

---

① 王强、包晓光：《中国传统文化精神》，昆仑出版社2004年版，导论第2页。

会主义文化强国"。

显然，在当下认识和思考中华传统文化创造性转化、创新性发展，离不开"新时代"语境，只有从"新时代"这个历史节点出发，才能更为准确地把握文化创新的路径与方法。

二　中华传统文化的创造性转化

中华传统文化与中华民族的农业生产生活实践活动息息相关，在某种意义上可以说，中华传统文化是世界上最伟大的农业文明所创造出来的最伟大的精神成果，它在观念、制度、器物、审美、符号、行为习俗等方面均积累了巨量的文化资源。如何认识中华传统文化与中华农业文明之间的关系，如何对待中华传统文化资源，关系到文化自信的树立，关系到文化强国建设的成败，关系到中华民族的伟大复兴。

关于文化与文明的关系，可作一体两面观。美国文化学家菲利普·巴格比指出，文明"在十九世纪的专业用法中——尤其是在法国和英国，其意义精确地或几乎精确地等同于'文化'。泰勒有意识地将两者作为同一概念加以运用"[①]。在19世纪和20世纪之交，德国的一些社会学家开始有意识地区分文明与文化。有的人用文化来指"人对自然的支配"；用文明来指"人对其自身的支配"（巴斯的观点）；有的则相反，将文明定义为"一个实践的和理智的知识实体和控制自然的技术手段的总和"，而文化则被限定为"价值、规范的原则以及观念的结构"（莫顿的观点）。在菲利普·巴格比看来，"文明就是城市的文化，而城市则可定义为一种聚居点，其中许多（更确切地说，多数）居民不从事食物的生产。一种文明则是一种可以在其中找到城市的文化"[②]。钱穆在《中国文化史导论》中指出："大体文明文化，皆指人类群体生活而言。文明偏在外，属物质方面。文化偏在内，属精神方面。故文明可以向外传播与接受，文化则必由其群体内部精神累积而产生。即如近代一切工业机械，全由欧美人发

---

① ［美］菲利普·巴格比：《文化：历史的投影》，上海人民出版社1987年版，第190页。
② ［美］菲利普·巴格比：《文化：历史的投影》，上海人民出版社1987年版，第195页。

明，此正表显了近代欧美人之文明，亦即其文化精神。"① 在钱穆看来，科学精神属文化，而此科学精神所创造的机械则属于文明，也就是说，"文化可以产生出文明来，文明却不一定能产生出文化来"②。文化是一种精神的东西，文明则是一种物质的东西。

如果上述观点正确，同样可以认为中华传统文化与中华传统文明是互为表里的关系，前者是后者的灵魂，是文明的"有意味的形式"③。中华传统文化既然以农业社会封建世代为社会存在的主要基础，那么，它就必然是那个时代孕育、发展、丰富、存续的"以华夏族为主体的体现该主体的精神气质和特殊追求的行为模式、思维模式和情感模式的综合体"④，展现为那个时代的观念文化、器物文化、制度文化、审美文化、符号文化、行为习俗文化。

中国农业社会、封建时代的历史非常悠久，在两千多年中，不管朝代如何变化，以农业为主体的生产生活方式以及建立在这个基础之上的上层建筑意识形态的性质都没有大的改变。用黑格尔的话来说就是"中国的历史从本质上看是没有历史的；它只是君主覆灭的一再重复而已。任何进步都不可能从中产生"。现代法国文化学者阿兰·佩雷菲特在赞同黑格尔观点的同时进而认为，直到现代，这种局面都没有改变，"简直可以说每个中国人的基因里都带有乾隆帝国时的全部遗传信息"⑤。在他们眼里，中国的历史不叫历史，只是荒唐的重复与循环，自外于世界历史时间。

我们不赞同黑格尔和佩雷菲特的历史观，因为它没有看到历史的发展是复杂的，世界文化的类型也是多样化的，并非只有西方历史一种模式。从清王朝的停滞不前，推论出整个中国传统文化都如此，显然既不客观也不准确。但是，应当看到，黑格尔等人对中国传统文化的批判是深刻的，因为他们不仅看到了中国传统制度文化的缺憾，更从文化角度指出了

---

① 钱穆：《中国文化史导论》，商务印书馆1994年版，弁言第1页。
② 钱穆：《中国文化史导论》，商务印书馆1994年版，弁言第1页。
③ 英国美学家克莱夫·贝尔提出的形式主义美学概念，本文用来指称文化与文明的关系。——编者注
④ 王强、包晓光：《中国传统文化精神》，昆仑出版社2004年版，导论第12页。
⑤ [法]阿兰·佩雷菲特：《停滞的帝国——两个世界的撞击》，生活·读书·新知三联书店1995年版，第5页。

"停滞"原因。

近代以来，随着资本主义工业文明的外溢与帝国主义的入侵，中国艰难地进入了近代工业化历史进程，封建上层建筑和它的统治基础开始分崩离析。晚清以降的种种文化危机表明，中华传统文化业已开启了转型和转化的历史进程。换言之，中华传统文化转化的议题并非始自今日，而是早已有之。清末民初的文化危机意识昭示了这一时代课题的紧迫性和必要性。

中华传统文化转化的起始点和归宿是什么？转化的方式和途径又如何？近代史开展以来，中国文化思想界精英分子提出过不少设想和方案并付诸实践，譬如"中体西用"、君主立宪、维新变法、民主共和等，都试图对中华传统文化进行某种形式、某些方面和某种程度的转化。至于五四新文化运动更是提出了"打倒孔家店，救出孔夫子"的口号。可以说，如果没有1840—1919年间的对外开放、西学东渐、思想启蒙，就不能够设想后来的新的文化形态的出现，譬如新民主主义文化、社会主义文化。也就是说，正是长期艰苦卓绝的文化革命，推动了中华传统文化实现转化，这些转化所累积起来的力量推动中华文化跳出历史的循环，由传统走向近代和现代。

随着国民经济的高速增长和文化产业的兴起，文化生产和文化消费越来越受到重视，对中华传统文化资源的开发与利用渐成风气，中华传统文化似乎迎来了新的生机。新的挑战是指在社会主义市场经济发展进程中，面对市场化、商业化、低俗化，中华传统文化的转化如何做到在创造经济价值的同时创造文化价值？如何在有益于文化生产和文化消费的同时有益于中华民族的文化自豪感和文化自信？

新时代语境下中华传统文化创造性转化命题的提出是解决上述问题的新的历史契机。首先，"新时代"一改改革开放前期中期的发展理念，主张可持续、高质量、内涵式发展，对传统文化资源的过度开发和庸俗利用得到抑制。其次，"新时代"主张"发展中国特色社会主义文化"，明确提出"坚守中华文化立场"，这为中华传统文化创造性转化明确了基点和原则。换言之，对中华传统文化的创造性转化要以"中华文化立场"为旨归，以"发展中国特色社会主义文化"为目标。这种转化不是复古主义的照单全收，而是去粗取精，扬弃糟粕，继承和发展中华优秀传统文化。这种转化也不是功利主义的猎奇和扭曲，而是挖掘传统文化中具有中华民族普世价值和文化生命力的观念、器物、制度、符号、审美、习俗等元素予以传承和发展。"创造性转化"不是将中华优秀传统文化资源全盘推倒或转化得非驴非马、面目全非，而是将资源形态的中华传统文化转化为价值形态的当代中华文化。这种转化跨越了时代和形态，本身就具有创造性。值得指出的是，对我们来说，中华传统文化固然首先指中国两千余年的农业文化，同时，也必然包括近代转型文化、现代反帝反封建文化（新民主主义文化）、当代社会主义革命和建设以及改革开放的文化。中华传统文化是中华民族生命体的绵延，它的历史不能割裂。

三　中华传统文化的创新性发展

中华传统文化创新性发展是新时代语境下"坚守中华文化立场""发展中国特色社会主义文化"的必然要求。那么，在"新时代"语境下，"创新性发展"与"创造性转化"的区别是什么呢？创新性发展又有何必要性？这是我们在思考中华传统文化可持续性问题时必须回答的问题。

中华传统文化是与西方传统文化并称的重要文化形态之一，它的巨大文化价值和独特魅力无人能够否认。然而，如前所述，它的历史轨迹在两千多年的中华农业文明中，不断地画出一个又一个历史循环的圆圈，以至于被黑格尔断言"中国的历史从本质上看是没有历史的"。我们虽然不赞同黑格尔的唯心主义史观，但却不能不承认黑格尔看到的历史真实。反思历史我们发现，中华传统文化的独特性实际上与这种独特的历史循环有很大关系。

中华传统观念文化的核心价值主要是在春秋战国这个文化的轴心时代形成的，而封建制度文化则主要是在秦汉时期奠定的。秦汉时期的中国传统文化的基本动向是凝定与制度化。在这一历史时期，封建帝国对先秦文化进行了全面整合，在此基础上有所选择、丰富和发展。比如：在制度文化上，强化皇权，国家机器的统治职能系统定型。在观念文化上，罢黜百家，独尊儒术，儒家学说官学化经学化，成长为封建国家占统治地位的意识形态。与权力相结合的儒家思想，日益与人们的行为规范相契合，成为塑造民族性格的精神力量。在符号文化方面，汉字书写进一步规范和统一，有力地促进了文化的传播和凝定。在审美文化方面，秦汉的风格古朴、恢宏、廓大、沉郁，在文学、艺术等方面都有体现。在宗教文化方面，西汉末年，佛教传入中国，东汉中叶，道教创立。中国的宗教文化从此别开生面。在器物文化方面，秦汉时代，建树颇多。诸如应用数学、天文观测、医学和药学、造纸术等，都领先世界。概言之，秦汉时期的中华传统文化在各个方面都体现出制度化的特征，这些制度为后代王朝的统治提供了基本范式。

从周兴到汉亡，在中华大地上朝代的更替不断上演，历史看上去确实像是在循环往复，但并非停滞不前。因此我们认为，以秦汉为界，此前的历史循环往复运动，颇多文化建树，历史亦沿着进步的路线螺旋式地上升。秦汉之后，臻于成熟的观念文化和制度文化进入了丰富、缜密和普泛化的历史时期。这一漫长阶段的历史轨迹，与黑格尔和佩雷菲特的批判多有吻合，看上去历史似乎停止了前进，只是在不断地画圈，复制前朝的故事。甚至从国人津津乐道的清朝康乾盛世，佩雷菲特也嗅到了一股腐朽衰败的气息。

但是，不论是秦汉之前还是秦汉之后，这一独特的历史循环都并非毫无意义。从积极的方面来看，它稳固并强化了中华传统文化的观念内核，使其在更广大范围和领域泛化和普及，成为长期占统治地位的意识形态。它稳固并强化了中华民族的深层文化心理，使儒教伦理、道家精神、世俗化宗教情感成为中国人心灵深处的集体无意识。正是这种独特的历史循环才强化了中华传统文化的核心价值，确保了钱穆所说的一个人的长跑能够坚持到底。当然，从历史进步的角度来说，这一历史循环所带来并不断强化的故步自封、安于现状、乐天知足的文化心理，其产生的消极影响也不容低估。特别是在明清两代，文化专制和锁国政策成为国家主旋律，严重阻碍了中外贸易与文化交流，束缚了中国人民向外发展的活力和进取精神，阻抑了文化转型的步伐。

不能否认，中华传统文化在近代转型期明显缺乏创新性发展。因为缺少内在的历史驱动力，"创新性发展"完全依赖于外力的刺激，只是当这种刺激严重到挫伤了民族的文化自信、危及王朝的统治、动摇了儒教伦理，才激起了创新性发展的欲求。然而，正是因为历史惰性的过于强大，从近代一直到中华人民共和国成立，任何创新性发展的谋划和道路都不能够达成全民族的共识，不得不通过各种战争，付出巨大的代价和牺牲，才推动了历史的进步。在此意义上可以说，中华民族的近代转型是世界史景观中最艰巨、最复杂、最有戏剧性的历史转型。

对现存的任何一种文化形态来说，创造性转化与创新性发展都是通向未来的根本性原则，对中华传统文化而言更是如此。实际上，自近代史开展之后，中国的发展已经纳入世界史进程，历史的循环已经被打破。五四新文化运动之后，中华传统文化在器物文化方面日益受到西方先进的工业生产方式的影响，出现了代表这种生产方式的主体——中国的产业工人阶级。在观念文化方面，马克思主义与各种西学渐次传入，逐渐成长为新的观念文化形态，并与中华传统文化相龃龉相融合。在制度文化方面，资本主义、社会主义均对中华传统文化的历史走向产生深远影响，并实际塑造了新的文化形态。凡上述种种，均可谓文化的转化与创新。

中华传统文化深厚博大，拥有强大的生命力。这不仅体现在它的遗存众多、原典丰富等方面，更为主要的是它深入人心，早已内化为中华民族的深层文化心理，成为支配中国人行为模式、思维模式和情感模式的重要内因。一个中国人在器物、制度、观念、符号、审美、习俗等方面对中华传统文化的认同感就是他的文化徽章和民族烙印。正是因为中华传统文化在现当代社会依然葆有其强大生命力，所以，任何对它的转化和创新都是一个有难度的课题。

在"新时代"语境下，弘扬中华优秀传统文化，应该将创造性转化与创新性发展结合起来。首先，不应将创造性转化与创新性发展混为一谈。所谓创造性转化是指根据新时代人民对美好生活的需要，开发和利用中华优秀传统文化资源，将其转化为有益于当代的新的文化成果。在这个文化成果上面应该能够辨识出中华传统文化的元素，应该具有"中华文化立场"，应该见得出中华传统文化的身影。转化的"创造性"主要体现在主题、技巧、方法、形式、载体等方面的前所未有和与众不同。比如电视连续剧《红楼梦》之于古典名著《红楼梦》就体现了这种创造性转化。"创新性发展"是对弘扬中华传统文化的更高要求。中华传统文化要在新的时代语境下推陈出新、葆有生命力，仅仅依靠创造性转化还不够，还需要创新性发展。与前者相比，"创新性发展"显然更具有前瞻性和开放性，更需要对外来文化兼收并蓄、以为己用。在本质上，"创新性发展"

之于中华传统文化，所从事的是前无古人的事业，所获得的是前所未有的成果。换言之，在文化上它是一种新的形态或样式。显然，这样一种新的东西必须通过创新才能获得。其次，不应割裂创造性转化与创新性发展的关系。创造性转化是创新性发展的基础和前提。只有文化上成功的创造性转化大规模地涌现，文化上的创新性发展才具备前提条件。因为只有这样才意味着我们的当代文化接通了传统的血脉，才能够获得中华优秀传统文化的滋养。创新性发展虽然是前无古人的事业，但是仍然要以中华优秀传统文化为基础，以回馈中华传统文化为目标，只有这样才能创造出属于新时代的崭新文化，才是"坚守中华文化立场"。

上 编

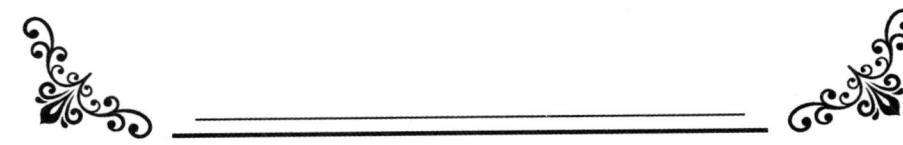

货币、文化空间与人

第一章

西美尔视野中的都市与货币经济

西美尔①是 20 世纪最具独特视角的思想家、哲学家和社会学家。他从文化的角度对都市和货币进行的分析在学界产生了重大影响。作为一个规模较大，密度较高，由不同社会阶层的个体组成的永久性的定居地，都市已成为现代生活的中心。它的巨大规模导致了原有社交关系的重构，并产生了一系列的新制度和新的交往形式。规模、分工，连同货币经济一起，影响着大都市的社会关系和精神生活。冷漠所带来的畏触症，拜金所带来的乐极生厌、犬儒主义等心理状态，随着都市化进程不断渗透到其他地方。其中的根源在于货币，它既是一种绝对的手段，也是一种绝对的目的。它作为一种价值符号将所有事物的价值夷平。货币早已成为都市的骨骼和血液，对都市的发展和都市人的生活状态起着决定性的作用。货币所带来的自由发展空间，在都市中为时尚的出现创造了舞台，时尚是都市与货币互动的产物，也是现代性碎片之一。

一 西美尔与社会学

西美尔曾说："在人类精神的、文化的、政治的生活中，是那些日常小事的总量而非领袖特殊的个人行为决定了历史图画的全景。"② 也正因如此，作为 20 世纪第一个真正意义上的社会学家，他所做的有关

---

① Georg Simmel 在汉语中有多种翻译，为避免引起歧义，本章采用"西美尔"一词指称 Georg Simmel，但在引文和参考文献中，沿用原译者的习惯称谓。
② [德] 西美尔：《货币哲学》，陈戎女、耿开君、陈聘元译，华夏出版社 2001 年版，第 206 页。

社会学的研究，几乎都是从捕捉现代生活的瞬间图景开始的。在他看来，恰恰是这些碎片折射了现代性的永恒。

自1858年8月出生于柏林，西美尔在这座城市度过了60年。"充实的空虚、紧张的怠惰、好奇的厌烦"，这是19世纪末一个飞速发展的城市留给居住在那里的人的心灵体验。日渐丰富的物质生活为都市人的冷漠、矜持、算计埋下了伏笔。作为社会学家的西美尔用他敏感的心感受到这一切，并开始将其带入学术研究。

1887年西美尔开设了一门名为"从社会学的角度来看伦理学"的课程，七年后"社会学"在柏林大学开课，这个诞生于19世纪的年轻学科在这一年的德国被西美尔正式引入了大学的科研教学之中。1900年，西美尔的《货币哲学》出版，虽然这部介乎哲学和社会学之间的著作未能改变他学院"局外人"的身份，却使他同韦伯和涂尔干共同成为西方现代社会学的奠基者。

西美尔的主要社会学著作包括《货币哲学》《社会学》《论社会分工》《社会学的基本问题》等。更多的社会学论著都以小品文的形式著称，这些有关都市、货币、时尚的研究为现代社会学的研究者提供了丰富的资料和全新的视角。如1895年发表的《时尚心理的社会学研究》、1903年的《大都市与精神生活》以及1904年以英文在《国际月刊》发表的《时尚》，都为有关都市、时尚和现代性的研究开创了新的路径。

西美尔的都市、货币理论以及互动理论，深深影响了社会学界，特别是美国芝加哥学派。他将社会学从"一门无所不包的学科"的身份中解放出来，使其成为"一种新方法，一种研究手段，一种研究探索所有这些学科的主题的新途径"[①]。

在西美尔去世后，德国的社会学研究长期未受重视，他本人对于社会学的巨大贡献也没有得到关注，直到20世纪70年代，随着社会学界"韦伯热"的兴起，西美尔在沉寂多年以后也迎来了迟到的复兴。代表性事件是1989—2004年德国的苏尔坎普出版社出版了由拉姆施塔特主

---

① 成伯清：《格奥尔格·西美尔：现代性的诊断》，杭州大学出版社1999年版，第27页注释1。

编的《西美尔全集》，共 24 卷。①

在国外众多对西美尔研究的著作中，一部分是偏重于对西美尔思想的整体概括：例如戴维·弗里斯比编撰的《格奥尔格·西美尔：批判性述评》、日本学者北川东子的《齐美尔——生存形式》、科勒的《格奥尔格·西美尔》。另一部分研究存在于有关现代性的著述中，如尼格尔·多德的《社会理论与现代性》、弗雷斯比的《现代性的碎片：西美尔、克拉考、本雅明》、费瑟斯通的《消费文化与后现代主义》。此外，在生命哲学领域，例如费迪南·费尔曼的《生命哲学》也将有关西美尔的研究置于重要的位置。

而在几乎所有的社会学论著中，西美尔都会在奠基人的章节中出现。一方面因为他对于社会学研究方法的贡献——他的社会组织理论对后来的社会学发展产生了极大影响，另一方面因为他对都市社会学的贡献（特别是在有关都市—货币的理论体系中西美尔占有的地位非常重要），几乎所有的著作都将他置于开创者的地位。由于他对美国学生帕克②的影响，最终使社会学系在芝加哥大学扎根，而芝加哥学派对于城市社会理论的导向作用至今仍功不可没。此外西美尔的《大都市与精神生活》也直接影响了路易·沃斯③的思想，并成就了他的《作为一种生活方式的都市主义》。

西美尔开创了都市社会学研究的新角度，即更重视都市以及货币对人的生活方式的影响，在他对都市生活所做的分析中，心理分析占据主导地位，因此西美尔也被誉为"社会心理学的先驱"。

在国内，20 世纪三四十年代，吴文藻、费孝通等就将西美尔的部分社会学理论引入国内学界。1988 年出版的《现代西方著名哲学家评传》（苏国勋著）中，有关西美尔及其哲学理论的介绍占据了相当大的篇幅。90 年代以来，陆续有西美尔的著作被译成汉语，到目前为止中译本共 9 部。④ 1991 年，上海三联书店出版了《桥与门》。1999 年，中国社会科学出版社出版了《货币哲学（英文版）》。2000 年，为纪念《货币哲学》问世 100

---

① 黄凤祝：《城市与社会》，同济大学出版社 2009 年版，第 94 页。
② R. E. Park（1864—1944），美国社会学家，芝加哥学派主要代表人物之一。
③ Louis Wirth（1897—1952），美国著名城市学家，芝加哥学派代表人物。
④ 截止到 2010 年。——编者注

周年,刘小枫编著的《金钱、性别、现代生活风格》出版,其中包含部分《货币哲学》的选译。2001年,《货币哲学》中文版出版。随后相继出版了《时尚的哲学》《社会学——关于社会化形式的研究》《社会是如何可能的》《生命直观——先验论四章》《现代人与宗教》《宗教社会学》等。

1999年,南京大学的成伯清教授出版《格奥尔格·西美尔:现代性的诊断》,是国内研究西美尔的第一本专著。2004年,中国社会科学院社会学研究所博士后李霞完成出站报告——《关于齐(西)美尔社会理论的思想基础研究》;2006年9月,北京语言文化大学的陈戎女教授在修改其博士论文的基础上出版了《西美尔与现代性》。

此外,一些基金项目的阶段性成果也推动了有关西美尔的研究,例如,《西美尔"艺术距离"的现代性解读》[1]《文化悲剧与审美救赎》[2]《西美尔的时尚观》[3] 等。

二 西美尔的都市理论

西美尔是社会心理学先驱和象征性互动论的创始人。1902年他在德雷斯顿发表了有关都市的演讲[4],演讲稿于1903年发表,此文就是后来影响深远的《大都会与精神生活》。西美尔有关城市社会学的论述对于芝加哥学派产生了直接甚至带有决定性的影响,这一学派的领军人物帕克曾师从西美尔。沃斯在读了《大都会与精神生活》之后曾赞扬它"是有关城市问题的最重要的单行本论文"[5]。在西美尔的著作中有大量关于现代都市生活的描述,以及一系列对都市人生存状态与生存体验的探索,这些成果也成为后来有关日常生活审美化研究的源泉与开端。

西美尔有关都市的论述,除《大都会与精神生活》之外,还有《忧郁

---

[1] 杨向荣:《西美尔"艺术距离"的现代性解读》,《艺术百家》2008年第1期。该文为"国家985工程""科技伦理与艺术"哲学社会科学创新基地研究项目阶段性成果。

[2] 杨向荣:《文化悲剧与审美救赎》,《湘潭大学学报》(哲社版)2008年第4期。该文为教育部人文社会科学青年基金项目"现代性、碎片与距离"(07JC751002)阶段性成果。

[3] 孙沛东:《论齐美尔的时尚观》,《西北师大学报》(社科版)2008年第6期。该文为"中国都市消费文化与消费模式的变迁"(01BSH018)阶段性成果。

[4] 成伯清:《格奥尔格·西美尔:现代性的诊断》,杭州大学出版社1999年版,第81页。

[5] 孙逊:《阅读城市:作为一种生活方式的都市生活》,上海三联书店2007年版,第36页。

的栖居者》《柏林贸易展》《冒险》《首饰心理学》《陌生人》等。

这些有关城市的论述散见于几乎所有社会学文本中。作为一个生于柏林长于柏林，并且在这个城市度过一生时光的人来说，都市的发展对西美尔的影响是极其深远的，他生命的几十年正是柏林从一个中等城市发展为大都市的过程：1858 年西美尔出生，那一年柏林的人口是 60 万。1918 年西美尔去世，柏林人口 400 万。[①] 作为柏林的一员，西美尔以敏感的神经体验了城市的变革带来的人的内心剧变。对西美尔来说，大城市确实创造了一种新的个性，即西美尔所谓的"精神生活"。到了沃斯那里，这直接演变为"都市主义"。

（一）都市

1. 城市与都市

城市是现代生活的重要场所。按照城市经济学的分类，城市大致可划分为小城市、中等城市、国际化大都市。费瑟斯通在《消费文化与后现代主义》中，将城市划分为前现代城市、现代城市和后现代城市，并做了比较，认为"过去关于前现代城市观念，即认为某些城市已经失去了文化的外观，其空间形式被网状结构的布局、高高耸立的现代建筑所左右，都让位于后现代城市了。后现代城市以返回文化、风格与装潢打扮为标志，但是却被套进了一个'无地空间'（no-placespace），文化的传统意义的情境被消解了（dccontextualizcd），它被模仿、被复制、被不断翻新、被重塑着风格。所以后现代城市更多是影像的城市，是文化上具有自我意识的城市；它既是文化的消费中心，又是一般意义上的消费中心……不同程度地受到了后现代仿真趋势的影响"[②]。

目前国内学界有关都市和城市的理论中，对于都市和城市的概念没有明确的区分。"首先，学界对都市化/城市化的关注最初是从区分乡村文化/民间文化开始的，在此前提下，都市和城市的区分意义不大。其次中国目前都市化现象还不普遍，都市性因素逐渐渗透到了乡村，这种

---

① 参见黄凤祝《城市与社会》，同济大学出版社 2009 年版，第 94 页。
② ［英］迈克·费瑟斯通：《消费文化与后现代主义》，刘精明译，译林出版社 2000 年版，第 145 页。

都市和城市并置与杂交是中国特色。"① 因此，本文对于都市所做的论述未将其与城市作严格区分。

然而我们可以借助于同城市对比得出一些都市的重要特征。第一，城市和都市的建立重心不同，城市更多是作为生产中心，而都市以消费为中心。第二，从历史角度看，城市更多是以积聚为特征，而都市则从出现的那一刻开始转向扩散，甚至这也是后来城市带产生的原因，因此更强调都市的辐射和带动作用。② 第三，对"都市"的研究更多是关注了文化方面的进程。在沃斯那里，都市更强调一种"生活方式"，文化色彩更浓。沃斯有关都市的论述，其实是建立在城市和乡村对立基础上的分析，他所谓的都市主义恰恰是其《作为一种生活方式的都市主义》所提到的城乡对照的后果。

无疑沃斯受到西美尔的影响最大，而他对于城乡差异的论述，是对西美尔都市理论中不经意流露出来的对乡村的眷恋情绪的扩大。现代意义上的城市可以看作现代工业的后果，都市可以看作城市的高级阶段。相对于乡村和小城市，都市有着无可比拟的物质优势和精神优势——那些物质上和精神上的积淀是小城市和乡村无法企及的。在英文中，都市（metropolis）相对于城市（city）具有更深远的文化意义，它更多是对应于乡村心理出现的，也就是说都市不但拥有发达的政治、经济和文化，更体现出一种生活方式和心理优势：都市生活在人们的眼中是热闹非凡的、精致的、整齐的、充满魅惑的；处于都市中的人是优雅的、忙碌的、充满活力的，但同时都市也是拥挤的、紧张的。而对于都市丰富的物质和精神生活，更多都市人是以乐极生厌和冷漠的态度接受的。

"都市的出现是同'后工业社会'、'消费社会'的来临紧密相关的。虽然在都市化过程中也体现了城市化所具备的人口集中、公共设施的集中以及市民社会的形式特点，但更多地强调了其在'大城市'、'城市带'的发展中向着'全球城市'、'世界城市'方向发展的现实。"③

都市被西美尔看作现代性的重要场域。因此他将都市作为一种背景，

---

① 参见高小康《城市文化评论》（第1卷），上海三联书店2006年版，第5页注释1。
② 参见高小康《城市文化评论》（第1卷），上海三联书店2006年版，第8页。
③ 参见高小康《城市文化评论》（第1卷），上海三联书店2006年版，第8页。

在其中考察现代人的生存困境。在《大都市与精神生活》中，西美尔提出了用以解释大都市社会关系及精神生活的三个社会学独立变因，即规模、分工和货币经济。①

2. 都市的规模、分工与货币经济

（1）规模

对于都市的定义，西美尔没有明确给出。1938年出现了两个较具代表性的都市定义，一个是沃斯的观点，认为都市"是一个相对较大，密度较高，由不同社会阶层的个体组成的永久性的定居地"；另一个是芒德福的定义，在他看来都市是"权利与集体文化的最高聚集点"。②

西美尔认为，都市相对于乡村和小城市的最大特征就是它的规模。这种规模主要体现为人口众多，社区密度大，以及都市人个性特征的丰富。这同韦伯在《城市的概念》中对于城市特征的概括类似：封闭、大、缺乏人与人之间的密切往来。

"规模的巨大导致了原有社交关系的打破和新社会关系的构建，产生了一系列新的制度和新的交往形式。社会关系相对于原先的直接交往更加复杂化，群体的统一性不再由成员间的直接交往关系来维持，而必须以正规的控制工具诸如各种法律机构来代替。"③ 按照西美尔的观点，都市人失去了温情脉脉的交往圈子和人与人之间密切的联系，原因不仅在于金钱对价值的夷平作用，更在于都市相对于乡村拥有"令人眩晕"的大规模，也就是本雅明在都市中体验到的"震惊"。

"都市的规模性导致的震惊，带来的不仅是人与人关系的疏离甚至断裂，也造成了都市个体内心的巨大变化。群体的规模越大，社会交往关系中的情感成分和个性化程度就越低。于是，大都市社会生活的特点就是把许多陌生人赶到一起亲密相处，个人在享受自由空间的同时往往

---

① 叶忠强：《齐美尔、沃思的都市社会学及其在当代中国的影响》，《江苏行政学院学报》2002年第3期。

② ［美］斯皮罗·克斯托夫：《城市的形成——历史进程中的城市模式和城市意义》，中国建筑工业出版社2005年版，第37页。

③ 叶忠强：《齐美尔、沃思的都市社会学及其在当代中国的影响》，《江苏行政学院学报》2002年第3期。

变得越来越孤独。"① 冷漠、矜持、乐极生厌、感觉萎缩、算计等，都是都市人的性格特征。

西美尔认为，都市是劳动分工高度发达的场所，这得益于都市巨大的规模和都市自由的环境。在这样的背景下，许多特殊的行业出现，为个性化的都市人提供个性化的服务，比如西美尔在《大都会与精神生活》中提到的"第14个"②职业。

（2）分工

分工的第一个后果是将社会的同一性割断，社会成员成为链条上的一部分。与先前小规模的分工相比，大规模的分工使个体处于一个固定的位置之上，而共同的目标和责任感消失。个人的选择自由扩大，但个人同社会总体结构的关系则呈现出疏离状态。③ 分工的第二个后果就是个性的觉醒。分工造成了社会关系的断裂，使得都市人生活在一个缺乏完整性的空间里。在这种情况下，都市人为了最大限度感知自己的存在，便会张扬个性，突显自己，以此来同众多散落在都市中的"原子"区分开来，避免淹没在人群中。分工的第三个后果是带来了"主观文化"和"客观文化"④的矛盾。分工提高了生产效率，使得客观文化迅速丰富。然而长期的分工造成了创造者和产物的分离，丰富的客观文化逐渐形成了一套自身的逻辑和发展制度，脱离了创造者的掌控，甚至与主观文化相冲突。

与此同时，分工造成的生产的专门化也引起了消费的专门化。典型的就是专门化顾客的诞生，这使得个人差异不断生长，也是时尚兴起的原因之一。个体对差异的追求不断扩大导致了"为特别而特别"的行为，比如怪异的着装和举止，以及在他人的肯定中才能寻找到自身尊严

---

① 叶忠强：《齐美尔、沃思的都市社会学及其在当代中国的影响》，《江苏行政学院学报》2002年第3期。

② 西美尔描述的是巴黎出现的一种职业，从业者在用餐时间总是盛装待发，为的是假如有13个人组成的宴会，他们就会被请去凑数成为第14个人，因为13在西方是不祥数字。（作者注，参见西美尔《时尚的哲学》，费勇、吴燕译，文化艺术出版社2001年版，第196页）

③ 叶忠强：《齐美尔、沃思的都市社会学及其在当代中国的影响》，《江苏行政学院学报》2002年第3期。

④ 客观文化是"经过创作、提高和完善的事物，可以引导人类灵魂走向自身的完善，或者使个体或集体通往更高存在的途径"，主观文化则是"以此方式而达到的个人发展程度"。参见西美尔《桥与门》，上海三联书店1991年版，第92页。——笔者注

和价值的现象。这就造成了个体被割裂，无法抵挡来自繁荣物质生活的种种诱惑和冲击，在分工的过程中完全失掉了作为人的完整性，而仅仅是整个组织中的一个零部件。"劳动分工要求个人在技艺上单方面地发展，而频繁地只是单方面的发展意味着个体人性上的不完整。"① 物质文化的高度发达，使得过去存在于买卖双方之间的情感性关系消失了，那种专属的、特制的服务被大批量的生产和消费取代。人们一方面轻易就可以获得生活所带来的刺激和利益；另一方面却挣扎在个性的张扬和社会的认同之间。这也是风格丧失和时尚出现的诱因之一。

（3）都市与货币经济

都市是货币经济的中心，没有货币参与的都市生活是难以实现的。因此货币对于都市生活的正常运转具有决定性的作用。货币所造成的理性、算计性格也是都市特征的表现之一。"货币对文化过程的其他部分提供的所有隐含的意义都来自于它的本质功能——对事物的经济价值提供最简明的可能表达形式和最凝缩的符号形式。"② 有关货币在都市理论中占有的地位将在后面详述。

都市的规模之大很大一部分原因是人口的积聚，而其分工也是由都市人完成的，甚至在西美尔看来，最重要的货币经济的实现也是通过都市人的行为完成的。因此，下一节将探索现代都市中受货币支配的都市人的生存状态，特别是西美尔最为关注的心理状态。

（二）货币支配下的都市人

小城市与大都市的区别主要在于精神气质。四通八达的街道，光怪陆离的建筑，熙熙攘攘的博物馆——都市的所有空间，都被它的主体——都市人所填充。都市居民、外来人口和陌生人构成了都市人群。

斯宾格勒在《西方的没落》中说："区分城镇与乡村的东西，不是大小，而是一种心灵的存在。"③ 在西美尔有关都市的言说中，有很大一部

---

① ［德］西美尔：《时尚的哲学》，费勇、吴燕译，文化艺术出版社2001年版，第197页。
② ［德］西美尔：《货币哲学》，陈戎女、耿开君、文聘元译，华夏出版社2001年版，第128—129页。
③ ［德］奥斯瓦尔德·斯宾格勒：《城市的心灵》，见薛毅《西方都市文化研究读本》（第1卷），广西师范大学出版社2008年版，第444页。

分是在剖析现代都市人的内心体验,并将其作为折射现代性的碎片。《货币哲学》在学界被认为是马克思《资本论》的补充,更有学者将其看作《资本论》翻译成心理学语言的重新讲述。①"世界的历史即是城市的历史",那么城市的历史也是人类的一部心灵史。自古以来,人们对城市都有着一种莫名的向往。17、18世纪羞辱一个朝臣通常的办法就是"解职还乡",学生被开除是"放逐回乡"。②传媒、消费、信息等为大都市注入了一种精神。对于都市人,或者包括乡村的居民来说,离开或许就意味着同大都市的隔绝与断裂。而这种断裂的痛苦和孤僻,在上一辈人中,或者说在未经历过都市化进程的人眼中,并没有什么。

城市的扩大意味着,我们对于无限有着一种不可抗拒的偏好。这一偏好带来了陌生人。

陌生人理论最早由西美尔提出,它并不是我们平时所说的"今天来明天走的流浪者,而是今天来并且要停留到明天的那种人。可以说,陌生人是潜在流浪者"③。西美尔这样界定这一群体:"他从一开始就不属于这个群体,他将一些不可能从群体本身滋生的质素引进了这个群体。"④"作为成熟的成员,他的位置既在群体之外,又在群体之中。"⑤陌生人不是一个人,而是代表了一类人,他们看待事物的眼光更客观,行动上更自由,很少受到约束,他们之间拥有更多普遍的性质。

---

① 在笔者看来,西美尔与马克思之间在理论的构建上并没有什么相似之处。首先,他们的写作方式,西美尔更多是以具体劳动做例子,而马克思对于货币、商品等概念进行了高度的抽象。其次,西美尔对于交换创造价值的理论,也同马克思的观点相矛盾。二者的相似之处在于讨论货币经济的影响和分工,也就是异化。在《货币哲学》的最后一章,西美尔描述了文化异化,他将主观文化和客观文化的分离看作分工的后果,也就是说,西美尔认为现代性的基本原因或者说根本原因在于分工。西美尔有关生命与形式的论述,可以类比马克思的生产力与生产关系。《货币哲学》对于货币经济的作用的分析,并未如马克思一样为解决资本主义社会的矛盾做铺垫,而是为西美尔对于普遍存在的文化悲剧论提供了理论基础。在西美尔看来,马克思所谓的商品拜物教只是人类普遍文化悲剧的一部分。西美尔关注现代个体和他们的心灵困境,试图用他的理论来解释这个世界,接受这个世界,而不是像马克思一样试图寻找一个改变这个世界的方式。参见弗雷司庞《论西美尔的〈货币哲学〉》,阮殷之译。——笔者注

② [德]奥斯瓦尔德·斯宾格勒:《城市的心灵》,见薛毅《西方都市文化研究读本》(第1卷),广西师范大学出版社2008年版,第449页。

③ [德]西美尔:《时尚的哲学》,费勇、吴燕译,文化艺术出版社2001年版,第110页。

④ [德]西美尔:《时尚的哲学》,费勇、吴燕译,文化艺术出版社2001年版,第110页。

⑤ [德]西美尔:《时尚的哲学》,费勇、吴燕译,文化艺术出版社2001年版,第111页。

西美尔认为这些特征夸大了陌生人的角色，但在笔者看来，都市中的个体彼此都可以看作陌生人。那么他们的心理特征是什么？概括来说就是：充实的空虚，紧张的怠惰，好奇的厌烦。对于都市人心理的研究是西美尔社会理论的最大特点，他也因此获得了社会心理学奠基人的地位。西美尔将都市心理概括为冷漠、算计、厌世和感觉萎缩，在西美尔的视野中，都市人受到都市和货币的双重挤压，相比乡村和小城镇的人，他们受到理性和刺激的支配更多。

1. 都市人的性格特征

伯曼在《一切坚固的东西都烟消云散了——现代性体验》中将都市形容为"一些团体和阴谋小集团之间的不断冲突，是各种偏见和相互冲突的见解不断的潮涨潮落"①。都市作为由人构成的共同体、一种合作组织，必定充斥着个人的各种利益和小团体的利益，由此而产生的冲突一方面推动着都市化进程的步伐，另一方面影响着现代都市人的心理状态。同古代社会或现代乡村人群相比，现代都市人的生存状态似乎更恶劣，他们失掉了曾经平静而祥和的生活，代之以忙碌、竞争。现代都市人之间失掉了先前发自内心的真实的合作，为了在喧闹和紧张的都市人群中生存，都市人将冷漠、矜持、距离当作保护自己不受伤害的武器。

西美尔对于都市人冷漠的描述可以概括为两方面，一是人与人的冷漠；二是人与物的冷漠。畏触症②便是过度神经刺激产生的结果。此外还有都市人的算计性格和犬儒主义，也是货币经济后果的直接体现。在西美尔看来，这种心理后果是货币经济、城市规模和生活刺激的后果。

（1）人与人的冷漠——矜持与畏触症

都市相对于乡村最大的特点就是社区规模大、人口密度高、个性种类多，这使得人们的交往面临相应的困难。假设将人与人之间的接触分

---

① ［美］马歇尔·伯曼：《一切坚固的东西都烟消云散了——现代性体验》，徐大建、张辑译，商务印书馆2003年版，第18页。

② 西美尔将其定义为"害怕过近接触物体，每一次用力直接接触就会感到疼痛，它是触觉过敏的反应。所以，芸芸众生的敏感、精神状态、有着细微差别的感觉在一种否定性爱好中找到了表现方式。他们很容易被无法接受的东西冒犯，他们坚决拒绝使人不快的东西，他们反感大多数由别人提供刺激的范围"。参见西美尔《时尚的哲学》，费勇、吴燕译，文化艺术出版社2001年版，第111页。

为主要接触和次要接触,那么城市人之间显然是以次要接触为主。作为"典型的高度分化的角色",那些面对面的接触是"非个人的、表面的、短暂的,因此也是部分的"①。都市人在彼此的交往过程中时常表现出冷漠、矜持的态度,他们不断抱怨这种态度,然后又不断将这种态度在相互的交往中传播下去。

冷漠与矜持是都市人适应都市生活的后果。庞大的难以驾驭的生活范围、与陌生人高频度的接触使得都市人根本无力去了解每个接触对象。嘈杂的生活带给人无尽的压力,出于保护自己,都市人用冷漠与矜持回应周围的环境和人,这一行为不可避免地产生了距离。而在西美尔看来,这道横在人与人之间的内心屏障"对现代生活形式而言是不可或缺的。因为若无这层心理上的距离,大都市交往的彼此拥挤和杂乱无序简直不堪忍受"②。

沃斯曾在《作为一种生活方式的都市主义》中写道:"都市社会的特征是肤浅、淡薄和短暂。因此我们也容易理解常加给城市居民的性格特征——老于世故、刻板机械。我们的熟人习惯与我们保持实用关系,生活中的每个人都是自我目的的手段。一方面,个体摆脱了亲密群体对个人和情感的控制;另一方面,他失去了传统有机社会中人自发的自我表达、自信和参与意识,这根本上导致社会反常状态或虚无状态。"③

鲍曼曾在《生活在碎片之中》提出陌生人一起生活的两个策略:"一个是大大减少甚至消除与陌生人能打交道时的惊讶和因此而来的意外。另一个是想办法使偶然因素成为不相关的;把陌生人的行为融入到自己无需注意和关心的背景中去。"④ 这种对外来刺激显示出来的矜持与保留,与乡村人对新事物的好奇与惊讶之情形成鲜明对比。

矜持的后果是导致了"畏触症"的出现。西美尔将其定义为——"害怕过近接触物体,每一次用力直接接触就会感到疼痛,它是触觉过

---

① 汪民安、陈永国、马海良:《城市文化读本》,北京大学出版社2008年版,第148页。
② [德]西美尔:《货币哲学》,陈戎女、耿开君、文聘元译,华夏出版社2001年版,第388页。
③ 汪民安、陈永国、马海良:《城市文化读本》,北京大学出版社2008年版,第148页。
④ [英]齐格蒙特·鲍曼:《生活在碎片之中——论后现代道德》,郁建兴、周俊、周莹译,学林出版社2002年版,第142页。

敏的反应。所以，芸芸众生的敏感、精神状态、有着细微差别的感觉在一种否定性爱好中找到了表现方式。他们很容易被无法接受的东西冒犯，他们坚决拒绝使人不快的东西，他们反感大多数由别人提供刺激的范围。"①

（2）人对物的冷漠——乐极生厌与感觉萎缩

都市人不仅对人保持冷漠与矜持的态度，他们对物的反应也具有类似的特征。我们在日常生活中可以捕捉到这样的景象：在都市成长起来的孩子往往对生活带有一种腻烦态度，他们似乎对所有事情都失去兴趣，一副"这没什么大惊小怪"的架势。相反小城镇和乡村走出的孩子往往对这个世界保留一种持续的好奇。

在成人的世界中，这种对周遭世界厌烦的态度体现得更明显。忙碌了一天的人们对任何事情都提不起来兴趣，朋友聚会时面对一桌精致的美食却永远毫无胃口。都市人什么都见过，什么都玩过，但是当他们静下心来时感受到的只有无奈与彷徨。无聊的后果就是人们将赚钱当作生命的唯一目标，拼命去赚钱，账户数目的增加却最终加剧了人的不稳定感。

也许没有哪种心理现象，像乐极生厌的态度一样，独为大城市所保留。乐极生厌首先是那些急速变化的，集中表现于其对象的神经刺激——大城市的理性的加强也由此产生——产生的结果；因此，愚钝的、从来就精神萎靡的人不习惯乐极生厌的态度，正如无节制的优裕生活使人厌腻，因为这会刺激神经做长期的剧烈反应，直至最后神经再也没了反应为止……②

都市人陷入了一种恶性循环：刺激—麻木—再刺激。在过度繁荣的物质生活面前，价值差异的消失使人们越来越无从选择，因此出现了帮助人们选择商品的广告，出现了菜单上名叫"随便"的菜品。

白天，"所有的精神力量都被绷紧到了极点——我们不止在消耗我们所拥有的能量，还在一定程度上依赖我们未来的资源生活，因此导致

---

① ［德］西美尔：《货币哲学》，陈戎女、耿开君、文聘元译，华夏出版社2001年版，第386页。

② 陈戎女：《西美尔与现代性》，上海书店出版社2006年版，第90页。

千倍的能量损耗，现代人在赢得一切的热情和失去所有的恐惧之间疲于奔命，个人之间、种族之间、阶级之间的竞争使日常工作呈现出炽热竞逐的局面，使那些不工作的人也不能幸免被卷入永无休止的节奏和自我消耗之中，卷入恐惧之中"。夜晚，"被日渐繁忙与焦虑折磨的神经已经不能对任何刺激物产生反应，除了那些直接的生物性刺激以外，也即那些当所有较精细的感官变得迟钝时仍能令器官有所反应的刺激，如光亮与闪耀的色彩、轻音乐，最后——也是主要的——性的感觉"[1]。

（3）算计性格与犬儒主义

现代人用以调整其内在的——个人的和社会的——关系的精神功能大部分可以被称为算计（calculative）功能。[2] 大都市的才智是一种理性的表达。乡村的以物易物即使有金属的参与，人们在观念中也未涉及货币。此时货币并未从实物中抽象出来，更没有充当一般等价物来衡量商品的价值。

货币经济引起了现实生活的重大变革——它将我们生活的世界变成了一个算数问题来解决。每一天，人们都和数字打交道，用计算来解决每一个选择。这都是因为货币有将实物价值量化的本领。而在都市中，这种趋势更加明显，随着城市化进程的加快，以及现代流动人口的增加，城市中的这种算计性格无时无刻不冲击着乡村和小城镇的人。掂量、精打细算，早已不只是商人才拥有的性格特征，而是根植在每个现代个体的心灵深处。

算计性格固然与现代生活方式，例如房屋结构的封闭性、办公室的半开放式隔间、城市中陌生人之间的高频率接触等相联系，但是更深层次的原因在于货币经济的发展。它迫使我们在日常生活中不断处于一种评估、算计的状态，无形之中，我们简单地将事物的价值化约为量了。

生活中经济关系的准确、精密、严格——自然会影响到生活的其他方面——与金钱事物的扩张携手并进，虽然它们对生活方式的高尚风格

---

[1] ［德］西美尔：《时尚的哲学》，费勇、吴燕译，文化艺术出版社2001年版，第118页。
[2] ［德］西美尔：《货币哲学》，陈戎女、耿开君、文聘元译，华夏出版社2001年版，第358页。

的形成并无裨益。① 这突出了一边是社会生活及其产品；另一边是碎片式的个体存在内容这二者之间谜一般的关系。无数代人的劳动蕴藏在物化的精神中……②

货币文化发展到鼎盛时期所特有的通病——犬儒主义和因享乐过分而厌世的态度，都是把生活中的具体价值约减为货币的中介性所产生的后果。③ 犬儒主义者在马克思那里即是商品拜物教主义者，他们无视事物的差异性。

乐极生厌者则是因货币这种化约能力带来的厌倦感，因为所有的东西都可以用钱买到。然而这两种不同的态度却导致了相反的感受——特定的愉悦和厌倦无聊。

伴随犬儒主义和乐极生厌而来的一种都市病症是感觉萎缩症。在这种对金钱狂热的追求之后，是生命无聊感。西美尔在都市人的内心看到了逐渐增加的痛苦，也看到了人们为唤起对生活和生命的体验所做的努力——寻求刺激。例如冒险。冒险用它的猛烈冲击淡化了事物的本质意义。日常生活中类似冒险的行为会带给人们不同于以往的体验、一种生活的"陌生化"，都市人在这种强烈的刺激之中，感受到了一丝生命的痕迹。

事物原本都是独一无二的，但是随着分工和货币经济的发展，所有的商品都被打上了无差别的印记，唯一的区别就是购买它们所需货币量的多少。在这样的货币文化和都市文化的熏陶中，都市人失去了对具体事物的兴趣，感觉没有任何值得喜爱的事物。这种独特性的消失带来的乐极生厌和犬儒主义，侵蚀着现代人的灵魂，他们对于生活中一切事物的感受千篇一律，而事物本身的价值也因这种都市—货币文化而消失。

2. 都市人性格根源

"用有意识的和蓄意的愚弄，去缓解繁重的和紧张的脑力劳动，用

---

① [德] 西美尔：《货币哲学》，陈戎女、耿开君、文聘元译，华夏出版社2001年版，第389页。

② [德] 西美尔：《货币哲学》，陈戎女、耿开君、文聘元译，华夏出版社2001年版，第364页。

③ [德] 西美尔：《货币哲学》，陈戎女、耿开君、文聘元译，华夏出版社2001年版，第184页。

体育运动的身体紧张去缓解智力的紧张，用感觉的'愉快'和精神的'刺激'追求，如赌博和竞争，去缓解身体的紧张，用有意识地欣赏神秘主义去缓解日常劳作的纯粹逻辑，所有这些乃是一切文明的世界城市所共有的。"① 这种矜持冷漠和畏触症之所以产生于都市，是长期刺激的后果，是货币经济和规模导致的后果。

都市外界的刺激持续强烈。"由于对经济生活的需要已使我们筋疲力尽，所以我们特别欢迎那些琐碎的娱乐，它们只是来填充空间和时间上的真空而已：'白天里的拥挤，已使我们精神疲惫，它不再随刺激做出任何反应，除非它们是直接的生理性的。对于这些刺激，即使所有其他的感受都变得迟钝，有机体本身仍能做出反应。'"②

都市人的冷漠——无论是对人的矜持保留，还是对物的乐极生厌，都源于对个体价值差异的漠视。都市人并非感觉迟钝而无法察觉事物的差异，而是在货币的作用下将事物差异的意义和价值看作微不足道的。这也是货币夷平作用的后果。货币将一切事物同质化，消除了差异，所有的衡量标准已经从质转化为量，用"多少钱"来表示。这种冷漠的情绪是对金钱的主观反应。金钱不仅夷平了事物的价值，也带给都市人心性的转变——过于理智。都市人对刺激失去反应是个性压抑和理智的结果。当人的情感被理性控制，货币经济就促成了理智功能对感情功能的优势。"情感在货币经济尚未渗透进去的时期和兴趣范围中占据着主要地位，这首先是货币作为手段的特性造成的后果。"③ 都市人应对生活琐事的反应已经不是依靠感受，而是无尽的思考，也就是说，想的主体已经不是心灵，而是大脑，理智凌驾于感情之上。这使得都市人显得千人一面。

在精神生活的形成中，大城市具有极其重要的唯一地位，它们是一种伟大的历史产物，围绕着生活的各种对立思潮都有同样的权利在这里

---

① 薛毅：《西方都市文化研究读本》（第 1 卷），广西师范大学出版社 2008 年版，第 460 页。
② 转引自 [英] 尼格尔·多德《社会理论与现代性》，社会科学文献出版社 2002 年版，第 40 页。
③ [德] 西美尔：《货币哲学》，陈戎女、耿开君、文聘元译，华夏出版社 2001 年版，第 345 页。

汇集和发展。①

西美尔在对城市的研究中十分重视规模性，他将城市看作现代性的舞台，这个舞台上充满了无特色、无个性的灵魂，也交织着极有个性和自我突出的角色，是他们的和谐与冲突推动社会不断向前发展。在笔者看来，与都市巨大的规模伴随的，是都市生活的包容性，给各种思想和行为提供了滋生的土壤和发展空间。这里不同于小城镇人们之间密切的联系，那种密切是阻碍个性自由的。大城市作为货币经济的中心，受到货币的支配——货币的平均化作用像血液一样渗透到城市生活的方方面面，因此这种自由的特性显示在生活的每一个角落。现代人变得没有特性，但从另一个角度来讲，这种特性的消失为个人与他者交往创造了基础——没有特性的人才适合更多的人。

当都市人感到厌倦、矜持的时刻，也是他们寻找个性和自我表现的时刻。很多时候这种压抑会以一种相反的状态表现出来，因此都市造就了另一种与平均化、无风格相对立的生活倾向——追逐冒险、追求时尚。都市人在都市中实现了自由之梦，但是这是以封闭自己或者夸张的表现为代价的。他们失去了平静生活的乐趣，失去了依赖的乐趣，变得独立、夸张、玩世不恭。

"当我们更为详细地观照再创造、游戏和娱乐的历史时，就会发现它们实际上是工作和严肃事物的历史……而我们现在身处经济与社会的折磨和撕扯之中，它们甚至将自身的惶惑不安、力量与热情的耗竭转移给个体的场合，因此再没能留给我们足够的精力去进行再创造；毕竟事物必须以令人舒适为上。"②

大都市中的一系列碎片——娱乐、博览会、冒险，被西美尔捕捉。这些流动的场景在西美尔的沉思中停留。他透过大都市的喧闹，揭示了货币在都市发展过程中的巨大影响力，它将社会文化客观化，同时使得现代个体与社会保留了最大限度的自由与独立。

---

① [德] 西美尔：《桥与门》，涯鸿、宇声等译，上海三联书店1991年版，第178页。
② 西美尔：《时尚的哲学》，费勇、吴燕译，文化艺术出版社2001年版，第118页。

三　西美尔的货币理论

1900年出版的《货币哲学》在20世纪社会学理论发展中占据了独一无二的地位，也是西美尔社会学理论的重要里程碑。在这部介于哲学和社会学之间的论著中，西美尔将货币置于中心，分析了发达货币经济的两种倾向性后果，一方面引起社会文化客观化、平均化；另一方面使得现代个体最大限度地保存自由与独立。货币是一种绝对的手段，也成了一种绝对的目的。作为一种价值符号，它无孔不入地将一切事物的价值夷平。货币作为都市的骨骼和血液，它的特性和发展对都市有着决定性的影响。

（一）货币的身份

1. 货币的概念

根据亚当·斯密的理论，人类相互交换的意向引起社会分工，然后开始交换劳动产品。人们依赖交换生存。货币为了克服"需求的双重巧合"和"时间的双重巧合"的限制而出现。西美尔对于货币的观点是：货币是体现了抽象的经济价值的物质。[①] 货币这一带有抽象性质的符号功能，使得货币经济对于文化发展产生了深远的影响。

现代文化之流向两个截然相反的方向奔涌：一方面，通过在同样条件下将最遥不可及的事物联系在一起，趋向于夷平、平均化，产生包容性越来越广泛的社会阶层；另一方面，却趋向于强调最具个性的东西，趋向于人的独立性和他们发展的自主性。货币经济同时支撑两个不同方向，它一方面使一种非常一般性的、到处都同等有效的利益媒介、联系媒介和理解手段成为可能；另一方面又能够为个性留有最大限度的余地，使个体化和自由成为可能。[②]

因此西美尔的货币观显现为两个倾向后果，一方面货币的平均化、

---

① [德] 西美尔：《货币哲学》，陈戎女、耿开君、文聘元译，华夏出版社2001年版，第56页。

② [德] 西美尔：《金钱、性别、现代生活风格》，顾仁明译，学林出版社2000年版，第6页。

客观化以及化质为量的特性使得货币经济支撑下的个体显现出客观的特征；而另一方面在货币平均化的特性下，个体反而最大限度保存了个性。现代社会中的货币已经抽象成一种价值符号，即货币被从其载体中抽象出来并形成了一个独立的表现形式。西美尔曾在《货币哲学》中写道："货币对文化过程的其他部分提供的所有隐含的意义都来自于它的本质功能——对事物的经济价值提供最简明的可能表达形式和最凝缩的符号形式。"① 可见，他是将货币所具有的这种符号功能看作货币的本质功能的。

2. 货币的身份

"货币自身完全受到目的的控制，成为一种获得目的的手段和工具，加之货币自身也不具有任何目的，它只作为中介发挥自身功能。因此纯粹形式的货币是一种绝对的手段。"② "随着竞争的加剧和劳动分工的增加，生活的目的也变得愈发难以实现；也就是说，它们需要让手段拥有一种持续增长着的基础存在。"③ 在这种状况下，本来作为纯粹手段的货币渐渐成为现代人的终极目标。

原因在于，货币的客观性使得它拥有丰富的实践用途，货币与任何一种特定的目的都没有关系，它只是抽象工具。作为符号和衡量标准，货币曾是其使用者实现价值和目的的手段，然而进入现代社会，随着经济的增长和消费的扩大，货币的作用日渐重要，成为不可或缺的生活要素。加上分工的扩大化，使人的生产和生活日益碎片化。完整性的缺失使人们渐渐遗忘生活的目的，从而将货币当作全部的生活意义和目标，将前途变为"钱途"。"货币引发的手段与目的的倒置的文化转型现象已经深入到现代人的精神领域。最终人的精神中最内在、最隐秘的领域，也被货币这个'绝对目的'倒置的反精神化和客观化占领了。"④

---

① ［德］西美尔：《货币哲学》，陈戎女、耿开君、文聘元译，华夏出版社2001年版，第128—129页。
② ［德］西美尔：《货币哲学》，陈戎女、耿开君、文聘元译，华夏出版社2001年版，第140页。
③ ［德］西美尔：《货币哲学》，陈戎女、耿开君、文聘元译，华夏出版社2001年版，第161页。
④ 陈戎女：《西美尔与现代性》，上海书店出版社2006年版，第70页。

金钱成了我们时代的上帝。

货币最终发展成为一种绝对的心理价值，它支配了我们的意识和全部注意力。货币自身的价值完全来自其作为手段的特质以及转化为具体价值的能力。由于货币是一种纯粹的手段，那么就有越来越多的事物受到货币力量的控制，这种支配使得货币进一步抽象化，支配的强度也越来越大，从而形成一个循环。"货币作为手段的价值是通过作为手段的价值的提升而提升的，并且一直提升到这样一个界限上：在此界限上，它作为一种绝对价值发挥效力，并且货币中所包含的目的意识也告完结。"[①] "人们在生活中的满足感日益凸显，生活的终极目的渐渐萎缩，导致原本作为手段的价值取代了目的的位置，货币作为纯粹的手段和目的，成为一切目的的核心和人们争相追逐的对象。相对于其他事物的广泛性和多样性，货币过于抽象的特征使得它成为了中心。"[②] "那些最为对立者、最为相异者和最为疏远者都在货币这里找到了他们的公约数。"[③]

货币经济的增长带动了理智力和抽象思维的发展，货币越来越中性，逐渐成为纯粹的符号，表征其他事物的价值。经济的发展和物质文化的丰富，导致事物的价值越来越依赖符号来实现，这些符号日益纯粹，使得文化朝向理性发展——理性逐步相对于感性获得充分的优势，体现在现代人身上便是精于算计的性格。

货币在自我与客体之间起着一种连接作用，它既将客体拉近主体，使二者无限接近，又使主体和客体相疏离。由此带来的可交换性是经济价值的前提。例如在赠送礼金的过程中，金钱使礼物与赠送者之间疏离。这是货币的分解与联合作用在礼物中的体现。货币一面毁掉了形形色色的人际关系，同时又不断建立其他联系。"货币似乎在个人与事物之间敲入了一个楔子，它不仅破坏了二者间互助互利的关系，而且为双

---

① ［德］西美尔：《货币哲学》，陈戎女、耿开君、文聘元译，华夏出版社2001年版，第162页。

② ［德］西美尔：《货币哲学》，陈戎女、耿开君、文聘元译，华夏出版社2001年版，第166页。

③ ［德］西美尔：《货币哲学》，陈戎女、耿开君、文聘元译，华夏出版社2001年版，第166页。

方彼此的独立铺平了道路。"①

无论货币作为手段还是作为目的，都是由它的特性决定的，这种无特性的特性使得货币可以量化一切事物，将它们变得千篇一律，同时却给社会和个体带来了一种自由，尽管这种自由是相对的。

(二) 货币的特性及后果

1. 货币的特性

货币经济对于文化的巨大影响，根源来自货币的本质特征。而货币最大的特性便是无特性。这也是货币的根本特性，它使得货币能够独立于个别对象之间，在表现其他任何事物价值的时候一视同仁，保持中立和不偏不倚，同事物完全保持对等关系。

除此之外，货币还具有一系列其他特征，就是可替代性。货币是绝对的可互换的对象，其每一个性质都可能被替代而无区别。② 所有价值都居于其间的两个极端：货币和别的对象可互换；货币的价值不可被别的对象所填补。③ 二是价值恒定性。这也源于可互换性和无特质性，因为货币是一切价值的公分母。三是它的纯粹性。货币在最纯粹的形式上代表着纯粹的交互作用，它令得最为抽象的概念也是可以了解的，它是一种其基本意义超出于个体性之外的个体事物。④ 四是度量性。货币的度量功能与物质内容的连接十分松散，这使得货币在瞬息万变的经济变化中能够维持自身特性，较少随经济变化而变化。

"货币特性的存在形式就是概括性和内容空洞性，这种存在形式赋予货币的这些特质以真正的力量，它与所交易物品其他一切对立的特质的关系，它和它们的心理格局的关系，既可以被看作是一种服务，也可

---

① [德] 西美尔：《货币哲学》，陈戎女、耿开君、文聘元译，华夏出版社2001年版，第261页。
② [德] 西美尔：《货币哲学》，陈戎女、耿开君、文聘元译，华夏出版社2001年版，第60页。
③ [德] 西美尔：《货币哲学》，陈戎女、耿开君、文聘元译，华夏出版社2001年版，第60页。
④ [德] 西美尔：《货币哲学》，陈戎女、耿开君、文聘元译，华夏出版社2001年版，第65页。

以被看作是一种宰制。"①

　　人们逐渐开始意识到，可以根据钱的多少来评价事物的价值，长此以往，货币成为人的终极价值追求，而它作为手段的本质已被遗忘。这便是宰制作用的体现。货币的服务身份体现在社会互动中，就是使外乡人和本地人拥有平等机会——它使外乡人与此群体有所联系，并且消除了两个群体之间的差异。

　　购买物品所需的货币数量影响着人们对事物好恶的评价。物品本身的内涵被货币的意义替代。"一个思想或者一种价值越是控制住某个领域，它的积极特性和消极特性就越具有相同效力。"② 西美尔所谓的这两种相同效力，一方面是货币客观化和夷平化的作用使得事物特征尽失；另一方面是它的积极特征，即赋予了社会主体更大的自由。

2. 货币特性的后果

　　与马克思将生产看作所有社会生活的基础不同，西美尔将交换看作社会生活基础。在他看来，交换是能够创造价值的。货币通过参与交换，参与现代生活的方方面面。它也将它自身的平均化功能带入交换和衡量价值的过程中——货币成为整个世界的公分母，在货币的支配与渗透下，世间万物被抽离了多样性，被平均化、客观化，一切都可以用货币来衡量价值，失去了自身特质，变得平庸至极。

　　货币使一切形形色色的东西得到平衡，通过价格的差别来表示事物之间一切质的区别。货币是不带任何色彩的，是中立的，所以货币便以一切价值的公分母自居，成了最严厉的调解者。货币挖空了事物的核心，挖空了事物的特性、特有的价值和特点，毫无挽回的余地。事物都有相同的比重，在滚滚向前的货币洪流中漂流，全都处于同一水平，仅仅是一个个的大小不同。③

　　"两元店"是货币夷平化作用在现实生活中贴切的体现。它将所有物品的个性，无论其中的精巧设计还是特殊用途全都化约为统一的价

---

① ［德］西美尔：《货币哲学》，陈戎女、耿开君、文聘元译，华夏出版社2001年版，第150页。
② ［德］西美尔：《货币哲学》，陈戎女、耿开君、文聘元译，华夏出版社2001年版，第207页。
③ ［德］西美尔：《桥与门》，涯鸿、宇声等译，上海三联书店1991年版，第265—266页。

格——两元，降低了购买者对事物本身特质的兴趣，进而造成物品本身品质的下降。随着经济的发展和城市的不断扩张，货币的血液渗透进都市各个角落，也参与一切生活，作为社会主体的人也不可避免地被货币量化。货币使人的价值客观化，最终导致生活意义的丧失。

货币经济的发展将人从与实物的维系中解放出来，实现了自由。18世纪货币地租取代实物地租，便使更多农民从奴役中解放出来，获得了自由身，他们可以用货币来支付地租和地主的负债。进入现代社会，货币的平均化特质进一步维持着个人的自由，这在现代都市尤为明显。同小城镇的温情脉脉相比，大都市中人们的独立性使人际关系疏远、封闭。然而这也带来了更大程度的自由，因为小城镇中人与人紧密的距离限制了个体的发展和行为。

西美尔对自由的理解有两个特点，他认为个体自由存在于与他人的相互制约之中，或者说在互动之中；并且，个体在这种制约关系中是客观化的，不臣服于他者。① 伴随分工、规模和货币经济而来的，反而是人们在现代社会交往中产生了更强烈的依赖关系，与先前那种亲近关系有所区别的是，现代人所依赖的个体已经不是一个固定的他者，而是"可能的每一个人"。在社会交往中，自由度的高低取决于交往可能性的大小。

"货币经济还在私人领域里表现出了这种分化的概貌，一方面货币凭借其无穷的灵活性和可分性使多种多样的经济依附关系成为可能；而另一方面，货币无动于衷的、客观的本质有助于从人际关系中去除个人的因素。"② 在货币经济水平发展较低阶段，社会关系更多建立在个人基础上。当其发展到一定程度，货币渗透到生活的方方面面甚至主宰人类生活之时，人们在社会中对他者的依赖便逐渐从对特定成员的依赖转向对整体的依赖，需要完成的工作可以被任意一个人来完成，人与人之间更多的是金钱的联系，这使得个体能够有更大程度的自由。"自由真

---

① 参见陈戎女《西美尔与现代性》，上海书店出版社2006年版，第76页。
② ［德］西美尔：《货币哲学》，陈戎女、耿开君、文聘元译，华夏出版社2001年版，第224页。

正的对头并非束缚本身,而是被束缚在一个个别的、特定的主人身上。"① 在西美尔看来,作为互动,自由更多是一种人与人之间的关系。自由的发展意味着固定的、一成不变的关系转变成不稳定的、可互换的关系。现代都市人不依赖他人、都市中人与人最大的联系是金钱上的联系,因此其间的依赖是一种整体性依赖,并且通过客观和金钱性质的服务来不断维持这种关系。

货币将人际关系分化,却又将个体连接成了作为整体的集体,这便是货币的两个极端的后果。货币在一定程度上代表了"抽象的集体力量"②,人与人之间的关系其实是在复制一种由货币导致的人与物之间的关系——冷漠、松散、中立、毫无感情。"一方面通过商品供给的迅速增长,另一方面通过实物在货币经济中遭受的特别的贬值和丧失重点,单个的对象对人无所谓了,常常几近一无用处。"③

西美尔曾在他的作品中流露出了这种情感,即构成整体的个体事实上在逐渐淡化自己的角色重要性。但是随之而来的是个体所在的整体的这一类别,却日益增加着其重要性。最终,货币的意义呈现出这样一种特征:金钱带给人们的自由也具有消极的一面,更多的是形式上的自由——不做某件事的自由,而内容上的自由却没有。

这种自由的状态是空虚、变化无常,使得人们毫无抵抗力地放纵在一时兴起的、诱人的冲动中……但最后当钱到手,商人真的自由了,他却常常体会到食利者那种典型的厌倦无聊,生活毫无目的,内心烦躁不安,这种感受驱使商人以极端反常、自相矛盾的方式竭力使自己忙忙碌碌,目的是为"自由"填充一种实质性的内容……因为货币所能提供的自由只是一种潜在的、形式化的、消极的自由,牺牲掉生活的积极内容来换钱暗示着出卖个人价值——除非其他价值立即填补上它们空缺后

---

① [德]西美尔:《货币哲学》,陈戎女、耿开君、文聘元译,华夏出版社2001年版,第226页。
② [德]西美尔:《货币哲学》,陈戎女、耿开君、文聘元译,华夏出版社2001年版,第227页。
③ [德]西美尔:《货币哲学》,陈戎女、耿开君、文聘元译,华夏出版社2001年版,第227页。

的位置。①

金钱式的自由不是一种绝对的自由，它是在货币许可下的自由，金钱支配和束缚着这种自由。这种金钱式的自由产生了一种消极的后果，它使人们放纵自身的欲望去追寻某个事物，在得到后放弃，并寻求一种新事物，如此反复直到生命的最尽头，生命的意义也消失殆尽。人们的内心开始厌世，对一切事物失去兴趣。

尼格尔·多德认为："金钱使我们获得摆脱经济和社会限制的自由，而没有就我们该如何探讨它的可能应用范围提供任何指导。部分地出于这一原因，现代文化在精神上是空洞的。我们仅仅与财富连在一起；或者是更坏，我们仅与获得它们那瞬间浅显、一时的满足联系在一起。"②

（三）货币对于都市的存在意义

1. 货币和都市的共性

随着城市化进程的加快，越来越多的地区和人群被卷入城市化的进程之中。城市作为一个包容性的共同体，几乎涵盖了一切事物，它将社会发展中的一切客观对象整合进了都市，它们在各自的位置上发挥着作用，都市人正是通过分工维持着整个都市的运转。货币在客观世界中发挥的作用和都市有共同点。由于它自身的无个性特征和强大的夷平作用，将事物化质为量，使得所有事物可以按照统一的标准衡量，这便将所有事物全部纳入货币体制之下，使它们参与进了由货币操控和管理的运转体系之中。任何事物经过货币的整合与量化，都成为这个体系中的一部分，在整个货币运转中发挥作用。货币抽象了事物的价值，并使其客观化。

都市集合了个性、成长背景、生活习惯完全不同的人群，更重要的是他们的利益也各不相同。然而在都市这个公共空间之中，人们为了生存不断调试着彼此的关系去适应整体环境，在这个过程中，城市的公共

---

① ［德］西美尔：《货币哲学》，陈戎女、耿开君、文聘元译，华夏出版社 2001 年版，第 320 页。

② ［英］尼格尔·多德：《社会理论与现代性》，社会科学文献出版社 2002 年版，第 38 页。

设施和各种娱乐活动，生活和工作所制定的规则与程序，都在这种人群"都市化"过程中起到了重要作用。都市提供给人充分的自由，这使得都市的人群最大限度与周围人交往，在一定意义上形成了一个松散的社会群体。然而群体中的个体对他人却没有任何意义，如同货币的拥有者，只有在货币的数量达到一定程度时，货币对于他才具有意义。这是一种整体上的意义。

都市人由于受到货币经济的影响，形成了理性的性格，彼此保持着一定的安全距离。这使得都市中的个体相互分离。然而在西美尔看来，都市却又将人们前所未有地结合在一起，历史上似乎从未出现像现代都市这样大规模的分工协作，也没有像现代都市人这样如此依赖他人的存在。然而这种依赖仅仅是对都市人在货币生活中扮演的角色的依赖——并非对某一个体的依赖，这就使都市人与人之间的关系是依赖中包含着分离。

货币的特征和后果又再次与都市的特征和后果不谋而合。在货币的作用下，事物价值被夷平，所有的东西可以被金钱买到，这使得事物之间天然的联系被货币所割断。同时，人们由对不同价值事物的追求转向了对他们的统一度量衡——金钱——的追求。货币将城市文化朝着平均化、客观化的方向推进，使得都市人失去了个性，然而这种客观的城市文化又为人的个性发展创造了良好的条件——人们在这种自由的空间中最大限度张扬自己的个性。

2. 货币与都市的相互作用

都市中金融机构林立，消费市场繁荣，物质生产水平的高度发达使得都市逐渐担负起货币中心的角色。货币的无孔不入和它自身带有的客观化特征，使它成为以消费为主导的现代都市的血液。货币通过自身将都市化的元素和生活习性带入生活的各个角落，通过货币的流通，都市化进程不断加快。货币是都市生活中不可或缺的一部分，它是都市生存、交易的必经之路，没有货币，都市生活就根本无法正常运转，就像柏林市中心的钟表停止后引起的生活恐慌和社会秩序的破坏。都市为货币的流动提供了空间，在这个空间中，货币也同样支撑和维持着都市的整体性——它也是都市的骨骼。

货币拉近了都市同乡村、小城镇的距离。都市的陌生人恰恰是通过货币参与了都市生活，在这一过程中他们对于都市的生活方式、心理感知都获得了体验，从而被卷入了都市。特别是消费将都市以外的人群牢牢捆绑在都市经济体系和文化体系之中，这种长期的参与使都市以外的人群获得了都市生活的精髓——消费主义、大众文化、乐极生厌的态度和对金钱无限的追求。越来越多的乡村城镇由边缘被纳入了都市的版图之中，而都市的陌生人也从乡村和城镇走入都市人群之中。

货币和都市所需的理性、距离、分工，导致了都市独一无二的心性体验。都市中的人或多或少都沾染了现代都市的气息：精于算计、乐极生厌、冷漠、矜持、害怕与他人接触。货币在都市文化向客观化发展中起到了不可磨灭的作用。一方面，它推动都市人和事物向毫无特性的方向发展；另一方面，因其客观化、不偏不倚的个性所带来的自由发展空间，为时尚的登场创造了舞台。

四 都市与货币的产物：时尚

时尚是货币、都市共同作用的结果。随着消费主义文化的不断发展，现代人被"制造出来的欲望所包围"，货币经济使风格解体，作为现代主体的都市人，面临着寻求社会认同和个性张扬的双重矛盾，他们这两方面的追求推动了时尚的快速发展。

1895年西美尔发表《时尚心理的社会学研究》，从社会学角度阐述了时尚的特性，这篇论文成为后来有关时尚论述的经典篇章《时尚的哲学》的基础。1904年，西美尔以英文在《国际月刊》发表了《时尚》（Fashion）一文，一年后《时尚的哲学》（德文版）在柏林出版。[①] 西美尔有关时尚的论述，还散见于他的其他论著中，代表作是《货币哲学》《大都市与精神生活》《柏林贸易展》等。

作为较早探讨时尚的学者之一，西美尔以构成现代生活的微小元素作为切入点，对货币经济及其引起的都市生活和社会心理的变化进行了深刻的剖析。

---

① 陈戎女：《西美尔与现代性》，上海书店出版社2006年版，第205页（注释1）。

（一）时尚的前奏——风格

都市是消费主义文化横行的世界，消费的目的已经不是满足实际的需求，而是在不断追求被创造出来的欲望。"人们消费的不再是商品，而是它的符号象征意义。"① 人们被"欲望（wants）情结"笼罩，它远远超越了我们的"生存需求"（needs）。消费主义文化的渗透经历了一个由大城市到中小城市，再到农村乡镇的过程。

消费社会的产生和经济发展有关，但经济因素绝不是消费社会或消费主义文化产生的决定因素。经济的增长并不等同于经济发展，也不一定能带来社会的进步。当整个社会被消费文化包围的时候，它呈现给社会成员"经济繁荣的景象"，而背后其实是由商业集团、广告人和媒体共同操纵。这种"需求"是制造的结果，而不是人真正的需求。

经济增长的后果之一是文化取得对社会生活的支配，此时文化建构社会，这种文化主导权，甚至可以说文化霸权，渗透到社会生活的各方面。② "消费主义文化通过反映特定意识形态的话语系统，在人们日常的消费行为和生活方式中，行使着对大众思想、道德和观点的控制与主宰，从而为资本利益的全球化开辟道路。而在十几年前这个任务是靠经济与政治的强权实现的。"③

"风格（style）这个词指的是生活或艺术表现的前后一致和要素的等级秩序，是一些内在形式和表达方式。"④ 20世纪的批评家经常认为，我们这个时代缺少一种独特的风格。西美尔在《货币哲学》中将我们的时代称为"无风格的时代"，马尔罗则认为我们的文化是"一座没有围墙的博物馆"⑤。在当代消费文化中，风格蕴含"个性""自我""品位"等含义。一个都市人生活的细节——饮食、汽车、家居产品、假日

---

① 参见陈昕《消费与救赎》，江苏人民出版社2003年版，第7页。
② 参见陈昕《消费与救赎》，江苏人民出版社2003年版，第83页。
③ 陈昕：《消费与救赎》，江苏人民出版社2003年版，第79页。
④ 此定义来自夏皮罗1961年出版的《风格》一书，转引自［英］迈克·费瑟斯通《消费文化与后现代主义》，刘精明译，译林出版社2000年版，第38页。
⑤ ［英］费瑟斯通：《消费文化与后现代主义》，刘精明译，译林出版社2000年版，第38页。

生活的选择等都是其个人偏好和个性品位的体现。都市人从追求时髦与流行，到突出自我，再到时尚，显示了消费主义带来的风格的消失。斯多特与伊丽莎白·艾文在《欲望的通道》中提到关于近来消费文化发展趋势的三个征兆："今天已没有风格，有的只是种种的时尚"，"没有规则只有选择"，"每个个人都能成为一个人物"。① 这表明，一种长期存在于我们生活中的稳定的符码发生了变化，我们的社会很难留存一种固定的生活方式。信息的极大丰富和影像的急速增加，使日常生活中人们在衣着、饮食、消费、举止方面产生越来越多的分化。曾经的"风格"解体了。

生活风格消失的原因包括四个因素：货币经济的发展、理性的盛行、生活状态客观化、消费社会的到来。这四个大都市的明显特征，使它的主体——现代人的思想和行为走向了一个极端——缺乏普遍的社会认同，对个人而言使得个性张扬，但从社会整体角度来看恰恰造成了风格的消失。

货币经济的发展是风格消失的根本原因。货币经济对现代都市生活造成的最大后果之一是生活风格消失——自此生活风格表现为无特性和客观性。这一特性的根源是货币的夷平化作用。货币将夷平与抽象作用渗透进现代生活的方方面面，侵蚀了以往个性色彩强烈的事物与生活，从中提取出一种共性——普遍的、客观的"无特性的特性"。

都市人各种心理的根源在于理性。理性既是货币经济的后果，也是生活风格消失的原因。西美尔认为，"无风格的前提是货币与理性。"② 货币经济的发展带动了理性和抽象思维的发展，理性又反作用于货币经济的发展进程，最终结果是货币和理性共同作用，凌驾于现代人个性之上，都市人用平静与冷漠替代了敏感与冲动。

生活状态客观化是生活风格消失的因素之一。"风格中的人，人与人之间相互作用的客观性——客观性原先仅仅是由主体力量提供的物质的一种构型，但最终它拥有了自己独立的存在形式和规范——在纯粹的

---

① 转引自［英］迈克·费瑟斯通《消费文化与后现代主义》，刘精明译，译林出版社2000年版，第121页。

② ［德］西美尔：《货币哲学》，陈戎女、耿开君、文聘元译，华夏出版社2001年版，第349页。

货币经济利益里充分地表达了出来。"①

消费社会的不断发展为生活风格消失创造了背景，都市是消费主义文化的舞台。当代消费社会的一大根源是："消费社会以最大限度攫取财富为目的，不断为大众制造新的欲望需要，超前消费和一掷万金成为时代精神的表征。"② "消费的模式是连接文化的客观性和劳动分工的纽带。"③ 消费社会用无限扩大的生产来满足对差异的无限需求，伴随而来的是生产的专门化。消费扩大的原因之一是客观文化的增长，这导致产品个性消失。然而，越是如此，产品才能适合更多人的需求，符合市场规律。生产者在现代社会很少能够按照消费者的个性需求来生产千差万别的产品，相反，适合大多数人的无差异的产品更适合这种大规模的生产，被严格分化的流水线产品往往更容易被接受。"劳动分工不仅摧毁了定制生产，而且对于消费者而言产品的灵韵也消失了。原因就在于现在的商品是独立于消费者而生产出来的。"④

这种风格的分化导致"每一种个别的风格以及一般意义上的所有风格都变成了客观的东西……""我们的文化生活的全部直观内容分裂为多元风格，这瓦解了主客体最初在风格当中尚未分裂的关系。"⑤ 作为主体，生活在货币渗透的社会中的现代人不能幸免。货币的夷平化作用在消融商品风格的同时抽离了人的个性，使他们变得更具适应性——适合在不同场合生存，适合与不同的人相处。都市作为货币经济最具展现力的场所，使现代人挣扎在普遍性与特殊性之间。正如西美尔所说，"现代生活最深层次的问题来源于个人在社会压力、传统习惯、外来文化、生活方式面前保持个人的独立和个性的要求。"⑥

---

① [德] 西美尔：《货币哲学》，陈戎女、耿开君、文聘元译，华夏出版社2001年版，第351页。
② 王岳川：《消费社会的文化权利运作》，转引自金元浦《文化研究：理论与实践》，河南大学出版社2004年版，第79页。
③ [德] 西美尔：《货币哲学》，陈戎女、耿开君、文聘元译，华夏出版社2001年版，第369页。
④ [英] 戴维·弗里斯比：《现代性的碎片》，周宪译，商务印书馆2003年版，第122页。
⑤ [德] 西美尔：《货币哲学》，陈戎女、耿开君、文聘元译，华夏出版社2001年版，第375页。
⑥ [德] 西美尔：《货币哲学》，陈戎女、耿开君、文聘元译，华夏出版社2001年版，第186页。

作为个体的文化消费者面临两种对立倾向：一般性与独特性。二者造成了行动取向之间的矛盾，悲剧在于人们并未在二者之间取得平衡，相反造成了夸张的主观主义。① 在生活风格的消失和个体对独立性的追求之中，现代人转向时尚。

（二）时尚

1. 时尚及其特征

自 20 世纪 90 年代以来，"时尚"就成为现代社会，特别是都市生活中出现频率极高的词，时尚本身也成为人们追逐的目标。它是一种将"分化与更替的魅力同相似和一致的魅力结合起来的社会形式"②。独树一帜和追随从众的心理在这里得到融合与统一。

西美尔将时尚理解为"在一致和个人化这两种相反力量之间产生的张力运动的结果"③。时尚就起源于这种张力。"倾向于竞争、平等和消亡的趋势与倾向于差异、个性和区分的趋势，均被西美尔视作时尚的核心动力。"④ 对西美尔来说，时尚"只不过体现了多种生活方式中的一种，借助于它，我们试图在一个统一的行为领域内把社会平等的趋向与对个体差异的变化的渴望结合起来"⑤；时尚是社会平等化倾向同差异倾向的妥协——这便是时尚的二重性。

时尚起源于社会需要，一种统合和分化的并存倾向。在时尚的形成过程中，这两个因素缺一不可。"这种相互混合、混淆的危险刺激了文明人的不同阶级在服装、风格、品位等方面表现出的差异。通过这些差异，有易于分化的群体部分却被内在地统合在一起。"⑥ 这些我们在今天称为无风格的现象，早在 14 世纪 90 年代的佛罗伦萨便出现并被后来的西美尔所捕捉，他认为当时没有人模仿社会精英们的生活风格，而是

---

① 成伯清：《格奥尔格·齐美尔：现代性的诊断》，杭州大学出版社 1999 年版，第 93 页。
② [英] 戴维·弗里斯比：《现代性的碎片》，周宪译，商务印书馆 2003 年版，第 125 页。
③ 罗刚、王中忱：《消费文化读本》，中国社会科学出版社 2003 年版，第 268 页。
④ [英] 迈克·费瑟斯通：《消费文化与后现代主义》，刘精明译，译林出版社 2000 年版，第 168 页。
⑤ 罗刚、王中忱：《消费文化读本》，中国社会科学出版社 2003 年版，第 268 页。
⑥ [德] 西美尔：《时尚的哲学》，费勇、吴燕译，文化艺术出版社 2001 年版，第 75 页。

每个人都在创造自己的时尚。笔者认为，用西美尔的隐喻来说，时尚的生活方式，既是联合他人的"桥"，也是排斥他人的"门"。

2. 时尚与阶级

消费文化具有分化倾向，以及鼓励差异作用的倾向。西美尔观察到时尚包含着两种倾向——模仿与分化。"他还提出假设说，时尚就是这样一种东西，它越是大众化，越是被扩张，就越导致了自己的毁灭。这就是说我们需要较为细致地考察在消费商品与生活方式中建构品味的社会过程……当特定阶级成员把自己独特的品味丛（constellation of tastes）看作是社会的品味而加以合法化的时候，是否可以说，对风格与个性的关注本身，更多地反映的是该特定阶级的心理倾向，而不是真实社会本身。"①

然而时尚作为一种社会现象出现，并非均匀分布在社会各个阶层。时尚具有双重作用，一方面它将社会各阶层联系在一起；另一方面又将他们分隔开来。"时尚是社会阶层的时尚。"倘若将社会阶层分化为上层、中层、下层，西美尔认为真正的时尚中心总是在较上层阶级之中。"一方面，较低的社会阶层难以启动并发展得较慢；另一方面……最高阶层往往最保守……"② 在西美尔看来，处于最高层的群体并不能引起时尚，因为他们是最为保守的阶层，难以改变。而较低的社会阶层由于所处地位的限制，在经济上以及思想上都具有局限性，注定他们不可能成为时尚的中心。"生活中的真正变化其实是中产阶级造成的"，"相比于最低阶层麻木不仁地生活在惯例里，相比于最高阶层有意识地维护惯例，中产阶级就显得与生俱来地易变、不安分……它总体上处于合适的位置。"③ 在西美尔看来，时尚发端于社会较高阶层，他们以此来显示与其他阶层的差异。然而下层阶级通过模仿来提升自己的社会地位，当上层阶级的独特性因为下层的模仿而消失，他们便会创造出新的时尚来。由此周而复始，时尚被不断创造，又被不断打破。然而，西美尔的这一理论在今天遭到了某些质疑，因为他当时并未预见到今天生产的发达特别是信息革

---

① ［英］迈克·费瑟斯通：《消费文化与后现代主义》，刘精明译，译林出版社2000年版，第127页。
② ［德］西美尔：《时尚的哲学》，费勇、吴燕译，文化艺术出版社2001年版，第88页。
③ ［德］西美尔：《时尚的哲学》，费勇、吴燕译，文化艺术出版社2001年版，第89页。

命所带来的巨大影响，时尚开始出现"扩散"和"同步接收"现象。

从心理层面来讲，时尚来自那种强烈地要将自己与他人区别开来的诉求。这种诉求越强烈，时尚的变化也就越迅速。"只要革新的群体被一种将他们自己与他们认为顺从的大多数人拉开距离的动机所推动，社会模仿和区别的机制就会运转起来，并会将这种机制推进到一个频繁接纳新潮的规则之中。"① 一方面当今的时尚持续时间较从前相比短了许多，部分原因在于现代时尚的范围更广，且越来越易于被人们模仿。另一方面在于当今传媒的迅速发展，它使时尚频繁更替成为可能。时尚的发展与社会的进步紧密相连。

时尚成为客观文化脱离主观文化控制的瞬间图景之一。"社会的进步肯定直接有利于时尚的快速发展，因为它赋予较低阶层更快地模仿较高的阶层，这样一来具有上述特征的过程——根据只要较低阶层一采用，较高阶层就丢弃的时尚原则——获得了以前无法想象的扩大和活力。"② 社会的进步为时尚的发展提供了两个不可或缺的因素——商品的低价和商品传播速度的加快。而低价和传播速度也有相互促进的关联，二者共同推动时尚快速向前发展。

时尚的二重性迎合了大众的二重性特征，它的魅力就在于开始与结束之间的刹那，而这也是现代性的标志之一。

3. 时尚的意义与后果

（1）时尚与人的二重性

时尚统合了大众对模仿性的需求和对独特性的强调，这些个体需要以时尚来表达他们自身所缺乏的个体性。"时尚是人们借以'更加充分地保护内在自由'的重要社会媒介，也是个人显示他在社会整体中的位置的工具。"③ 时尚使人引人注目，卓尔不凡，在其他领域不能实现的自我在时尚中得以实现，并使其成为万众瞩目的焦点、潮流的引领者，满足自我实现。这或许可以解释为什么时尚的追随者中女性支持者占多数——或许源于她们在其他领域较少被认同。

---

① 罗钢、王中忱：《消费文化读本》，中国社会科学出版社2003年版，第281页。
② ［德］西美尔：《时尚的哲学》，费勇、吴燕译，文化艺术出版社2001年版，第89页。
③ ［英］戴维·弗里斯比：《现代性的碎片》，周宪译，商务印书馆2003年版，第130页。

时尚在一定程度上克服了人与社会的距离，人们通过时尚参与到各种社会活动中，在时尚中寻求自我，感到自己获得了"独一无二的个性"，满足了个体对差异性的需求，提升了自己的社会地位。但是人和人的距离也会因时尚而扩大。时尚可以转化为都市中的面具。当都市人试图保护自己，不想与他人交往时，一定程度上的盲从公共标准——追随时尚，可以为自己保留独属个人的感情与品位。"正是一种谦逊与矜持的优雅感情导致了一种在时尚的面具中寻求庇护的细微天性，这种感情不会因为害怕灵魂深处的特质会显露出来而不寻求依靠外在的特性。"[①] 因此时尚也是一种牺牲形式，它使人们的外在性受到大众文化支配，却保存了内在的自由。

时尚强调独特性，而反时尚作为独特性之一，也可以被看作一种时尚。在服饰、运动潮中总会有一股逆流成为焦点，并最终引发大众狂热的追求，演变为新的时尚，而这种时尚一旦变为流行，便失去了魅力，被一股新的潮流所替代。

那么时尚的后果是什么呢？时尚并没有使它的追求者们获得对事物的支配，他们所把握到的，其实是自己对于时尚的一种"把握"的幻觉，这种把握事实上并不存在。这只是进一步表明了时尚的虚幻性和短暂易逝性。"时尚的主角皆引人注目——此种引人注目以纯粹量的方式获得却表现出一种质的差异——而代表着社会与个人之间的真正原初的平衡状态。一般情况下，物与人是分离的，而时尚为我们提供了物与人之间的一种结合。在这里，起作用的不仅仅是个性化与社会化的混合，实际上更好像是操控感与服从感的混合。"[②]

（2）时尚的瞬间性与永恒性

对于时尚本身而言，它是瞬间性的。在西美尔的概念里，存在一个概念同时尚相对立，这便是流行。时尚的广泛传播带来了流行，但流行也消亡了时尚。时尚创造流行，而流行的不断发展最终导致了独特性的丧失，并最终消亡了时尚。时尚的出现是想被普遍接受，然而这种广泛的接受使时尚毁灭，时尚的魅力恰恰存在于这种流行与毁灭

[①] ［德］西美尔：《时尚的哲学》，费勇、吴燕译，文化艺术出版社2001年版，第84页。
[②] ［德］西美尔：《时尚的哲学》，费勇、吴燕译，文化艺术出版社2001年版，第79页。

之间。

如果将每一次的时尚拿出来单独研究，我们会发现它的出现是以永恒为目的的，而非"只在乎曾经拥有"。然而时尚作为一个整体来看，则是一个永恒的存在。这种变换就是时尚的本质，是同一中的不断翻新。"时尚总是复古的，但它建立在取消过去的基础上：这是形式的死亡和形式的幽灵般的复活。它是一种绝望：任何东西都不可能永远延续。与此相反，它也是一种快乐。它知道任何形式在死亡之后，都总有可能再次存在。"①

随着社会的不断发展，时尚的独特性变得不是很明显。地位较低的阶层不断朝较高阶层前进，并且阶级之间的壁垒在不断被打破，信息的发达削弱了阶级地位对追求时尚的行为的制约，于是各阶层中热衷于变化的个体可以无限接近时尚。柯尼格说："这里有一种类似自杀的欲望，它侵蚀时尚，它在时尚达到顶点时就可以实现。也就是说时尚不断死亡又不断出现。从循环的角度看，时尚做的是相同的事情：它以绝对的方式让所有符号相互替换，相互影响。"② 此刻的时尚与博物馆有相似之处，它们都在对抗过去的文化。

广义的时尚是时尚永恒性的体现。"时尚追求任何具有其组织形式的个别时尚，尽管每个个别时尚的本质都恰恰在于，它并非永远都不消失。在此，更替持久存在的事实，给任何发生更替的对象罩上一层持久性的心理微光。"③

（3）时尚与现代性

"现代性的框架内才有时尚。这也就是说，决裂、进步、革新的图示中才有时尚。现代性是代码，而时尚则是它的象征标志。"④ 时尚缺乏一种内在的确定性，它是一种可以被随意替换的符号。起初时尚只是局限在服装、食物、建筑等方面，随着消费主义文化的发展，它对生活方式的影响渐渐渗透到现代人的内心感受。西美尔对时尚的分析触及现代性的一个重要特征：过渡和瞬间即逝的辩证法："为什么时尚在今天

---

① 薛毅：《西方都市文化研究读本》（第4卷），广西师范大学出版社2008年版，第389页。
② 薛毅：《西方都市文化研究读本》（第4卷），广西师范大学出版社2008年版，第390页。
③ ［德］西美尔：《金钱、性别、现代生活风格》，学林出版社2000年版。
④ 薛毅：《西方都市文化研究读本》（第4卷），广西师范大学出版社2008年版，第391页。

那样强烈地支配着意识？因为重要的、永恒的、公认的信念日渐失去力量。这样生活中短暂和变化的因素获得了更多自由空间。与过去的断裂……逐渐使得意识集中到现在。显然，这种对现在的强调同时是对变化的强调……"① "时尚没有内容，于是它成为人们给予自己的表演，他们所具有的使无意义产生意义这种能力的表演。"（罗兰·巴尔特《时装系统》）② 总体来看，时尚是都市和货币共同作用的后果。现代社会的发展造成了都市人由前工业时期朝消费社会时期转变，一方面，都市人的性格特征冷漠、厌世，使人的个人世界不断膨胀，造成了人与人之间的交流沟通逐渐减少；另一方面，货币经济的发达造成了事物特征的消失和个性的减弱，在双重的作用下，都市人开始了对时尚的追逐，从中产阶级到平民大众，没有人能摆脱时尚的支配和诱惑。

（三）都市和货币理论意义的扩展

1918年，西美尔在《现代文化的冲突》中讨论了主观文化与客观文化的冲突，并将这种冲突看作文化形式与生命的对抗，透出一种"形而上的悲情"。目前国内出版的西美尔关于文化悲剧论的篇章主要有：《文化本质论》《我们文化之未来》《文化形式之变迁》《劳动分工作为主观文化和客观文化分野的原因》等。

所谓客观文化是"经过创作、提高和完善的事物，可以引导人类灵魂走向自身的完善，或者使个体或集体通往更高存在的途径"③。主观文化则是"以此方式而达到的个人发展程度"④。在西美尔看来，主观文化和客观文化是互为前提存在的。主观文化以客观文化为基础寻求进步，而客观文化同主观文化相比具有较高的独立性。人类只能在一定程度上通过客观的完善达到主观生活的完善。⑤

当主观文化和客观文化和谐发展的时候，例如古希腊时期，客观文

---

① ［英］戴维·弗里斯比：《现代性的碎片》，周宪译，商务印书馆2003年版，第127页。
② 薛毅：《西方都市文化研究读本》（第4卷），广西师范大学出版社2008年版，第395页。
③ ［德］西美尔：《桥与门》，涯鸿、宇声等译，上海三联书店1991年版，第92页。
④ ［德］西美尔：《桥与门》，涯鸿、宇声等译，上海三联书店1991年版，第92页。
⑤ ［德］西美尔：《桥与门》，涯鸿、宇声等译，上海三联书店1991年版，第94页。

化受到主观文化的控制，文化"是每个受教育的人或多或少能够掌握的"①，人们可以自由地将客观文化应用于自身的完善。然而随着时代的发展，特别是客观文化发展日益加速，科学技术有了巨大进步，但是个体的文化水平却不能同样发达，甚至有退步的迹象，久而久之使得主观文化和客观文化分道扬镳。此时个体的发展远远落后于文化的发展，使得主观文化对客观文化产生了强烈的"陌生感"。

在西美尔看来，其中的根本原因首先在于劳动分工。② 是劳动分工分割了进行创造的个体和他们创造的东西，并且使创造物具有了自主性，独立于创造者。长期的文化内容专门化，导致了文化的客观化。个人在文化上的提高十分显然地落后于物——近在咫尺的功能的和精神的物——的文化的提高。③

货币经济也是促使主观文化和客观文化分野的原因之一。只有在货币出现的情况下，才能够分散地支付酬劳，此时生产才有条件分工、组织。"只要生活风格取决于客观文化和主观文化的关系，生活的风格也就与货币交往联系起来了……货币交往既支撑着客观的精神对主观的精神占优势，也支撑着后者的保留、独立的提高和固有的发展，这种情况彻底解释着货币交往的本质。"④

不论理性，还是符号，都在证明"文化的自主建构"，这恰恰印证了西美尔的主观文化客观化理论。客观文化的系统内部形成了一套完善的运行机制，它本是主体用来丰富个体的手段，然而却脱离了创造者的控制，甚至同主体相对抗。

在西美尔看来，"创造性生命不断产生出一些不是生命的东西，一些会摧毁生命，用自己强有力的声音对抗生命的东西……这一悖论是真正地

---

① ［德］西美尔：《桥与门》，涯鸿、宇声等译，上海三联书店1991年版，第96页。
② ［德］西美尔：《社会是如何可能的》，林荣远译，广西师范大学出版社2002年版，第119页。
③ ［德］西美尔：《社会是如何可能的》，林荣远译，广西师范大学出版社2002年版，第128页。
④ ［德］西美尔：《社会是如何可能的》，林荣远译，广西师范大学出版社2002年版，第136页。

无所不在的文化悲剧"①。这种客观文化的自成一体和飞速发展,有些类似于货币经济的发展过程。货币的异化过程一方面对抗人类的主观精神,使现代文化和人的内心产生了巨大的冲突;另一方面又为创造性个体提供了自由而丰富的发展空间。其根本原因在于,货币经济的发展,以及为货币经济提供发展空间的都市都具有一种将文化和人平均化的力量。

西美尔对于主观文化和客观文化矛盾的分析,与其对于都市、货币的分析表现出来的是一种相同的矛盾心理。在他看来,货币、都市作为现代文化最重要的元素在现代生活中占据了重要的位置,货币和都市不但自身形成发展的逻辑,并且通过参与社会运行,渗透到了社会文化的创造过程,其实也在逐步影响塑造着主观文化,甚至控制了主观文化。

客观文化的增长和主观文化的衰落,同货币经济的盛行密切相关。"西美尔认为现代社会的特征是,在那无孔不入的客观文化——在那里逃脱不了商品化的理性逻辑——面前,主观文化的异化。他认为为了金钱本身而对金钱的追求凝固了这样一种文化,在其中手段变成了目的。"② 这也就是为什么作为客观文化的代表——货币,对于主观文化的发展负有相当大的责任——越来越多的人为了金钱放弃信仰,转向了对这一纯粹手段的追逐,这是客观文化对主观文化破坏的例证。

货币在都市中充分地抽象,并最终导致了交换服从于货币自身的演变,此刻它拥有一套完整的体制,脱离了它的制造者的掌控,成为一种理智的、用数量来控制现代个体的力量。

城市为货币经济的集中发展提供了沃土,在这里,分工劳动被固定下来,成为货币经济发展的重要条件之一。因此,主观文化的客观化一方面是成熟货币经济发展造成的结果;另一方面则是都市发达的后果。也正因如此,西美尔在对都市生活的分析中也带有一种矛盾的心理,正如他对货币自由分析时所带有的那种矛盾心理。

存在于时尚中的矛盾也表达了现代文化的矛盾心理。戴维·弗里斯比认为,"社会群体要凝聚或吸收成员,或者制造差异来将个体与其他

---

① 王小章:《现代性自我如何可能:齐美尔与韦伯的比较》,《社会学研究》2004 年第 5 期。

② [英]尼格尔·多德:《社会理论与现代性》,社会科学文献出版社 2002 年版,第 29 页。

群体的成员区分开来，也为时尚动力所调和。齐美尔将时尚与现代生活的支离破碎、神经衰弱、过度刺激和神经亢奋相联系，而这些又随着大城市发展而加剧。现代人面临的，是疯狂变换的时尚和令人不知所措的多元风格，然而对于齐美尔而言，个体为了表现自己的主观性而将内在的东西风格化，这样，在客观文化、亦即可见的公共文化中所体现出来的各时代的毫无风格可言，由此就得到了补偿。"①

西美尔有关时尚的理论虽然已发表了100多年，但是他对于时尚的产生特性、发展的形式及其与现代性的联系都有相当的预见性。至今他的很多理论仍能用来解释现代人的时尚观以及时尚现象。当然他的理论也随时代的发展，特别是信息和传媒的飞速发展，受到了挑战，特别是时尚理论中的"向下滴入论"。当然我们完全可以将这一理论看作时尚扩散多种形式中的一种而已，不能因此否认西美尔的《时尚的哲学》的系统性和全面性。

西美尔对于都市、货币的见解在社会学及现代性研究领域中有着巨大的意义，他本人对于都市、时尚的预言也成为事实。一百年之后社会的发展使得我们对照现实，反思他的都市—货币理论的局限性。

事实上，在都市—货币理论中，西美尔对于都市、都市生活和都市人的描述始终处于一个相互比较的位置——同乡村进行比较，同过去的时代进行比较。无疑，这首先由他个人的成长背景所决定。在他生命的60年中，柏林从一个小城市转变为一个大都市，无论规模还是都市人的内心，都产生了剧烈的变化，他将这种经验带入了自己的都市理论研究。作为都市人群中的个体，西美尔始终在内心感受到那种强烈的反差，对过去的小城市有深深的怀恋之情，这便造成了他对都市—货币，特别是都市生活始终带有一种不满和批判的态度。

他对都市特征，特别是时尚的天才般的预见，以及对于一部分都市人心理的把握，使得读者和后来的研究者在阅读他的作品的同时按照他所设定的路线——那种西美尔独有的情绪、思路——去解读。然而大都市真的如西美尔所说，物欲横流，金钱决定一切，人与人之间异常冷

---

① ［英］戴维·弗里斯比：《乔治西美尔：第一个论现代性的社会学家》，转引自费瑟斯通《消费文化与后现代主义》，刘精明译，译林出版社2000年版，第168页。

漠、倦怠吗？

笔者认为，西美尔所描述的大都市文化，始终是他生活所见的位于中心区域那种丰富的物质文化、对时尚的追逐，是中上阶层的生活状态，那种对于现实生活的麻木、压抑、人与人之间的倦怠，也只是生活于此类中心地带的部分人的内心世界，或者说这种新型体验更多是在人处于压力之中的一段时期内的特征，是具有暂时性和地域性的。

而在被忽略的边缘地带和边缘人群中，都市特征并未有如此明显的表现，即使在一百年之后的现代都市，依然没有达到麻木和倦怠的顶峰。

至于都市人群个体之间的关系而言，的确相较于乡村和前工业时期，由于规模的扩张，货币经济的发达使人与人之间的交往减少，深层次交往的人数也在下降。然而他并没有预见到工业革命之后的科学发展，同时也带来了传媒与通信的爆炸式发展，一百年之后人们面对面交流的机会减少，但是在除此之外的交往方式中，人们的交往范围更广，机会更频繁，交往的深度也绝对不逊于先进的前工业革命时期。

无疑，西美尔都市货币理论的确过分关注精英阶层——这与他的成长环境是难以分开的，而对于下层和边缘人的关注则较少体现在他的研究中。都市究竟是属于谁的？每当谈及都市，人们眼前所呈现的是魅力之都，却忽略了都市中边缘人的生存状态。不论西美尔还是沃斯，他们都夸大了城市的非个人化特征，如果说西美尔对于都市特征的表述过于笼统，而师承西美尔的沃斯的都市理论依然存在这样的问题。在吉登斯看来，"他们显得太笼统了。现代城市经济包括非个人的、匿名的社会关系，但他们也是多样性的来源，而且有时也是亲密关系的来源"[1]。

20世纪80年代至今，中国经历了巨大的变化，特别体现在城市化速度的加快方面，都市不断扩大，乡村人口涌向都市，因经济关系而形成的城市带不断变长。在社会变革中，环境剧变而引发的内心冲突和人际关系、交流方式的改变，冲击着人的心理。西美尔都市理论中的许多特征都一一体现，然而我们也应看到表象之下存在的许多本质层面的问题。

以中国为例。目前中国都市化现象充满了矛盾，一方面，很多基本

---

[1] [英]安东尼·吉登斯：《社会学》，北京大学出版社2003年版，第743页。

的社会问题还有待解决，城市化水平还很低，城乡二元结构问题还很严重；可是另一方面，却对建造国际化大都市充满了狂热。传媒和企业集团联合掀起了消费狂潮，几乎将所有人都卷入了这场消费热潮之中。中国都市化正处在全球性都市化背景和中国自身城市化进程的交叉点上。①

经济增长使得我们的物质水平不断提高，人们的生活问题早已从"能否生存"转移到了"怎样生存"上面。在这个过程中，整个社会的文化水平对人们需求的作用，早已超出了经济水平的决定作用。然而人们"生活得幸福"的愿望，也渐渐偏离了它的本来面目，究竟什么是幸福，已经不是个人自身的体验所能判定，因为社会中无数的因素都在教你"如何幸福"，幸福已经不是自身的体验而是他人建构的，我们爱别人所爱，恨别人所恨，幸福生活的感受开始受到"什么是幸福生活"这一观念的左右。

开放的环境使得文化日益多元化，然而文化的多元性并不是各种文化齐头并进的发展，实质上是主导文化下的多样性、虚假的多样性，"文化的多样性与多元性并不能否定主导文化或主导趋势的存在，至于反主流文化出现这一事实本身就足以证明主流文化的强大存在"②。在中国，消费主义的生活方式从城市向乡村的蔓延扩散，是通过文化主导权的形式实现的，而经济并不是消费主义生活方式的主要决定因素。

那么，作为经济发展中的重要元素之一——货币，承担了哪些职责？以西美尔的视角，货币在消费文化和都市进程中扮演了一个推动者的角色。然而这种推动作用是体现在经济中还是文化中？西美尔始终是以一种"货币的视角"看待货币——一种双重的角色，这个游刃有余③的中介物，使得经济和文化相互渗透，后果便是消费文化主导下的经济的畸形增长。同时它极大地推动了所谓的都市化进程。然而经济增长和都市化进程不一定能够带来幸福的生活，现代都市人早已在这种经济和文化的双重压迫下疲惫不堪。

追求经济增长曾经是促进社会发展的手段，然而今天经济增长已经

---

① 高小康：《城市文化评论》（第1卷），上海三联书店2006年版，第8页。
② 陈昕：《消费与救赎》，江苏人民出版社2003年版，第79页。
③ ［德］西美尔：《货币哲学》，陈戎女、耿开君、文聘元译，华夏出版社2001年版，第57页。

变成了一种绝对的目的。作为经济发展过程中的重要元素——货币，已然和经济的发展命运类似。货币曾是满足人们需要的一种纯粹的工具，由作为主体的人创造出来，并制定了一系列运转的规则。由于自身的无偏无倚特性，它成为人们获得目的的最理想的手段。随着经济和文化不断向前推进，人们对货币的狂热追求导致它从一种纯粹的手段变成了目的——所有人的终极理想似乎都是拼命赚钱。

为经济增长而增长，它背后的动力是资本再生产。为金钱而金钱，它背后的动力是什么？这是一个值得探索的问题。

追求经济增长的理由是满足日益增长的物质文化需求，但是这种需求究竟是实际需求还是虚假需求？在消费主义文化的主导下，消费者的利益和社会的利益输给了生产者的利益。

西美尔用他100年的预见，告诉我们都市不是天堂，都市人的生活未必快乐，金钱也不是幸福的保证，时尚也是非有非无。然而时代终将发展，都市化进程早已成为一股不可逆转的潮流，在其中我们一方面关注自身的生活与个体感受，努力去改变个体的生活状态；另一方面更应该关注的是在这样的客观条件下——我国目前的城市化水平还未达到50%，都市化水平更低，而西方的城市化水平已达到80%，怎样真正改变依然不够发达的现状，使人们真正体验到生活的乐趣与意义。

（本章作者：赵博雅，首都师范大学文艺学专业2007级硕士研究生，现为浙江省教育报刊总社编辑）

第二章

空间视角下的北京历史文化街区重塑

20世纪后半叶,西方学术界开启"空间转向"以来,空间研究获得了更广阔的视野,原先对于空间的物质性关注,扩展到空间本身的具体抽象层面,并开始与经济、政治、文化建立联系。历史文化街区最初作为一种被简单感知的区域,只是一种地理学意义上的空间存在,但是"空间转向"的发生,为其提供了更为重要的研究视角。

北京悠久的岁月赠予我们许多大大小小、风格迥异的历史文化街区,街区内丰富的文化资源和独特的世俗氛围,具有极大的文化价值和社会意义。当前北京历史文化街区主要分为三种类型,分别是以阜成门内大街为代表的民俗生活街区,以大栅栏为代表的市井商业街区,还有以什刹海地区为代表的混合功能街区。随着全国文化中心建设及城市化进程的加快,历史文化街区已无法适应时代发展的要求。与此同时,由于大量资本的涌入,消费功能的上升导致街区活力迅速衰减,进而造成了同质化、文化特征模糊等问题。因此,如何重塑历史文化街区来焕发其内在活力,一直以来都是困扰着学者们的难题。

从空间视角出发,梳理北京历史文化街区的空间生产过程,能够厘清权力、资本与空间实践主体之间的博弈关系,正是这种博弈关系构成了空间生产的动力机制,形塑着空间构成及其特征。然而这种关系的失衡,使得历史文化街区表现出"空间变形"现象,即文化空间的过度膨胀掩盖了历史文化街区的其他空间特性,同时这种文化空间实质上是一种被架空的现实,其内部尚未形成真正的文化形态,这也致使北京历史文化街区出现消费主义盛行、原生文化消解以及人文精神缺失等一系列症状。

本研究选取了什刹海地区作为研究对象，进行更为深入的案例分析。首先，探讨什刹海地区空间生产过程中各主体的作用，同时结合其业态分布，归纳空间的总体表征。其次，从文化空间表征的角度出发诠释什刹海地区的"空间变形"现象。通过上述研究可以发现，什刹海地区存在街区居民能动性低、文化发展滞后、社会关系断裂等问题。结合上述问题，笔者通过对当前国内外历史文化街区实践探索经验的总结，提出了"空间融合"这一关于历史文化街区未来图景的合理想象。为此，本研究也尝试探讨了北京历史文化街区未来发展的可行性路径，即构建政府、资本与居民的融合互动关系，街区文化创意转型和生活空间营造。

一 文化空间与历史文化街区

（一）文化空间、历史文化街区的概念

历史文化街区不仅包含历史遗存物的文物价值，更重要的是，它承载着一种城市文脉、人文价值和世俗精神。从这个意义上讲，如何为实践主体也就是街区社群提供匹配当下时代生活品质的物质基础，因地制宜地保护街区文化特性，增强街区居民的凝聚力和向心力，是亟待解决的问题。另外，如何在不干扰历史文化街区自在自为的同时，引导旅游场景和消费空间的价值增殖，反哺街区生态则是需要深层次探讨的话题。

当前，北京历史文化街区存在着空间同质化、文化特征不明显和社会关系断裂等多层次的问题。本文以空间理论视角切入北京历史文化街区研究，通过分析历史文化街区这一空间形成的动力机制，直面当前北京历史文化街区存在的问题，找出根源性症结所在。再从实践层面出发，提出北京历史文化街区的重塑路径。这也是本研究的主要意义和价值所在。

1. 文化空间

各国政府、国际组织和学术界对于"文化空间"有着不同的解释。

政府和国际组织通常把"文化空间"放在非物质文化遗产的语境中加以阐释。在联合国教科文组织于1998年发布的《宣布人类口头和非

物质遗产代表作条例》中将其定义为："一个集中了民间和传统文化活动的地点，但也被确定为以某一周期或是某一事件为特点的一段时间。"我国颁布的《国家级非物质文化遗产代表作申报评定暂行办法》中，"文化空间"则主要指"定期举行传统文化活动或集中展现传统文化表现形式的场所，兼具空间性和时间性"。

由于"文化"一词所携有的广义性，再加上彼此研究视角与立场的差别，关于"文化空间"的研究难以达成共识，这也造就了学术界百家争鸣的局面。比较有代表性的阐释如下：国内有学者从人类学的视角指出，文化空间就是指"人的特定活动方式的空间和共同的文化氛围，即定期举行传统文化活动或集中展现传统文化表现形式的场所"[①]。国外学者则更多从社会学角度出发对文化空间做出表述，例如：文化空间是指一种物质空间或社会空间，它是由拥有这一空间的特定群体的一整套相关行为和生活方式来定义的。[②]

2. 历史文化街区

国内外关于历史文化街区的界定不胜枚举，但基本上呈现出一致的认识。1962年，法国颁布的《马尔罗法令》中定义了"历史保护区"，规定历史保护区内的建筑不得随意拆除，并享受相关的税收优惠。英国于1967年出台的《城市文明法令》把建筑群体、户外空间、街道及古树等统称为"有建筑艺术价值和历史意义的地区"，提出保护历史街区的主张。1975年，日本的《文化财保护法》针对"传统建筑与周围环境共同形成的历史风貌区"采取相关保护措施。可以看出，早期的概念更加侧重于物质形态的保护。

随着人们对于历史文化街区认识的深入，文化开始成为历史文化街区的核心价值。1987年国际古迹遗址理事会上通过的《华盛顿宪章》，标志着国际上首次对"历史街区"的概念达成共识，同时在其具体解释中着重突出了街区的文化内涵："不论大小，包括城市、乡村、历史中心区和居住区，还包括自然或人造的环境。这些要素不仅是历史的见

[①] 陈虹：《试谈文化空间的概念与内涵》，《文物世界》2006年第1期。

[②] Greene J P., *Imperatives, Behaviors, and Identities: Essays in Early American Cultural History*, University Press of Virginia, 1992.

证，而且反映出地区传统文化的价值。"

国内的历史文化街区概念界定主要由国家出台的相关政策文件体现出来，1986年国务院批转建设部、文化部《关于请公布第二批国家历史文化名城名单报告的通知》明确提出，"对于一些文物古迹比较集中，或能较完整地体现某一历史时期的传统风貌和民族地方特色的街区、建筑群、小镇、村寨等，各省、自治区、直辖市或市、县人民政府可根据其历史、科学、艺术价值，核定公布为当地各级历史文化保护区。"2002年全国人大常委会重新修订的《文物保护法》中首次提出"历史文化街区"的概念，接着政府分别于2005年的《历史文化名城保护规划规范》和2008年的《历史文化名城名镇名村保护条例》中明确了"历史文化街区"的概念，根据后者的阐释，它是指"经省、自治区、直辖市人民政府核定公布的保存文物特别丰富、历史建筑集中成片、能够较完整和真实地体现传统格局和历史风貌，并具有一定规模的区域"。

综上，本研究对于"历史文化街区"的界定如下：在特定的区域内自发形成的，以传统建筑群为物质载体，并体现出独特人文氛围和文化内涵的具有历史延续性的文化空间。其中，原住民、社会风俗、历史遗存物或自然景观构成了它的核心要素。

（二）文化空间、历史文化街区的相关研究

1. "空间转向"及其对于历史文化街区研究的重要意义

20世纪60年代，一方面，随着现代化进程的推进，西方社会出现城市危机，富人和中产阶级向城郊及乡村地区转移，工商业为了降低成本也开始迁往郊区，造成城市中心迅速衰败，加剧了区域发展不平衡。这种情况下，政府开始主导城市规划，通过改造城市空间以激发其活力。另一方面，社会不公平、贫富差距等问题使阶级矛盾愈演愈烈，罢工、游行、学生运动不断升级，而这些运动的发生与其背后的地理空间密切相关。因此，"空间"议题重新获得了西方学术界的关注，空间研究就此发生转向。

在我国的现代化进程中，存在着许多既相互矛盾又相互协调、既相互掣肘又相互需要的事物，诸如传统与现代、全球与地方、政府与市场

等。这些现象经由社会实践活动集中体现在空间层面。因此，通过分析现实的空间，这种批判和认识就"实现了一种总体性"（列斐伏尔语）①。对于快速发展的中国而言，空间议题正在不断地被赋予新的意义，资本扩张以及技术革命的到来，开启了全新的空间维度，同时也加剧了长期存在的社会问题，原生文化、贫富差距和阶级矛盾问题凸显，真实的空间被进一步摧毁和抹除，空间问题仍然是当前社会发展的主要问题。因此，依托于空间视角进行历史文化街区研究，具有重要的理论意义和实践意义。

2. 关于空间生产理论

自西方学术界发生"空间转向"以来，空间研究获得了更广阔的视野，原先对于空间中的物质性关注，扩展到空间本身的具体抽象层面，并开始与政治、经济、文化建立联系。这一过程中，列斐伏尔和他的空间生产理论扮演着关键性的角色。

早期对于空间的研究更多集中在物质形态的具象研究，或者说仅停留在空间自身的属性上，"空间被看作是死亡的、固定的、非辩证的、不动的。相反，时间代表了富足、丰饶、生命和辩证"②。直到列斐伏尔提出"（社会的）空间是（社会的）产物"的观点③，空间的社会属性才被逐渐重视起来，这也直接促成了"空间转向"的发生。列斐伏尔还强调，空间研究必须揭示出物质、精神和社会三个领域的理论统一性，这为空间研究带来了三维的立体视角。④

空间生产理论使用三元辩证法来阐释空间问题，即空间的实践（spatial practice）、空间的表征（representations of space）、表征性空间（space of representation／representational spaces）。空间的实践可以沿用马克思的实践观，即人的本质力量的对象化活动，它是人们对空间进行占有和支配的过程。空间的表征则是专家、城市规划师、技术官僚们的空间，是被抽象化和概念化了的空间，空间的实践在此过程中被收编，列

---

① 参见［法］列斐伏尔《空间与政治》，上海人民出版社2015年版。
② ［法］福柯：《权力的眼睛——福柯访谈录》，上海人民出版社1997年版，第206页。
③ 刘珊、吕拉昌、黄茹、林康子：《城市空间生产的嬗变——从空间生产到关系生产》，《城市发展研究》2013年第9期。
④ 参见包亚明《现代性与空间的生产》，上海教育出版社2003年版。

斐伏尔视其为资本主义秩序建构的重要对象。表征性空间是经验的、具体的、日常生活的空间，是空间实践主体的空间，同时哲学家、艺术家富有创造性的空间也属于表征性空间。就其内涵而言，它们分别表现为：感知空间、想象空间和日常生活空间。

列斐伏尔认为，空间的表征往往在现实中占据支配性地位，无论是空间中的资本还是政治权力，都在试图构建一种空间的表征，通过不断支配空间实践，进而覆盖了表征性空间。对于这种资本主义的空间发展趋势，他提出了"差异空间"的理想途径，即在社会实践中生成的对抗性空间，是对资本主义生产的伪差异的反抗，是对其同质化生产的批判。差异空间倡导空间中的多元价值，体现出日常生活的丰富性。

3. 空间生产过程中的权力、资本与实践主体

就马克思主义而言，"生产广义上指的是人类从事创造社会财富的活动和过程，包括物质财富、精神财富的创造和人自身的繁衍，物质资料生产、精神生产、人自身生产三者互相联系、互相制约"[①]，而空间生产是马克思生产理论的进一步延伸。基于列斐伏尔的空间生产理论，厘清空间生产的形成及发展过程，可以更加明晰资本、权力与空间实践主体之间的辩证关系。

在社会生产力尚未得到充分发展的时代，空间仅是作为自然物理空间而存在，是物质存在的载体和生产实践活动的对象。在这种条件下，生产就是人类通过劳动的方式创造生活需要的物质资料的过程。与此同时，长期的物质资料生产过程中，人与人之间形成了各种各样的社会关系和社会生活方式。由于自然物理空间只有经过人类实践活动的改造才能成为生活空间，因此，空间就具有了社会性质，也可以说产生了社会空间。由此延伸出来的是更为广义的生产，即社会生活的生产，"人们生产自己的生活资料，同时间接地生产着自己的物质生活本身"[②]。与之相对的，社会生活也时刻反映出人们的生产方式，"个人怎样表现自己的生命，他们自己就是怎样。因此，他们是什么样的，这同他们的生

---

① 金炳华：《马克思主义哲学大辞典》，上海辞书出版社2003年版，第302页。
② 《马克思恩格斯选集》（第1卷），人民出版社2012年版，第147页。

产是一致的——既和他们生产什么一致,又和他们怎样生产一致"①。然而,无论是物质资料生产,还是社会生活的生产,都离不开一定的时空条件,也就是说一切生产都是空间中的生产。

随着生产力的不断发展,空间生产经历了从"空间中的生产"到"空间本身的生产"的列斐伏尔意义上的阶段性转变。在前资本主义社会,生殖(人的生产)和社会经济生产共同构成了一代又一代的社会再生产,而空间在这种连续性中起着决定性作用。随着资本主义的到来,生产关系的再生产与前两种生产共同构成了新型的社会再生产。②在此意义上,经济发展和技术革新促成空间的两种形式的扩张,一方面,伴随着人类活动范围的扩大,自然物理空间的边界不断延伸;另一方面,在发展着的认识活动和实践活动中,新的社会关系、生活领域和生活方式源源不断地生产出来,空间生产呈现为社会空间的生产,即空间本身的生产。

资本在从"空间中的生产"到"空间本身的生产"的过程中起到了推波助澜的作用,同时又强化了自身的逻辑。庄友刚指出:"一方面,资本逻辑顺应、促进并利用了空间生产的发展逻辑;另一方面,资本逻辑的发展又越来越表现出对空间生产发展逻辑的'僭越',表现出与空间生产逻辑不同的发展取向和历史趋势。"③

由于资本追求利润最大化的本性,极大地推动了生产力的发展和社会分工的扩大,空间中的生产不断扩张,从而促成更加丰富的社会生活,拓展了原本规模较小、生活方式较单一的社会空间,一定程度上促进了空间生产的发展。但是,资本的盲目扩张对空间乃至社会发展产生了一系列危害。首先,空间中的生产开始服从于资本的需要,空间中的社会生活逐渐被生产生活所取代,人的需求和发展因而被掩盖。其次,造成空间生产的物化。"物的世界的增值同人的世界的贬值成正比"④,空间中资本大规模生产所必需的劳动,以及随之而来的商品过剩,加深了劳动者对于物的依赖,"劳动的对象化表现为对象的丧失和被对象奴

---

① 《马克思恩格斯选集》(第1卷),人民出版社2012年版,第147页。
② Henri Lefebvre, *The Production of Space*, Oxford UK: Black-well, 1991, pp. 31 – 33.
③ 庄友刚:《空间生产与资本逻辑》,《学习与探索》2010年第1期。
④ 马克思:《1844年经济学哲学手稿》,人民出版社2008年版,第51页。

役，占有表现为异化、外化"①。人与人之间的关系被物与物的关系所掩盖，社会生活表现为空间中物的持续显影，进而使人们被空间所奴役。最后，资本通过扩大再生产的方式来攫取更多的剩余价值，一方面，资本家占有越来越多的物质资料；另一方面，越来越多的人靠出卖自己的劳动力来维持生计，也就是说资本主义扩大再生产包括物质资料再生产和生产关系的再生产，而生产关系的再生产，加剧了作为资本生产载体的空间的阶层分化和不平衡现象。

"空间生产不仅在经济领域进行，而且向政治领域渗透；不仅面向资本增殖，而且面向政治统治。"② 根据列斐伏尔的观点，空间本身是客观和中性的，然而人们不断进行的政治性加工、塑造，使其具有了战略意义。由于资本的负面影响日益加剧，如果不加以遏制，将会导致空间不断的恶化和衰落。这也是 20 世纪 60 年代西方城市危机的主要原因。而此时，政治权力作为一种制衡力量而出现，它主要是以政府为代表的国家政治权力，通过经济政策、城市规划、空间设计等手段，来调整空间中的生产方式、生产结构，从而达到重建空间秩序的目的。在此意义上，空间衍生出其政治性特征，也就是说，政治权力为了自身的政治诉求，把空间变成一种工具和技术手段。

政治权力的过度使用同样会造成空间矛盾的加剧，政府对空间生产进行过度干预，容易打击资本投入生产的积极性，加速空间衰落进程。同时，大量无节制的行政命令、城市规划的出台，影响了空间中正常的社会生活，使空间实践主体的利益受到损害。结合我国特殊的政治体制及社会现实，一方面，资本受到权力的约束；另一方面，资本也在寻求与权力合谋的途径。正是在这种权力与资本的博弈过程中，处于弱势地位的空间实践主体被迫卷入，三者的互动关系构成了空间生产的动力源。

最后，一种理想的空间政治不会仅仅通过增加限制来发展，而是通过使用者、个体和团体来统一对时间和空间的占用，并在最高层面上与

---

① 马克思：《1844 年经济学哲学手稿》，人民出版社 2008 年版，第 52 页。
② 参见孙全胜《列斐伏尔"空间生产"的理论形态研究》，博士学位论文，东南大学，2015 年。

社会经济组织结合起来，同时考虑到资本的重要性。① 因此，空间使政治和经济的结合成为可能，为权力、资本与空间实践主体提供了一个富有想象力的抽象具体。

4. 空间理论的其他范畴

作为"空间转向"的发起者和开拓者，西方"新马克思主义"学派继承并发展了马克思主义，他们采取历史唯物主义的观点，认为空间是与时间相对的概念，体现着物质存在形式的广延性和伸展性，是可以被感知，进而来改造和利用的。他们主张摆脱自然空间的狭窄视域，从资本主义生产关系、阶级矛盾和社会活动等多个维度展开分析与批判。这对于理解并推动社会发展来说意义重大。范瑛认为，马克思主义对城市空间批判理论方法论的贡献在于：批判的方法（即从对资本主义经济基础的分析入手，对资本主义进行全方位批判）、历史唯物主义以及辩证法的使用。② 薛稷在研究21世纪以来国外马克思主义空间批判理论的过程中，从辩证法与空间批判的融合角度，将空间批判理论概括为：资本与空间的辩证法；全球空间与地方空间的辩证法；时间与空间的辩证法。③

由此，空间被赋予了更多的维度。福柯认为，空间是统治阶级进行社会控制和权力运作的工具，因此具有政治性特征。哈维·莫勒奇从政治经济学的角度指出，任何特定的地块都是一种利益，任何特定的空间因而都是以土地为基础的利益集合体。④ 空间所包含的复杂性，也是其魅力所在。爱德华·索亚在《关于后都市的六种话语》一文中指出，一直以来新的城市化范式总是叠加在旧范式之上，它们之间的关系也越来越复杂，进而探讨了城市空间嵌合体的存在。

随着全球化进程的推进，关于地方性空间的研究越来越重要，要把"地方化"放在"全球化"的语境中看待。⑤ 泰勒认为，空间比地方更

---

① ［法］列斐伏尔：《空间与政治》，上海人民出版社2018年版，第45—46页。
② 范瑛：《城市空间批判——从马克思主义到新马克思主义》，《政治经济学评论》2013年第4期。
③ 薛稷：《21世纪以来国外马克思主义空间批判理论的发展格局、理论形态与当代反思》，《南京社会科学》2019年第8期。
④ 汪民安：《城市文化读本》，北京大学出版社2008年版。
⑤ 廖春花：《全球化下城市历史街区的地方性实践研究——以潮州古城区为例》，武汉大学出版社2017年版，第65页。

加抽象，空间是自上而下的政治议程，而地方是自下而上的场所。在理性法则与现代化的作用下，代表传统的地方越来越同质化，从而消解了地方的意义，使得基于地方的身份认同遭受冲击。① 然而地方性空间也不是一成不变的，必然遵循社会发展的客观规律。"越来越多的学者开始注意到，全球化过程远非一个去地方化的过程，而是地方性在一个全新的关系体系中得到重新定义，并产生新的地方意义的新过程。"② 玛西提倡一种"进步的地方感"，她认为"一个地方社会不应拘泥于一个停滞的、僵化的关于地方意义与身份认同的圈套中，而应通过全球化来建构多样性的地方认同和地方意义"③。大卫·哈维则指出所有领地意识、地方主义或国家主义的行为本质上都是落后的，它们以地方认同的说辞将一个持续的、动态的地方演进过程简化为一种僵化的、单一的、具有排他性的封闭区域。④ "地方是认同的创造性生产原料，而不是先验的认同标签，地方替创造性社会实践提供了可能性的条件。在这个意义下，地方变成了一种事件，而不是植根于真实性观念的稳固存有论事物。作为事件的地方，其特征是开放和改变，而不是界限和永恒。"⑤ 因此，过于强调原真性和地方性是不合时宜的。

全球化背景下，空间的资本化和资本的空间化正在同时发生。⑥ 资本对于空间的侵占正在愈演愈烈，其结果就是消费空间的不断扩张。对于消费空间的研究，则大多站在一个批判的立场上。齐格蒙特·鲍曼在《流动的现代性》一书中，把消费空间视为一种"禁绝之地"。布尔迪

---

① Taylor P J., "Place, Spaces and Macy's 'place-space tension' in the Political Geography of Modernities", *Progress in Human Geography*, 1999, 23 (1), pp. 7 – 26.

② 朱竑、钱俊希、陈晓亮:《地方与认同：欧美人文地理学对地方的再认识》,《人文地理》2010年第6期。

③ Massey D., "Power Geometry and a Progressive Sense of Place", In: Bird J, Curtis B, Putman T, et al. *Mapping the Futures: Local Cultures, Global Change*, London: Routledge, 1993, pp. 60 – 70.

④ Harvey D., "From Space to Place and back again", In: Harvey D. Justice, Nature and the Geography of Difference, Cambridge: Blackwell, 1996, pp. 291 – 326; Harvey D., "Between Space and Time: Reflections on the Geographical Imaginations", *Annals of the Association of American Geographers*, 1991, 80 (3), pp. 418 – 434.

⑤ Tim Cresswell:《地方：记忆、想象与认同》,王志弘、徐苔玲译,群学出版社2006年版,第67页。

⑥ 张梧:《资本空间化与空间资本化》,《中国人民大学学报》2017年第1期。

厄在他的著作《区分》中揭示出文化消费中蕴含着的文化品位、生活趣味等，其实是社会各阶级或阶级内部各阶层彼此斗争的场域，而在这场斗争中，社会的区分与差异得以体现，与此同时，文化消费行为又再生产着这种区分与差异。

"如何面对资本带来的空间危机，以及空间的本质究竟是什么"，这是空间研究者必须面对的问题。在笔者看来，人是空间实践的主体，人文关怀和对人文精神的求索是空间延续的根本。包晓光教授从方法论和框架性思想出发，构建出人文精神的物性维度、神性维度和诗性维度①，为空间中的主体性建构提供了理论基础。阿莫斯·拉波波特在《城市形态的人文方面》一书中突出了人本主义："文化空间具有'人们的生活方式'的强烈意味，是举行各种活动的公共空间的集合，与不同人群的行为空间和心理空间有密切联系。"② 列斐伏尔在《城市化的权利》一文中指出："城市化的空间改造要赋予人文精神，以此抵制模式化的生活、无意义的人生，开辟作为人的存在的无限可能性。"

空间与时间的辩证关系也为空间理论打开了新的维度。正如哈维所说，"每个社会形态都建构客观的空间和时间概念，以符合物质和社会再生产的需求和目的，并且根据这些概念来组织物质实践。"③ 约翰·厄里认为，空间而非时间才是当代资本主义具有独特重要性的维度④，这是因为空间正在成为资本扩张的手段。马克思在《1857—1858年经济学手稿》中就曾明确指出："资本按其本性来说，力求超越一切空间界限。因此，创造交换的物质条件——交通运输工具——对资本来说是极其必要的：力求用时间去消灭空间。"鲍曼则认为，"空间越聚合，受时间影响越小；时间流动性越快，空间越不明确。"⑤

除此之外，空间的时间性也开启了认知空间的历史唯物主义视角。

---

① 参见包晓光《物性之维——人文精神视域下的中国当代文艺》，文物出版社2012年版。
② 伍乐平、张晓萍：《国内外"文化空间"研究的多维视角》，《西南民族大学学报》（人文社科版）2016年第3期。
③ ［美］大卫·哈维：《时空之间——关于地理学想象的反思》，载包亚明《现代性与空间的生产》，上海教育出版社2003年版。
④ ［英］约翰·厄里：《社会关系、空间与时间》，载德里克·格利高里、约翰·厄里编《社会关系与空间结构》，北京师范大学出版社2011年版，第19页。
⑤ ［英］齐格蒙特·鲍曼：《流动的现代性》，中国人民大学出版社2018年版。

福柯将空间看作一种"多层次历时性的积淀"（the sedimentation of layers over time）①。有日本学者指出，文化空间不仅包括历史性、风土性、地域性、民族性等特征，而且反映出当前时空中的生活运行状态。国内学者借此引申出"文化时空"（cultural space and time）② 的表述。

5. 历史文化街区研究

关于历史文化街区的讨论一直是国际性的热点。在工业革命时期，大规模的生产性扩张对欧洲历史文化街区造成了十分恶劣的影响，大量老街区被拆毁，新的建筑被快速建造出来。20 世纪下半叶，伴随着欧洲社会向后工业社会的转型，其经济开始复苏，工业逐渐外移，新兴产业不断涌现，人们的历史记忆才被唤醒，一系列复兴运动开展起来。这个时候，学者们站出来呼吁历史文化街区的保护以及城市文脉的延续，相关规定陆续出台。由法国《马尔罗法令》、英国《城市文明法令》等关于历史文化街区的文件可以发现，早期国外历史文化街区保护的关注点多集中在具有历史价值的建筑实体上。到了 21 世纪，历史文化街区的研究转向街区功能复兴和文化营造，出现了"整体保护"理论（Holistic Conservation）、"循序渐进"理论（Step by step）、"审慎更新"理论（Careful Renewal）等主张。美国学者简·雅各布斯则在《美国大城市的死与生》一书中强调了街区的功能性，她认为街区的功能决定了使用者来往的频率、停留时间、人与人间的情感交流等，因此对于街区来说，功能性是最重要的。英国学者詹姆斯·施特里克提出历史街区新旧建筑的融合，并从哲学角度出发探讨历史文化街区的可识别性。③

也有学者采取批判性的角度看待历史文化街区的更新改造，比如莎伦·佐金认为，"资本力量、政府、媒体和消费者品位所形成的文化力量共同推升了一种普遍性的、粉饰过的城市更新，也揭露了一种与城市居民对原真性起源的渴望（一种传统且神秘的寻根渴望）与原真性新

---

① Foucault, M., *L'Archéologie du savoir*, Paris, France: Editions Gallimard, 1969.
② 陈虹：《试谈文化空间的概念与内涵》，《文物世界》2006 年第 1 期。
③ 刘潇潇：《基于欧洲经验的哈尔滨历史街区保护与再利用对策研究》，硕士学位论文，哈尔滨工业大学，2013 年。

开端本身的矛盾：结果就是持续不断的社区更新改造。"①

日本的历史文化街区研究更偏向实践领域，比如他们提出的"街区保全"概念，即在尊重原有城市空间结构的基础上，延续其常态机能，以新陈代谢的方式加入合适的当代生活内容，使历史街区的功能得以活用和改善。②还有社区的"专家工作营"模式，就是由专家和学生组成团队，在当地居民和行政部门的意见基础上，通过模型和草图帮助社区解决问题的模式。③这些研究对于我国的历史文化街区研究来说，无论是在理论的延伸方面，还是在实践的操作层面都有相当重要的意义。

20世纪90年代末，国内有关历史文化街区的研究工作陆续开展起来，到2002年"历史文化街区"的概念首次正式出现。总体来说，我国的历史文化街区研究历史并不久远。长期以来，我国的历史文化街区研究专注于物质形态空间的保护与开发，在强调文化遗产首要性的同时，积极探索商业和旅游开发的实现方法。但这就容易造成"为了保护而保护，为了开发而开发"的恶性循环，忽视了事物的联系性，成为脱离了具体语境的空谈。随着研究的不断深入，文化的价值开始凸显出来，学者们对软性文化氛围的塑造愈发重视，不再拘泥于传统的物质形态保护研究，因地制宜的案例研究层出不穷，一改以往大刀阔斧的改革主张和论断。有学者开始从历史价值、文化价值、社会价值等多方面入手，就历史文化街区的可持续发展策略展开研究。④张一兵等人结合湾子街历史街区的案例，针对我国历史文化街区的结构性、功能性衰退等问题，提出通过小规模、逐步性的改造模式激发街区的活力。⑤

对于文化价值的重视，使得文化创意正在成为历史文化街区持续发展的重要支撑。随着城市功能的转型，祁述裕教授指出，生活文化设施

---

① ［美］莎伦·佐金：《裸城：原真性城市场所的生与死》，丘兆达、刘蔚译，上海人民出版社2015年版，第1—2页。
② 周详：《以川越为例探讨日本历史街区的保护与社区营造》，《南方建筑》2017年第6期。
③ 吴云、邓媛祺：《住区再生为主导的历史街区保护模式研究》，《城市发展研究》2016年第7期。
④ 于红霞、栾晓辉：《青岛历史文化街区价值评价与可持续发展对策研究》，《城市规划》2014年第3期。
⑤ 张一兵、韩子龙、冯赫等：《激发街区活力视角下的历史文化街区渐进式更新研究——以扬州市湾子街历史街区为例》，《建筑与文化》2017年第7期。

只有依托特定的文化空间环境，与多样性的文化实践活动、多种类型人群的互动整合在一起形成不同的"场景"，并通过"场景"展示出来的价值观和生活方式所形成的吸引力，才能发挥独特的效用。① 郭嘉提出"创意为民"的理念，她认为"城市需要宽容的人文气候，构建能够包容多样化的社区"，以此来营造全民创意的环境。② 也有学者指出，地方性可以为历史文化街区的文化再生产赢得文化资本和经济资本。③ 齐骥认为，历史文化街区是"文化创意提供职住空间并实现创业理想的文化磁场，通过文化创意改善邻里单元并呈现多元价值共存的文化容器"，应该借助文化创意重塑生活空间和重建文化认同。④

　　随着时代的发展，国内关于历史文化街区的研究经历了由表及里的变化，而这一切都与经济发展、社会转型密不可分。改革开放以来，一切让位于经济发展诉求，大刀阔斧、不破不立的路线对历史文化街区造成了负面冲击。随着北京奥运的成功举办，文化功能再次被重视起来，对历史文化街区的构建和想象才更为深入。鉴于我国社会发展现状和现行的文化体制，政策研究为历史文化街区提供了更符合国情的视角。清华大学学者胡敏等人认为，我国历史文化街区制度演进过程中，每一次调整和完善都是不同时期的社会经济发展形势和国家重大政策导向的产物。⑤ 历史文化街区所蕴含的文物资源、非遗资源、文脉资源等，使政府对其高度重视。另外，由于缺少类似于西方的基金会和民间组织，政府自然就肩负起历史文化街区保护的重任。因此，社会转型与政策变更，也就为历史文化街区研究提供了充足的线索。

　　在考察宏观背景的同时，个体要素是历史文化街区研究不容忽视的

---

① 祁述裕：《建设文化场景，培育城市发展内生动力——以生活文化设施为视角》，《东岳论丛》2017年第1期。
② 郭嘉：《"创意为民"应成为发展创意城市的立足点》，《云南开放大学学报》2015年第3期。
③ 吴莉萍、周尚意：《城市文化空间演替过程中的地方性——以北京大栅栏商业历史街区为例》，《北京学研究2013：文化·产业·空间》，同心出版社2013年版。
④ 齐骥：《历史文化街区的空间重构与更新发展》，《广西民族大学学报》（哲学社会科学版）2017年第6期。
⑤ 胡敏、郑文良、王军等：《中国历史文化街区制度设立的意义与当前要务》，《城市规划》2016年第11期。

内容。由于人是文化实践的主体，因此也成为历史文化街区革新的切入点，人本主义思想开始萌动。有学者提出历史文化街区可持续发展的关键在于人的问题，于是提出更新人口等建议。① 与之相伴随的是，作为历史文化街区可持续发展的实践路径，社区和公众参与的价值开始浮出水面。② 部分学者指出历史文化街区作为活态的文化遗产，需要注重其社区传统的维护和延续，改善生活环境，提升地区经济活力。历史文化街区"不是简单的规划问题，而是一个综合的社会实践"③。在此意义上，历史文化街区正在摆脱它身上沉重的枷锁，还原其本来面目，生活化场景、日常生活实践层面的探讨逐渐出现。

近年来，国际文化交流愈发频繁，各种理论大量涌入，为历史文化街区的研究打开了国际视野。有机更新理论、动态保护理论、空间生产理论等开始被用于历史文化街区的研究当中，比如，有学者认为要结合当地实际文化生态和居民意愿，对历史文化街区进行动态保护。④ 也有学者借助空间理论，提出场所精神是历史文化街区空间特性的核心要素。⑤

除了对本土历史文化街区的研究，许多学者把目光转向国外，试图通过不同的经验来激发新的灵感。由于日本有着与中国相似的文化背景，许多学者对日本历史文化街区的研究相对较多。日本街区注重与社区营造的结合，通过提倡公众参与的理念，来实现个体的赋权。动态性的公众参与式保护从建筑的单体保存，到地方性资源的活化利用，再延伸为关注原住民的主体感受⑥，这种充分考虑民意的实践方式，对于社会转型期的中国来说具有非常重要的借鉴意义。"住区再生"的历史街区保护模式在西方社会备受欢迎，它充分尊重原住民的真情实感及传统的生活方式，通过改善街区基础设施、整治景观环境和更新居住条件，

---

① 杨克明、林锋：《有机更新理论在历史文化街区更新改造中的应用——以温州庆年坊历史文化街区为例》，《规划师》2014 年第 S3 期。
② 王兆芳、赵勇、李沛帆、谷峥：《基于公众参与的历史文化街区保护研究——以正定历史文化名城为例》，《城市发展研究》2014 年第 2 期。
③ 王景慧：《历史文化街区要活态保护》，《中华民居》2010 年第 8 期。
④ 谭佳音：《我国历史文化街区动态保护模式的比较研究》，《安徽建筑工业学院学报》（自然科学版）2007 年第 5 期。
⑤ 鲍懿喜：《历史文化街区的空间特性》，《人文地理》2012 年第 4 期。
⑥ 周详：《以川越为例探讨日本历史街区的保护与社区营造》，《南方建筑》2017 年第 6 期。

延续生活真实性的同时激发街区活力。另外,日本街区结合有形资产与无形资产,在历史文化街区开展"文化祭"等传统文化活动,使街区变得秀外慧中。欧洲历史街区的理念更为成熟,国内学者主要把英、法、德作为研究重点,这些国家的规划者善于遵循城市发展规律,可以随时调整街区的功能定位,防止自身与周围环境和整个时代格格不入。并且通过制定详细的保护规划原则和具备法律效应的文件,进一步加强对历史街区的塑造力度。

北京作为六朝古都,历史悠久,拥有丰富的文化资源,现存历史文化街区43片。[①] 自元代沿袭下来的胡同这一经典街区形式,很早就引起了研究者的兴趣,出现了许多以大栅栏、什刹海等历史文化街区为对象的案例研究。不过由于首都的文化中心功能定位、历史文物保护、非物质文化遗产传承等原因,大部分专家学者的研究主要集中在宏观的保护方法和策略上。比如单霁翔曾就北京历史文化街区存在的问题,提出合理确定历史文化街区的功能定位、抓紧开展历史文化街区的城市设计、维护延续历史文化街区的生活氛围等五点建议。[②] 另外,具有城市规划、建筑设计等学科背景的研究者占据多数,在旧城改造的背景下,他们主要从微观单元或建筑设计方面尝试街区更新或重构的可能性。相对而言,从空间视角来剖析历史文化街区现状问题,以及对其可能蕴藏的价值进行深入挖掘的研究就要匮乏得多。鉴于历史文化街区的文化属性和社群主体,空间视域下的研究显得颇为重要。

通过梳理上述文献,可以看到历史文化街区的演变历程,以及研究角度的不断变化。伴随着建筑单体—物质空间—文化空间的研究迁移,历史文化街区的发展处于不断深入的过程。当然,不可忽视的是历史文化街区研究与实践背后的社会转型和政治经济结构的变革,通过这种历史维度的观察才能厘清当今历史文化街区的现状,乃至未来发展的趋势。当前北京历史文化街区存在着文脉延续、社区衰败等方面的问题,因此借助空间理论追根溯源,可以给研究带来新的可能性和纵深感。

---

① 北京市规划和国土资源管理委员会:《文化街区划定和历史建筑确定工作简况》,http://www.mohurd.gov.cn/dfxx/201704/t20170417_231527.html。
② 单霁翔:《维护北京历史街区文化特色》,《中国文物报》2016年3月15日第2版。

二 北京历史文化街区的现实剖析

(一) 北京历史文化街区的背景分析

1. 由"物性焦虑"到"文化自觉"

自饱经磨难的近代伊始，中国传统文化产生巨大断层，西方先进的思想文化进入中国，由此现代化和现代性成为各个领域的发展目标。这些变化使中国人对"德性"的追求，逐渐让位于对"物性"的焦虑。物性主要表现在两方面：一是主体的物性；二是对象的物性。正如包晓光教授在《物性之维——人文精神视域下的中国当代文艺》一书的引言中所述，"人本身的物性就是人的生命的本然性和物质性，虽然它以文化和文明的形式存在，但是，其本身的物质意义是不能忽视的。"对象的物性则是指人们改造物质世界的实践过程受到的物质性制约。[1] 改革开放以后，人们被计划经济压抑的物质欲望强烈反弹，经济建设、物质生产开始成为国家战略的核心环节。这一方面使各种各样的产品与服务被生产出来，进一步满足并刺激着人们的欲望；另一方面造成社会意识和社会心理的变化，以及文化结构与知识体系随之发生的变动。

当前西方民主制度遭遇严重危机，中美贸易争端阴云密布，世界处于百年未有之大变局，步入新时代的中国面临着前所未有的机遇和挑战。如今我国已经成为世界第二大经济体，物质生活水平大幅提高，科学技术走在了世界前列，世界急需"中国故事""中国声音"。就在此时，对"物性"的焦虑已不再困扰国人，反而对美好生活的向往愈发强烈，"文化"在这种背景下重新被召唤出来，无论是文学艺术，还是其他文化载体和形式，都承担起为时代背书的责任，也肩负着满足人民群众精神文化需求的重担。因此，如何建构立足于中国经验的言说和表达，并以此实现人们精神文化层面的升华，成为各行各业亟须思索的问题。这也就对历史文化街区的发展提出了更高的要求。

---

[1] 包晓光：《物性之维——人文精神视域下的中国当代文艺》，文物出版社2012年版，第4页。

2. 北京城市功能的再定位

文物古迹、名人故居、老字号云集的北京历史文化街区，承载着一代又一代人的记忆，是与"紫禁城"遥相呼应的世俗符号，是北京的文化根脉和城市地标。因此，历史文化街区的塑造关乎首都文化建设，并将持续影响着未来城市的整体形象。鉴于此，北京市政府提出"加强历史文化名城保护，强化首都风范、古都风韵、时代风貌的城市特色"的基本要求，并推出《北京历史文化街区风貌保护与更新设计导则》，为历史文化街区的发展做出更为具体的规划。

自国家和民族层面的文化觉醒，延伸至北京市的重新布局，历史文化街区的议题值得被重新审视，而空间理论的引入则为研究提供了批判性视角，对于更加全面地分析历史文化街区这一独特的城市空间意义重大，更是重塑北京历史文化街区的创新与实践的支点。

（二）北京历史文化街区的发展现状

历史文化街区是一个城市文脉的延续，是世俗生活和人文精神的社会土壤。因此，越是历史深厚的地域，其历史文化街区的文化意义越重要，其中蕴含的历史建筑、历史遗迹、文物和文化资源就越丰富。北京悠久的历史赠予我们许多大大小小、风格各异的文化街区，这些由连成一片的院落、胡同、街巷所构成的街区，以青砖灰瓦和碧树蓝天为主要元素，构成其独特的审美风格。这里是无数老北京人赖以生存的土壤，埋藏着一个人从童年到耄耋之年的珍贵记忆。与此同时，这里也是外来者眼中的异域风景，充满迷人的、神秘的气质。

近年来，随着经济社会的不断发展，人们对北京历史文化街区的价值有了更深入的认识。一方面，历史文化街区受到商业资本的青睐，其商业化水平日益提高，在各种媒体平台的传播推广下，大量游客开始涌入这些街巷。大栅栏、鲜鱼口等传统意义上的市井商业街区重新焕发了生机，而南锣鼓巷等被商业重新包装过的历史文化街区，更是呈现人山人海的景象。另一方面，政府作为城市管理者更多地参与到历史文化街区的规划之中，各种街区更新、腾退工程及环境整治提升项目正在有序地进行中，"脏、乱、差"的破败景象不见了踪影，街道变得更加整洁和美观。

但是，繁荣的景象下却潜藏着危机。纵观历史文化街区的历史沿革，关于保护与开发、文化与商业、差异与同质的争论此起彼伏，当前北京历史文化街区仍然存在着很多挑战，无论是街区规划过程中的商业过度开发、政府过度干预等问题，还是街区内部的老龄化、人口流失等现象，都将是历史文化街区今后发展过程中所必须面对的。

（三）北京历史文化街区的基本类型

自 1999 年以来，北京市陆续划定了 43 片历史文化街区（原历史文化保护区），可以分为老城和外城两部分。其中老城内的历史文化街区共有 33 片，总占地面积约 1967 公顷，约占老城总面积的 31%。① 它们分别是：南长街、北长街、西华门大街、南池子、北池子、东华门大街、文津街、景山前街、景山东街、景山西街、陟山门街、景山后街、地安门内大街、五四大街、什刹海地区、南锣鼓巷、国子监—雍和宫地区、阜成门内大街、西四北头条至八条、东四三条至八条、东交民巷、大栅栏、东琉璃厂、西琉璃厂、鲜鱼口②、皇城、北锣鼓巷、张自忠路北、张自忠路南、法源寺③、新太仓地区、东四南、南闹市口。④

由于经济发展水平和区位条件的劣势，北京外城的历史文化街区衰落严重，如西郊清代皇家园林、宛平城等成为旅游景区，当地居民早已迁出，居住功能基本丧失，无法再对其进行针对性的改造，也就大大降低了其研究意义和价值。因此，本研究将重点考察老城内的历史文化街区，其余 10 片历史文化街区不列入研究范围。⑤ 结合对老城内 33 片历史文化街区的实地调研情况（见表 2-1），现将北京历史文化街区归纳为民俗生活街区、市井商业街区、混合功能街区等类型。

---

① 数据来源：《北京历史文化街区风貌保护与更新设计导则》。
② 上述 25 片属于第 1 批老城历史文化街区。
③ 上述 5 片属于第 2 批老城历史文化街区。其中皇城包括第一批历史文化街区中的 14 片，分别是：南长街、北长街、西华门大街、南池子、北池子、东华门大街、文津街、景山前街、景山东街、景山西街、陟山门街、景山后街、地安门内大街、五四大街。
④ 上述 3 片属于第 3 批老城历史文化街区。
⑤ 其余 10 片历史文化保护区：西郊清代皇家园林、卢沟桥宛平城、石景山模式口、门头沟区三家店、爨底下村、延庆岔道城、榆林堡、密云古北口老城、遥桥峪和小口城堡、顺义焦庄户。

表2-1　　　　　　　　北京历史文化街区的类型及名称

街区类型	街区名称
民俗生活街区	阜成门内大街、西四北头条至八条、东四三条至八条、张自忠路北、张自忠路南、东四南、南闹市口
市井商业街区	南锣鼓巷、大栅栏、鲜鱼口、东琉璃厂、西琉璃厂
混合功能街区	什刹海地区、国子监—雍和宫地区、北锣鼓巷、法源寺、新太仓地区
其他历史文化街区	皇城、东交民巷

1. 民俗生活街区

民俗生活街区是人们在日常的生产生活过程中自发形成的地域空间。这种类型的历史文化街区主要以居住功能为主，街区人口密集，生活氛围浓厚，因此空间布局也相对集中。经过长期的历史积淀，民俗生活街区形成了半封闭的熟人社会，孕育出丰富多彩的民俗文化。但由于经济基础的薄弱与公民意识的缺失，也表现出环境杂乱无序、配套设施不健全等负面特征。随着经济社会的持续发展以及首都文化建设的深入，民俗生活街区内部的生产生活方式滞后于时代发展，老龄化、人口流失问题凸显，街区呈现出不断衰落的趋势。这一类街区主要有：阜成门内大街、西四北头条至八条、东四三条至八条、张自忠路北、张自忠路南、东四南、南闹市口等。

2. 市井商业街区

市井文化本质上是一种商业文化，它贴近市民的真实生活，活跃且极具生命力。① 市井商业街区通过商业来积聚人气，向大众展示各行各业的独特魅力，从而呈现出多样化、异质性的文化形态。经年累月，便有了别具一格的商业氛围和空间特性。

在市井商业街区的发展初期，"沿街两侧发展出连续的小体量店铺，形成沿街'一层皮''铺铺朝街'的布局特点，并呈现出水平延伸的生长趋势"②。因此，它通常以某条主要街道为商业功能载体，以此辐射并

---

① 朱维吉：《市井文化下的中国传统街区》，《山西建筑》2010年第6期。
② 魏祥莉：《商业性历史文化街区保护性利用研究》，硕士学位论文，中国城市规划设计研究院，2013年。

影响着整片街区的风貌特征，比如大栅栏商业街、鲜鱼口老字号美食街等。与此同时，商业环境下人与人之间高密度的交流，也使得市井商业街区成为孕育新思想、新文化的温床。因此，显而易见，商业功能成为此类街区的主要功能，它集中反映了一个城市的商业发展情况和居民生活状态。但是，当前市井商业街区的本土生活风貌有萎缩的趋势，大量游客的涌入使充满本土性特征的市井商业街区逐渐向旅游商业街区蜕变。这一类街区主要有：南锣鼓巷、大栅栏、鲜鱼口、东琉璃厂、西琉璃厂等。

3. 混合功能街区

顾名思义，混合功能街区是融合居住、商业、办公等多种功能的历史文化街区形态。其形成原因各异，有政府大力整治后的商业街区，如什刹海地区等；有商业开发处于初级阶段的传统生活街区，如北锣鼓巷等；还有文化形态多元的街区，如国子监—雍和宫地区等。除了尚处于转型期的北锣鼓巷外，混合功能街区总体上是以功能区为基本单元，呈现出分散式布局的空间特征。这类街区具有良好的生活风貌，发展潜力较大。它们还包括：法源寺、新太仓地区等。

4. 其他历史文化街区

由于历史原因和现实因素，皇城和东交民巷这两片历史文化街区难以被归纳为具体的类型。毗邻中央政务区，使得这些街区机关林立、戒备森严，呈现出极强的行政色彩，整个空间被行政区域与旅游景区一分为二，街区生活形态严重萎缩。因此将其划为其他类型街区，在本次研究中不再作深入探讨。

三 北京历史文化街区的空间溯源

从形成至今，北京历史文化街区的物质形态保护已日臻完善，但更为重要的是，集中体现在生活方式、文化生态、社会关系等方面的整体空间的价值。空间视域下的北京历史文化街区，不再是一个单纯的物质性场所，而是属于政治、经济、文化等多个维度的空间范畴。借助于空间生产理论，研究北京历史文化街区的空间形成过程，以及空间生产的动力机制，有助于理解权力、资本与空间实践主体对历史文化街区的影响。可以发现，在资本逻辑与权力规制的影响下，北京历史文化街区的空间变形愈发明显，深入探讨这种空间现象，对于探索历史文化街区的未来发展意义深远。

（一）北京历史文化街区的空间形成及其动力机制

空间生产决定了北京历史文化街区的产业结构、文化特征、社会关系等方方面面，而政治权力、资本与空间实践主体之间的博弈关系则构成空间生产的根本动力。本研究将以历史回溯的方式梳理北京历史文化街区的空间生产过程，再来厘清政治权力、资本与空间实践主体之间的博弈关系，以便探寻其发展趋势。

1. 北京历史文化街区的空间生产过程

我国封建社会时期，为保证社会生活和生产活动有序开展，同时便于统治者进行管理，城市的街区形态普遍较为集中。在长期的历史实践过程中，街区内部就形成了封闭的熟人社会以及缓慢的生活节奏。与此同时，受封建等级制度影响，北京城内的街区主要是贵族官员、富商巨贾的居住地。后来随着人口的急剧增长以及权力管制的放松，大量平民开始涌入进来，形成了内城和外城的分隔，普通百姓只能生活在外城。到了清朝，甚至开始实行种族隔离性质的八旗管辖制度。这种权力统治下的区隔，塑造了内城静谧安适的生活氛围，以及外城喧嚣热闹的世俗生活，也使得内城遗存下许多王府大院、寺院殿堂和传统四合院，而外城则分布着大栅栏、鲜鱼口等市井商业街区。此时北京城的街区主要分为两种类型，即民俗生活街区和市井商业街区。

中华人民共和国成立以后，由于长年战乱造成的贫穷，再加上所有制、使用功能的变更，这些街区失去了昔日的繁荣景象。在民俗生活街区，许多独门独户的传统四合院被改造成多户杂居的大杂院，它们不再为贵族所占有，"转而成为国家机关、学校、医院、工厂、幼儿园、俱乐部等公用房"，街区也随之变得拥挤、混乱①；而在市井商业街区，旧有的生产结构和生产方式发生变革，老字号商铺经过社会主义改造被收归国有，在计划经济体制下丧失了原来的活力。

---

① 崔敬昊：《北京胡同变迁与旅游开发》，民族出版社2005年版，第4页。

伴随着改革开放的历史进程，城市人口大幅增加，社会生产力得到空前解放，封闭拥挤、交通不便的历史文化街区已无法适应现代社会的生产生活要求，甚至在一定程度上阻碍了经济社会的发展。因此，在城市化建设的过程中，旧城改造与历史文化保护之间的矛盾愈演愈烈，公路穿城而过、高楼大厦拔地而起的同时，不少街区消失在人们的视野中。以胡同为例，《北京市历史文化名城保护工作情况汇报》的统计数据显示，1949年北京旧城内的胡同有3250条，到2003年只剩1571条，并且数量呈现不断减少的趋势。① 上述问题引起了政府层面的关注，1986年国务院公布第二批国家级历史文化名城时，提出对"具有一定的代表城市传统风貌的街区"进行保护，并出台了一系列规划和方案，使历史文化街区的保护有了一定程度的改善。

如今，随着后工业社会的到来，产业结构调整和升级步伐不断加快，第三产业逐渐取代工业成为城市发展的内驱动力。《北京市2018年国民经济和社会发展统计公报》显示，第三产业占地区生产总值比重已达81%，其中文化对经济的助推作用愈发明显，旧有的产品经济逐渐向服务经济和体验经济转变。北京历史文化街区出现了新的变化：第一，形成了以南锣鼓巷为代表的新型市井商业街区。通过传统文化资源、现代文创与商业的结合，这些街区吸引了大量游客前来观光和消费，街区的居住功能向消费功能转变。第二，以什刹海地区为代表的混合功能街区开始出现。由于南锣鼓巷商业化的成功，许多历史文化街区成为投资者追捧的对象，这些街区内部呈现出居住生活与商业消费交织在一起的状态。比如受到南锣鼓巷商业化的辐射，北锣鼓巷出现了酒吧、咖啡馆等消费场所，而法源寺与国际设计周合作，加强了文化创意的布局。第三，民俗生活街区持续衰落。出于历史文化街区保护的需要，民俗生活街区基本延续了旧时的建筑布局，并且还在进一步完善传统风貌。因此，这些以居住为主要功能的街区，难以满足居民的生产生活需求，造成大量人口的迁出以及由此产生的老龄化、贫困化问题。

---

① 央广网：《北京老胡同数量50年减半 修缮保护缺乏专业准则》，http：//news.cnr.cn/dj/20170823/t20170823_523914878.shtml。

2. 权力、资本与实践主体的博弈关系

在北京历史文化街区的空间生产过程中，权力主体或者说政治权力主体，即政府本身。出于保护历史文化街区的目的，北京市政府先后出台了《北京旧城 25 片历史文化保护区保护规划》《北京城市总体规划（2016—2035）》《北京历史文化街区风貌保护与更新设计导则》等文件，无论是决策层的政策规划，还是基层组织的具体执行，政府的力量已经深深地嵌入这些街区中。因此，在北京历史文化街区的空间关系中，权力主体处于绝对的支配地位。

北京历史文化街区中的资本主体主要包括国有企业、房地产开发商、旅游开发商、综合型企业、物业服务公司、文化传媒公司等。其中，国有企业属于政府意志的延伸，因此不在资本的讨论范围。对于历史文化街区而言，资本是一把"双刃剑"，如果利用得当，资本可以起到激发街区活力、提高居民生活水平的作用；如果不加以约束和引导，则会加剧固有的矛盾，使街区迅速走向衰落。

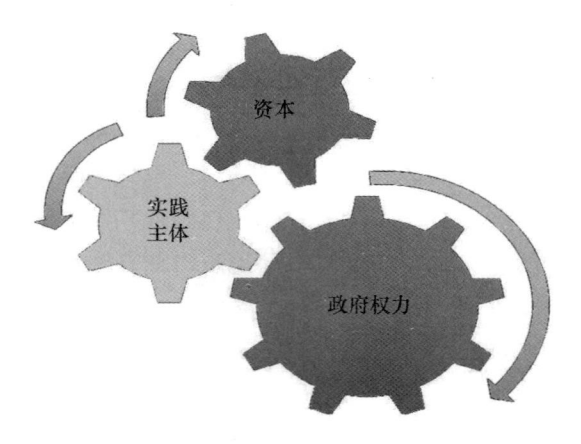

图 2-1 权力、资本与实践主体的博弈关系图[①]

街区居民、游客以及从事生产活动的打工者、个体经营者、文化创意者等共同构成了北京历史文化街区的空间实践主体。这些主体拥

---

① 本图系笔者自制。

有不同的利益诉求，很难达成统一的目标，因此容易受到权力和资本的控制，在空间关系中较为被动。但是，空间实践主体与空间生产紧密相关。居民的日常生活是街区生产的土壤；游客的消费活动刺激着街区经济的增长，同时其对于街区的想象也在无形中塑造着街区；打工者、个体经营者是生产主体，提供着居民和游客所需的产品和服务；文化创意者从事文化生产活动，为街区增添文化魅力，甚至直接参与街区改造。

权力、资本与实践主体的互动关系推动着北京历史文化街区的空间生产，主要表现在以下方面。

第一，权力利用资本来达到目的，并制约着资本的盲目扩张。社会主义的国家性质决定了我国政府对于资本的控制和管理，而同时资本也能够解决政府难以作为的问题。鉴于此，北京历史文化街区的改造工程及物业管理大多委托给企业运营。以大栅栏历史文化街区所在的前门大街为例，2013年，北京市崇文区政府和北京市规划委员会成立天街置业发展有限公司作为物业产权人，后来由于资金紧张，便引入SOHO中国参与街区改造。尽管SOHO中国购得街区开发权，但是其开发方案仍然要征得政府方面的同意，这也使其打造中国的"香榭丽舍大街"的愿望没有实现。这种政府权力与资本的博弈关系，始终贯穿在北京历史文化街区的发展过程之中。

第二，资本与空间实践主体存在着共生关系。资本进入历史文化街区进行商业开发，联合政府着手基础设施建设，再配合媒体展开宣传，吸引个体商户、文化创意者入驻。由此，空间生产关系发生变革，消费功能开始与生产功能并驾齐驱，甚至超越生产功能。大量游客涌入历史文化街区旅游和消费，促进了街区经济的发展。这种经济的发展同时反哺着当地居民，为街区提供了大量就业机会，很多街区居民开始经营特色民宿、餐饮、零售店等，有效改善了自身的经济状况。

第三，权力调节空间实践主体的各种利益关系，维系着空间实践主体所需的生产生活秩序。正如前面提到的，空间实践主体成分复杂，在长期的社会生产和生活实践过程中，容易产生矛盾和冲突，成为空间生产的障碍。而此时，政府权力就成为调停者。例如，什刹海地区的过度商业开发，严重影响了街区风貌及当地居民的日常生活，政府相关部门在 2017 年集中对什刹海酒吧街、荷花市场等区域展开综合治理，清除违章建筑，恢复街区风貌和文化气息。除此之外，政府还通过街区整治、疏解腾退等方式，改善街区整体环境，营造有利于空间实践主体生产生活的条件。

（二）北京历史文化街区的空间变形

关于空间类型的划分，列斐伏尔提出了自然空间、精神空间和社会空间的三元辩证法，但却忽视了文化空间的存在。空间生产过程中，人们通过社会互动和交往，形成了丰富的社会习俗、生活方式、审美情趣以及价值观念等，进而产生文化认同。随着时间的推移，有些结构较为稳定的空间凝结出厚实的文化沉积层，生成具有独特风貌的文化空间。文化空间的形成，使得人与人之间的关系更为紧密，为共同体的出现创造了必要条件，也使地方性文化得以延续和发展。

北京历史文化街区是作为文化空间而存在的，文化构成了其空间差异性的来源，使不同的历史文化街区之间相互区别，也使历史文化街区与其他空间相区别。但历史文化街区也包含社会、政治、经济等其他空间维度，长久以来，这些维度交织在一起，共同作用于街区的发展。而在今天，这种状况正在发生改变。

1. 作为文化空间的历史文化街区

由于当前的空间结构不再适应现代社会的发展趋势，传统历史文化街区的生产生活方式、社会关系等已难以维持，北京历史文化街区越来越以"文化空间"这一形态而显现。

首先，权力主体推动着历史文化街区向文化空间发展。由于城市化进程的不断推进，基于落后生产方式而形成的北京历史文化街区迅速衰败，与首都的发展步伐和整体形象极不相称。因此，政府迫切需要重振历史文化街区。与此同时，国家和公众逐渐摆脱了"物质焦虑"，转而追求精神文化的提升，文化作为历史文化街区的价值凸显出来。在此背景下，政府通过制定规划和政策文件，实施城市更新、旧城改造工程，试图将历史文化街区打造为北京的文化地标，以及展现中国传统文化的窗口。

其次，资本促进了历史文化街区的文化再生产。受文化本身的投资价值和市场潜力所吸引，再加上旧城改造后基础设施和整体环境的提升，资本不断涌入历史文化街区，加速了街区内部生产方式的变化。旧有的流动性摊贩、手工作坊、杂货店等几乎不见了踪影，文化产业、旅游产业等一批基于文化资源而形成的业态显露出勃勃生机。在资本逻辑的作用下，实现价值增殖势必要巩固文化在历史文化街区这一空间中的核心位置，因此，资本会根据消费者的喜好，生产相应的文化，由此历史文化街区具有了文化生产的功能。

最后，媒体进一步形构了历史文化街区的形象。在权力和资本的影响下，各类媒体对"北京胡同文化""老北京美食文化""传统老字号"等主题内容进行传播推广，强化了历史文化街区各自的文化特征。对于那些不熟悉历史文化街区的大众来说，他们的脑海中不自觉地形成了一种关于文化空间的想象，这也成为吸引着他们前去参观和游玩的主要因素。

在上述因素的作用下，文化空间正在占据北京历史文化街区的全部表征。表征是一种心理学概念，用来解释信息在心理层面的表现方式。空间表征则意味着指代空间本身的符号，是经由空间实践塑造出来的抽象化表达。这种空间转型激发了历史文化街区的内生动力，从而促进经济的增长，让原本衰落的街区重新展现繁荣景象。然而，在权力主体意志和资本逻辑的作用下，文化空间的过度膨胀掩盖了历史文化街区的其他空间特性，违背了空间的客观发展规律，进而造成空间危机的出现，这也就是所谓的空间变形现象。

2. 空间变形的具体表现

空间变形是在计划经济的惯性力量及现代社会的发展要求共同影响下产生的，它反映出多方主体的利益和诉求。但这种现象背后隐藏着种种危机，对历史文脉的延续和城市记忆的保存等产生不可预估的威胁，进而影响到空间的可持续发展。

（1）消费主义的盛行

由于政府、资本、媒体、游客等多重力量的驱动，文化生产正在成为北京历史文化街区的主要生产方式。在政府的许可范围内，货币持有者以土地转让或租赁的形式，进入历史文化街区进行开发，通过购买劳动力及相关生产资料来生产文化产品，从而实现价值增殖。

此时，空间开始成为资本生产的载体和手段，并且空间本身成为一种商品。

这种转变意味着消费逐渐成为历史文化街区中的核心环节，历史文化街区的生产功能则被掩盖起来。在此过程中，伴随着对物质空间某种程度的占有，这些生产活动进一步占据并改造着空间中的文化，并借助于大众媒介，使其逐渐沦为一种价值符号。根据鲍德里亚的观点，现代消费社会中，我们消费的不再是物，而是物的符号，商品的价值也是由此决定。历史文化街区成为被包装出来的文化符号，体现着一种符号价值，并以此吸引着消费者的关注。但是这也阻碍了历史文化的传承延续，外来游客不再关心街区传统文化。在文化空间的表象下，历史文化街区作为消费空间的实质被忽视，并通过资本循环周转，不断扩张其文化空间的假象。空间中的生产活动不再与文化资源相关联，而主要由咖啡馆、酒吧等现代商业设施构成。这种迎合中产阶级趣味的同质化生产，使历史文化街区的空间特征趋于一致。长此以往，历史文化街区的空间差异性将会被抹除。

（2）原生文化的消解

北京历史文化街区的原生文化即民俗文化。民俗文化是指民间百姓的风俗生活文化，也泛指一个国家、民族、地区中聚居的民众所创造和共享的风俗生活习惯，具有历史传承性的特点。[①] 随着空间生产关系的变化，历史文化街区的原生文化面临着严峻的挑战。大量游客涌入北京历史文化街区，游客和商家开始在历史文化街区的空间生产过程中占据主导地位，原住民逐渐被边缘化，重构了原有的空间主体结构。在这一过程中，人与人之间的关系逐渐沦落为物与物之间的关系，社会生活的丰富性受到冲击，原生文化愈发脱离那些创造主体，即原住民。由此，许多原住民离开街区，开始寻求其他生活场所，严重影响了原生文化的创造和延续。然而，文化空间的繁荣表象掩盖了原生文化的危机，使得原生文化消解和人口流失问题愈演愈烈。

（3）人文精神的缺失

人文精神"建基于人类物质生产实践，在物质生产实践的过程、

---

① 宋卫忠：《民俗北京》，旅游教育出版社2005年版。

方式、结果、物化产品的形式中均有丰富表现,它是物质生产实践中的精神因素"①,主要体现在以人为本,关注人的存在与价值。与此同时,"人的发展、空间生产、社会生活的丰富与全面,三者表现出历史的一致性"②,这就要求空间生产必须尊重人的发展。然而,空间变形本质上是空间生产与人的发展相脱离的表现,因而引发了历史文化街区的人文精神危机。当前历史文化街区的物质生产③实践,要么从属于权力主体意志,体现出某种强制性和功能性特征;要么从属于消费社会,集中体现为一种中产阶级的生活方式。总体来看,缺乏"反映着人的能动的自由的精神"④。文化的主体终归是人,因此,当生活与居民分离,生产资料与劳动者分离,街区的实践主体便逐渐沦为"单向度的人"(马尔库塞语)。

综上所述,空间变形实际上加剧了权力和资本对于空间的控制,同时带来消费主义的盛行、原生文化的消解、人文精神的缺失等一系列后果。而当这层虚假的文化面具被摘下后,一切将会灰飞烟灭。因此,如何真正激活历史文化街区的文化内涵,连接起社会、经济、政治、文化等多个空间维度显得尤为重要。

四 以什刹海地区为对象的历史文化街区探析

混合功能街区是北京历史文化街区的一种中间形态,不同于南锣鼓巷等已经丧失文化特征的历史文化街区,以及那些逐渐衰落的民俗生活街区,混合功能街区仍然是连接传统与现代的纽带,兼具民俗生活街区和市井商业街区的特征,因而更能体现权力、资本与空间实践主体的多方博弈关系,也更能凸显"空间变形"这一特殊现象。所以,对什刹

---

① 包晓光:《物性之维——人文精神视域下的中国当代文艺》,文物出版社2012年版,第47页。
② 庄友刚:《空间生产与资本逻辑》,《学习与探索》2010年第1期。
③ 宋卫忠:《民俗北京/文化北京丛书》,旅游教育出版社2005年版;包晓光:《物性之维——人文精神视域下的中国当代文艺》,文物出版社2012年版,第47页;庄友刚:《空间生产与资本逻辑》,《学习与探索》2010年第1期。
④ 包晓光:《物性之维——人文精神视域下的中国当代文艺》,文物出版社2012年版,第51页。

海地区展开案例分析，可以更好地理解北京历史文化街区的发展趋势和问题，为后续的研究路径找到可靠的支撑。

（一）什刹海地区的空间生产

什刹海地区位于北京旧城的西北隅，占地面积约两平方公里，由前海、后海、西海（积水潭）三片水域，以及环绕周边的胡同四合院等构成，是集自然景观、历史风貌和民俗风情于一体的开放性文化空间，同时也是旧城面积最大、风貌保存最为完整的历史文化街区。通过对权力、资本以及空间实践主体的分析，探究什刹海地区发展的动力机制，有助于全面了解什刹海地区的发展现状及趋势。

1. 政府权力：空间发展的主导力量

在政府的主导下，什刹海地区在文物保护和整体风貌提升方面取得了明显的成效。与此同时，持续不断的规划和政策实施，改变着这片街区的生产生活方式。

改革开放前，什刹海地区环境污染十分严重，周边的人文景观逐年荒废，传统业态日渐凋零，街区居住环境拥挤杂乱，存在大量占用破坏街巷四合院的行为，严重影响了当地群众的生产生活，与首都的功能定位严重不符。鉴于此，政府权力开始介入什刹海地区的发展，陆续出台了一批政策文件和发展规划。根据表 2-2 的梳理可知，作为综合了居住生活、旅游休闲、历史保护等多重功能的空间，什刹海地区的发展经历了由环境整治到风貌恢复再到街区更新的不断深化的过程，而在这一过程中，权力主体即政府发挥了统领性的作用。

除了宏观层面的政策和规划外，权力还渗透进历史文化街区基层社会网络的每个毛细血管中。如前所述，生产实践活动及其产生的社会关系、社会生活等共同形塑着空间，而依托于什刹海街道办事处及其所属社区居委会，政府权力能够对街区进行更为细微的干预和控制，从而达到统一管理、协调的目的，以更好地落实和完成政策规划。比如 2018 年，什刹海街道成立了综合行政执法中心，将执法中心从区下移到基层，以落实"街乡吹哨、部门报到"。需要说明的是，尽管居委会属于群众性自治组织，但其背后仍然有政府权力的影子。

表 2 – 2 　　　　　　　什刹海地区的相关规划和举措①

时间	文件/规划	主要内容
1983 年 11 月	制定《什刹海风景区第一期整治方案》，并成立西城区什刹海风景区整治指挥部	清淤治理
1983 年 11 月—1984 年 2 月	开展了以军民共建为主要形式的整治什刹海的群众活动	拆除违章建筑、腾退绿地、打通沿湖道路
1984—1992 年	什刹海地区的名称确定为"北京什刹海历史文化旅游风景区"；西城区政府委托清华大学编制什刹海历史文化旅游风景区总体规划	规划内容包括："功能分区规划""文物古迹游览区规划""园林绿化规划""市政建设""道路系统""第三产业布局""传统四合院住宅的保护、完善与改造""水系"等
2000 年	什刹海亮丽工程	增设夜间灯光
2001 年	制定《什刹海烟袋斜街保护整治规划》《什刹海迎奥运发展规划》	旨在恢复传统风貌，改善居住条件以及重振传统商业
2002 年	编制《北京旧城 25 片历史文化保护区保护规划》，并批准了什刹海历史文化保护区保护规划	将什刹海及周边地区共 301.57 万平方米、地跨东西两个城区的 3 个街道办事处、33 个居委会的区域，列为历史文化保护区
2005 年	制定《北京市历史文化名城保护条例》，并编制完成《什刹海历史文化保护区近期整治规划纲要（2005—2008）》	强化环湖公共开放空间、历史文化地段周边环境、传统特色商业街区和传统生活居住环境的分类保护和整治
2011 年	编制完成《什刹海历史文化保护区保护发展规划纲要（2011—2015）》	规划涉及以风貌保护为核心的环境整治；以改善民生为核心的房屋保护修缮；以改善水质为核心的生态保护；以改善交通环境为核心的基础设施建设；以挖掘历史文化为核心的文物保护和利用；以建立准入机制为核心的商业旅游业调整；以优化管理为核心的长效管理机制确立；以加强居民参与为核心的文明社区建设②
2017 年	什刹海街道全面开展"疏解整治促提升"综合治理工作	疏解人口，拆除违建，治理"开墙打洞"、噪音扰民，清查房屋产权
2018 年	实施荷花市场复建工程	环境提升与业态调整
2019 年 2 月	编制《北京历史文化街区风貌保护与更新设计导则》	包括有保护价值的建筑和构筑物、街道和胡同肌理、历史水系、古树名木等物质要素的保护，以及街区功能、人口构成、社区结构、传统文化和非物质文化遗产等非物质要素的保护
2019 年	开展"疏解整治促提升"行动	治理"开墙打洞"，采取标准化管理

---

① 　该表系笔者结合相关资料整理所制。
② 　西城区文明办：《西城区启动什刹海地区未来 5 年保护发展规划——打造开放性人文生态保护区》，首都文明网，2009 年 12 月 15 日。

2. 资本力量：空间发展中的一把"双刃剑"

对于什刹海地区的发展而言，一方面资本力量能够促进历史文化街区的改造与更新；另一方面也会破坏街区生态。因此，资本在历史文化街区往往会受到严格的管制。以地产开发商为例，2002—2012年间，什刹海地区实施的旧城改造中，地产开发商占改造总面积的15.7%，并呈逐年下降的态势。①

资本的肆意扩张会对历史文化街区产生负面影响。首先，消费设施的不合理设置及使用，严重影响着附近居民的日常生活。比如，作为街区业态调整过程中的产物，什刹海酒吧街一直饱受诟病。虽然带来大量游客，激发了当地经济的活力，但是噪音扰民、乱搭乱建等问题层出不穷。其次，酒吧、咖啡馆、旅游纪念品店等消费设施的大量涌现，对什刹海地区的传统文化生态构成极大威胁。

在相关政策与规划制定的框架内，资本也在发挥着积极的作用。值得注意的是，这类资本以国有资本为主体。它们主要承担着三种功能：一是推动街区旅游业的发展。为了进一步利用什刹海的旅游资源进行开发，如北京胡同文化发展公司在什刹海地区开创了"胡同游"活动，北京什刹海文化有限责任公司则推出水上游览项目。二是进行旧城改造和城市更新。早在1993年，什刹海景区管理处所属的北京市什刹海经济建设开发公司就着手街区的改造。此外，北京市西城区天恒置业集团，也是什刹海旧城改造和传统院落升级的主要实施者。三是街区的物业管理。比如，什刹海的物业管理就委托给北京德源兴业投资管理集团有限公司这一国有企业。

总体来看，由于历史文化街区的特殊性，什刹海地区的资本行为基本上是权力主体意志的延伸。一般情况下，资本都会在政府制定的政策和规划范围内进行商业化运作，而一旦资本越过了红线甚至危及街区的发展，就会受到警告或者处罚。

3. 空间实践主体：空间的创造者和享有者

空间实践主体是历史文化街区的创造者。无论是物质形态的建

---

① 赵文宁、王逸凡、房宇巍：《什刹海地区改造调查：老城改造的实施主体与驱动因素》，《北京规划建设》2018年第6期。

筑、空间环境等，还是生活方式、社会关系、地方文化等都是产生于空间实践主体的实践活动。更为重要的是，空间为空间实践主体所享有，因此，这一群体的体验和感受关系到历史文化街区未来的发展方向。

（1）原住民

原住民是较早在什刹海地区定居的群体，他们的生产生活实践决定了这片街区的早期风貌。旧社会的什刹海地区"贵族圈地建府邸，僧人道士择地建寺庙，百姓适地建宅院"[1]，因此，王府、寺庙和四合院构成了什刹海的原始街巷格局和建筑特色。此外，什刹海地区拥有丰富的民俗文化，比如上元灯节、护国寺庙会、德胜门晓市等，这些民俗文化同样是伴随着原住民的实践活动而形成的。然而，随着政府的介入以及疏解腾退政策的开展，原住民群体对什刹海地区发展的影响正在不断减弱。

（2）游客

对于历史文化街区的空间生产而言，游客群体正在发挥日益重要的作用。作为一个知名旅游风景区，什刹海常年位居北京市累计接待游客数量的前十名，大量游客的涌入改变了空间形态。一方面，游客行为影响着街区业态的发展，大量旅游及其衍生产业开始出现。比如荷花市场的形成，就是因为人们来到什刹海避暑纳凉、观莲赏荷，逐渐吸引聚集了各类商贩、唱曲卖艺者，由此形成固定的街市。现代旅游业的发展则催生了诸如旅游纪念品店、特产店、旅行社等业态。另一方面，游客对于街区的想象也在形塑着什刹海。这种越轨的、文艺的、个性化的想象与什刹海酒吧街的繁荣相辅相成，赋予什刹海以浓厚的小资色彩。

（3）个体经营者

长期以来，什刹海地区的个体经营者都处于较为被动的位置。这些个体经营者有的是为了维持生计，有的是出于投资目的，他们为街区经济注入了活力，为周边居民提供便利，还为游客提供了消费的场

---

[1] 什刹海研究会《什刹海九记》编辑部：《什刹海九记》，当代中国出版社2014年版，第114页。

所。但是却无一不面临着政府权力的约束，比如由于政府加强了对流动性摊贩的管理，叫卖声已经成为博物馆里的收藏。政府政策的不连续性让个体经营者疲于奔命，荷花市场的业态几经改变，最初市场内开设了许多风味小吃摊，造成严重的污染，后来全部撤销改为古玩市场，又被北京市商务局命名为"什刹海茶艺酒吧特色商业街"。同时个体经营者还会与原住民发生利益冲突，酒吧街的扰民问题就造成了业主与居民的纷争。

（二）什刹海地区的业态分布及空间表征

1. 什刹海地区的业态

由于政府权力、资本与空间实践主体在空间生产过程中的互动博弈，什刹海地区的产业结构较之以往发生了重大变化。首先，第三产业比重大幅提升，面向旅游、休闲的业态明显增多。根据什刹海地区的实际情况，本文将其业态分为六类，即餐饮服务类、购物服务类、休闲娱乐类、住宿服务类、生活服务类。此外，比重较小的金融服务、医疗保健服务等归类为其他。通过什刹海地区的业态 POI 数据（2019 年）分析可知（如图 2-2），购物服务类与餐饮服务类占据该地区总业态的一半以上，属于主要业态类型。其次，国有企业在什刹海地区具有举足轻重的地位。据《西城区 2019 年统计年鉴》显示，什刹海街道注册企业数量 2595 个，其中国有企业 270 家，收入合计 1879977 万元，占比达72.72%。私营企业 1559 个，收入合计 71753 万元，占比仅 2.78%。从数量上看，虽然民营企业数量远超国有企业，但其营收能力却不及国有企业，规模较小，缺乏应有的市场活力。再次，社区生活保障型业态保持着良好的发展势头。卫生、社会工作、教育、公共管理、社会保障和社会组织等类型企业对于区域发展影响较大。最后，文化、体育和娱乐业呈现出"小步快跑"的发展态势。2016—2018 年间，该地区文化、体育和娱乐业的企业数量分别为 23 家、159 家和 205 家，其收入也在稳步增长。在传统业态萎缩的背景下，文化产业正在逆势而上，为历史文化街区的发展作出了积极的贡献。

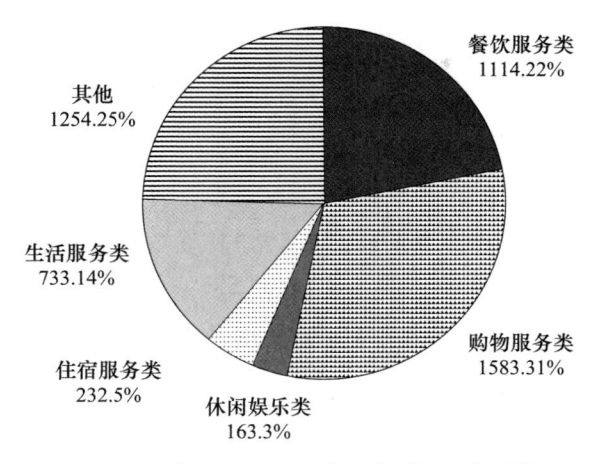

第二章　空间视角下的北京历史文化街区重塑　　79

图 2-2　什刹海地区的业态类别及其数量①

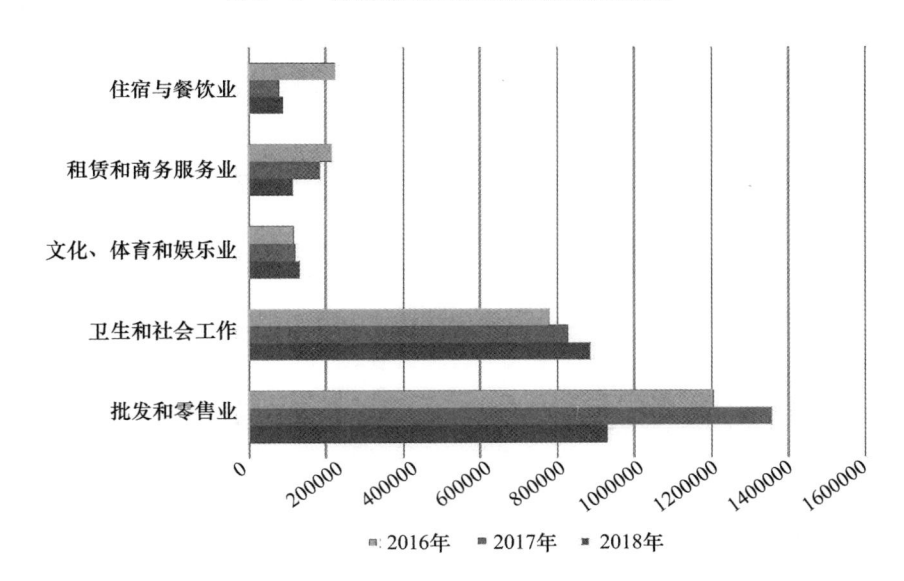

图 2-3　什刹海地区各行业企业年度收入情况②

根据以上业态分布情况，可以归纳出什刹海地区的空间性质：第一，政府主体（国有资本）占据着什刹海地区的空间话语权。第二，

---

① 本图系笔者根据 2019 年什刹海地区的 POI 数据所绘。POI 为 "Point of Information" 的缩写，即地理信息系统中的 "信息点"。POI 数据为笔者通过 Arcgis 软件采集而得。
② 本图系笔者根据西城区政府统计年鉴的相关数据所绘制。

什刹海地区存在较多活跃的社区，实际上仍属于民俗生活空间。第三，文化特性不明晰，其背后隐藏着强烈的消费倾向。因此，该历史文化街区非常依赖于营造一种文化空间的表象，以吸引更多的消费者。

2. 什刹海地区的文化空间表征

仅是对历史文化街区的业态进行统计和分析，容易陷入单纯的经济视角，造成结论的片面化。文化是历史文化街区的灵魂，什刹海地区作为北京最著名的历史文化街区之一，面临着文化传承与创新的严峻考验。因此，基于文化视角分析，可以更好地理解空间变形现象及其背后隐藏的问题。鉴于文化的主观性特征，本研究选取了文化空间分析和文化感知调查两种方法，试图勾勒出什刹海地区的文化空间表征。

当前什刹海地区的文化空间营造主要是从三个方面进行的，即历史文化的保护、民俗文化的传承以及现代商业文化的开发（见表2-3）。历史文化和民俗文化是现代商业文化在什刹海地区存在的根基，而现代商业文化是历史文化和民俗文化得以发展延续的动力。这三种文化互相支撑、互相融合，共同作用于什刹海地区文化空间的形成。

什刹海地区的历史文化集中体现在文物古迹、历史建筑等保护要素中，甚至包括街巷、胡同、古树等历史风貌的构成要素，它们既是政府文物保护的重点对象，也是旅游开发的核心资源。民俗文化则是什刹海地区百姓在长期的日常生活实践中形成的生活方式、风俗习惯等非物质形态。较之于厚重的历史文化，民俗文化更具生气和活力，是什刹海地区文脉延续的保证。同时，由于生产方式的转变，什刹海地区的文化形态也随之发生改变，因而形成了现代商业文化。它是商业与文化创意的结合体，不仅为街区提供了新的内生动力，而且激活了其他文化形态。

表2-3　　　　　　什刹海地区的主要文化类型[①]

类型	历史文化	民俗文化	现代商业文化
主要表现形式	旅游景区、博物馆	节庆、老字号、手工艺、民间艺术	购物餐饮、休闲娱乐、文化创意

① 该表系笔者结合相关资料整理所制。

续表

类型	历史文化	民俗文化	现代商业文化
主要代表	王府（恭王府等）、寺庙（广化寺等）、名人故居（梅兰芳故居、老舍旧居等）、传统四合院、烟袋斜街、荷花市场、银锭桥、钟楼、鼓楼等	民间节庆（上元灯节、护国寺庙会、祭祀火神、观莲节、盂兰盆会等）、放河灯、冰上活动、民间技艺（剪纸、糖人等）、老字号等（烤肉季等）、民间传说、曲艺演出、戏曲活动等	什刹海酒吧街、西海48文化创意中心、尚8文化创意产业园等

但是，深入观察什刹海地区的空间生产机制，及其延伸出来的文化生产逻辑就会发现，政府和资本正在成为其主要生产者，而原住民等空间实践主体基本上失去了主导街区文化的话语权，其结果就是历史文化和民俗文化的主体性缺失。一方面，为了建设全国文化中心，北京市各级政府开始承担起文脉延续的责任。以民间节庆为例，如什刹海文化旅游节、什刹海街道民俗运动会、什刹海冰雪体育节等，无一例外都是由政府来组织和承办的，却鲜有自发的民间文化活动。另一方面，尽管资本有助于历史文化和民俗文化的延续，甚至某种程度上赋予了它们"新生"，但后两者所蕴含的文化价值和意义正在被消解。原因就是历史文化和民俗文化是什刹海百姓长期社会生活实践的产物，反映着人与人之间的社会关系，如今却被置换为物与物的关系。如剪纸、糖人等民俗技艺正在演变为一种现代商业文化，从"自在自为"到受到资本逻辑的影响，彻底地改变了自身的文化形态。毫无疑问，其中媒体也起到了推波助澜的作用。作为传递信息和接收信息的渠道，媒体塑造着公众对于什刹海地区文化形象的认识，通过对网络媒体上的信息进行分析，可以发现"老北京""胡同""酒吧""美食"等关键词出现频率最高，表现出人们对于什刹海的老北京文化和小资文化的想象。综上所述，什刹海地区的空间变形主要表现为主体性的缺失和文化内涵的消解。

3. 针对什刹海地区的文化感知调查

除了对什刹海地区的文化构成进行分析，文化感知调查也是了解什刹海地区文化表征的重要手段。文化感知调查是通过对人们在什刹海地区的主观感受进行分析，来还原这一文化空间的全貌，有助于增进对于什刹海地区文化的了解。

本研究通过网络平台"腾讯问卷"面向全国发放问卷,共收回问卷222份。考虑到当地居民以及个体经营者长期生活在什刹海地区,容易产生过度的感性认识,因此主要调查对象为外来人群。另外,由于采取网络平台发放问卷的形式,本次问卷调查也存在一定的缺陷,其中60岁以上的老年人口未能获得有效统计,故在此说明。

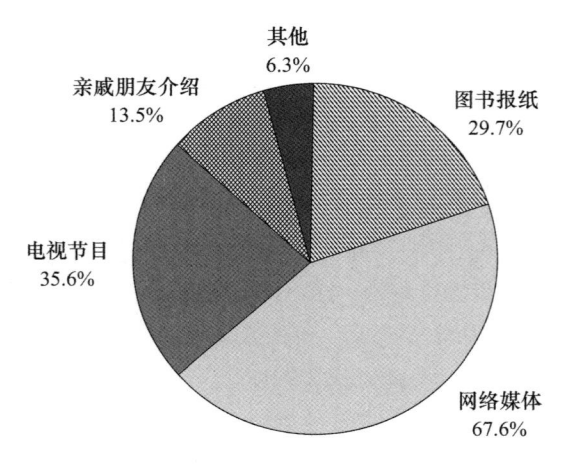

图 2-4 问卷数据(饼图)

通过对回收的问卷进行数据分析,得出以下结果:首先,媒体在什刹海文化形象塑造和传播的过程中扮演了关键角色(见图 2-4),尤其是以网络为代表的新媒体在其中发挥了重要作用,它们潜移默化地影响着人们对什刹海地区的原始文化感知。同时,这些媒体的宣传并不仅仅是出于传播什刹海文化的目的,它们要么是城市文化推广的政府行为,要么是出于吸引游客、增加消费的资本行为,背后隐含着很强的目的性。因此,媒体宣传中的什刹海文化形象就会发生变形,造成一种主观的偏离(尽管并不存在绝对意义上的什刹海文化形象,但是传播主体的压倒性力量,及其高度的目的性,使我们不得不对此保持警惕)。其次,"文化"在外来群体的主观感受中并未占据较高的位置。人们被媒体所塑造的什刹海形象所吸引,开始关注这一地区,进而产生了前往什刹海的行为动机。在行为动机方面,外来群体主要以景区观光为主要动机,占比高达 49.1%。其中 73.9% 的人认为自然风光的吸引力最大,可见

"文化"在外来游客的空间体验中并未凸显出来。再次,什刹海地区与现代生活存在明显的错位。传统的民间节庆和非遗体验仍然是街区的主要文化活动,与之相反,街区的现代元素为人们所接受(见图2-5),而人们参与的现代文化创意活动相对较少。在消费层面,87.8%的人进行过消费行为,且年轻群体的消费意愿更为强烈(见表2-4),同时人们对于商业化普遍持有积极的态度,可见什刹海地区的消费场景较多,消费是街区主要功能。

最后,问卷还对什刹海地区的社会关系进行了调查。外来群体进入什刹海以后,多数都与居民进行过交流与互动,且社会交往意愿较为强烈,可见历史文化街区具有强烈的社会性特征,而这种社会性也是文化创造和延续的基础。人们在什刹海地区有着较长时间的活动,其中,54.9%的人在什刹海地区停留超过1个小时,因此,历史文化街区非常有利于社交活动的开展。

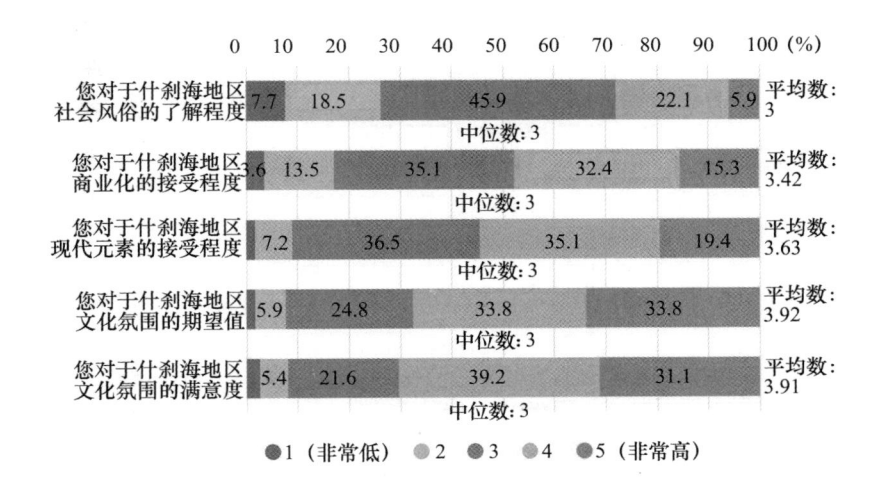

图2-5 问卷数据(李克特量表)

根据上述分析可知,什刹海地区的文化资源未能得到充分挖掘,人们没有被其文化特质所吸引。相反,什刹海的消费特征十分明显,属于典型的消费空间。鉴于人们对现代元素较高的接受程度,也为文化创意提供了发挥作用的机会。另外,当前历史文化街区仍然是活跃的社会性空间。因此，有必要促进街区内部社会关系的形成，激活文化发展的内生动力。

表2-4　　　　　　　　　　问卷数据（交叉分析）

消费额 \ 年龄	a. 15—25岁	b. 26—35岁	c. 36—45岁	d. 46—60岁	e. 60岁以上
a. 无	20（14.9%）	3（4.5%）	2（13.3%）	2（28.6%）	0（0.0%）
b. 0—100元	13（9.7%）	7（10.6%）	2（13.3%）	2（28.6%）	0（0.0%）
c. 100—500元	59（44.0%）	19（28.8%）	6（40.0%）	1（14.3%）	0（0.0%）
d. 500—1000元	25（18.7%）	26（39.4%）	2（13.3%）	1（14.3%）	0（0.0%）
e. 1000元以上	17（12.7%）	11（16.7%）	3（20.0%）	1（14.3%）	0（0.0%）

（三）什刹海地区发展面临的困境与问题

结合调研结果，并通过对什刹海地区的空间分析发现，当前什刹海地区同样存在着空间变形的现象，严重阻碍了空间的发展进程。具体而言，本研究从空间动力机制、文化空间、社会关系三个方面分析该街区存在的问题，也为研究北京历史文化街区提供了参照。

1. 权力和资本束缚了当地居民的能动性

为了保护传统文化，抵御全球化带来的冲击，政府必须对历史文化街区进行干预，这就意味着政府权力在街区内的膨胀和社会自治空间的缩小。与此同时，资本主体进行的商业开发，使街区的生产方式和生产关系发生变革。在此过程中，当地居民进一步被边缘化，逐渐失去了参与街区改造的积极性，这在很大程度上制约了街区的发展。

一是政策的不连续性造成什刹海地区的定位不清，这主要体现在政府的疏解人口政策与社区培育之间的矛盾。北京申奥成功后，为了提升城市形象，北京市开始实施街区腾退工程，其间大量房屋被拆迁。比如火神庙附近，共拆迁居民68户，整体拆迁面积约2500平方米。这就导致很多居民被迫举家迁到其他地区。然而，随着街区走向衰落，政府又开始实施城市更新、社区营造等策略。此时，许多老街坊已经搬出街区，街区内部的社会关系也基本瓦解，再试图重新激发社会活力已经变得异常艰难。

二是资本无法有效反哺社区，加剧了地区贫富分化。凭借什刹海的文化资源优势，旅游等相关产业发展迅速，资本发现了历史文化街区的潜在价值，纷纷涌入什刹海。但表面上的经济繁荣并没有使周围社区获益。相比之下，资本涌入反而造成了日常生活成本的增加，进一步加剧了社区的衰落，原住民中的年轻群体不断流失，贫困人口越来越多。

三是公众参与程度低。根据实地调研的情况来看，当前什刹海地区的社区公众参与程度较低。首先，政府采取自上而下的单向管理模式，忽视了与空间实践主体的沟通与协商。例如，按照《关于党建引领街乡管理体制机制创新实现"街乡吹哨、部门报到"的实施方案》《关于在全市推行街巷长制的指导意见》等文件要求，由政府直接任命干部作为街巷长和"小巷管家"进行管理，街区居民、个体经营者等群体很难参与到历史文化街区的实质性规划和管理中来。其次，街道办、社区居委会组织的志愿者、协管员等参与性角色形同虚设，难以调动社区居民的自主意识。更为严重的问题是，长期以来的计划经济体制，使居民对政府产生了依赖，出现"政府热、群众冷"等不正常现象。在与居民的访谈中，多数人认为街区事宜属于政府职责，抱着事不关己的态度，公民权利意识十分淡薄。

2. 文化发展滞后于时代要求

什刹海地区拥有丰富的文化资源，同时由于首都的集聚效应，资金、技术、人才等要素也十分集中。但是，这些优势条件并没有转化为什刹海文化发展的动力，其文化形态与时代发展不能有效衔接。

一是文化发展的内生动力不足。随着现代化进程的推进，新的文化元素和群体打破了什刹海的闭环文化生产系统，使其原有的文化生态遭到破坏。当面对新兴事物时，文化生态系统无法吸收新的文化元素，因此，造成什刹海与周围环境的脱节，使文化的新陈代谢机制难以发挥作用。

二是历史文化资源与街区发展不协调。在过去的发展过程中，政府专注于历史文化的保护工作，对其物质形态的保存投入大量人力物力。如今什刹海地区已经成为大众休闲娱乐的目的地，然而无论是历史建筑、名人故居还是文物都如同困在琥珀里的昆虫，仅仅作为旅游景点中的陈列展示，无法与街区现有功能相融合，出现孤岛化、边缘化、离散化问题。

三是文化业态较为粗放。随着物质生活水平的不断提高，单一的文化产品和服务已不能满足大众的精神文化需求。当前什刹海地区的文化业态较为低端，以烟袋斜街为例，这里的商铺密集排列在一起，与其他以商业为重点的文化街巷别无二致，主要提供以批量生产的手工艺品、旅游纪念品、老北京特产为主的文化产品，其文化价值不高，同质化问题十分严重。

3. 社会关系的断裂和瓦解

人是文化的创造者、享有者和传承者，北京历史文化街区正是在人与人之间的交流与互动中产生的。日常交往中形成的社会关系是街区保持活力的基础，稳定的社会关系也有助于文化的培育、情感的交融和观念的塑造。但是，当前历史文化街区的社会关系与人口结构都已发生变化，旧有的社会关系难以为继，新的社会关系又尚未成型，这严重影响着历史文化街区的健康发展。

一是街区人口老龄化，社区活力不足。西城区文明办的统计信息显示，什刹海街道 60 岁以上常住老年人口为 18476 人，占比高达 30%。老年人口比重超过 30% 的社区有 11 个，其中西海社区约为 49%，大红罗社区达到 52%。[①] 老龄化现象的背后是大量年轻原住民的流失，根据当地居民的陈述，年轻一代普遍不接受与父母同居，而且街区的房屋结构也不适合现代生活方式，因此大多数年轻人都选择迁出街区。与此同时，由于本地劳动力的匮乏及廉价的房租，大量外来人口迁入什刹海，这"一进一出"也就加速了街区社会关系的瓦解。

二是街区士绅化问题凸显。为了打造国际化大都市和全国文化中心的形象，2008 年奥运会前后，北京掀起了大规模的旧城改造。在政府和开发商的支持下，什刹海地区重新整修了街区的外部环境，通过引入现代商业来激发街区活力。但是，随着居住条件和配套设施得到改善，士绅化现象开始显现。士绅化又称缙绅化，是指在旧城改造后，街区的环境品质得到提升，进而带动地价和租金持续上涨，吸引高收入群体生

---

① 西城区文明办：《西城区什刹海街道再添一家特色养老驿站》，北京西城文明网，2019年12月16日。

活和居住，造成上层阶级替代原住民的社会现象。马克思曾经有过如下分析，"随着财富的增长而实行的城市'改良'把贫民赶到越来越坏、越来越挤的角落里去。"① 在什刹海地区的商业价值及文化内涵的吸引下，部分高收入阶层买下四合院并加以改造，打造成他们的定居场所或度假休憩之地。与此同时，咖啡馆、酒吧、手工艺品店等服务于高收入阶层的消费设施开始增多，街区原生的生活方式、风俗习惯以及社会观念遭到冲击。从上述发展趋势来看，街区内部的人口结构发生改变，阶层区隔现象愈发明显，早期熟人社会形成的社会关系正在走向没落。

三是时空变革造成街区人际关系紊乱。历史文化街区作为一个开放式的空间结构，几乎每天都会充斥大量的异质性群体。这些拥有不同价值观念和行为方式的人群本应碰撞出新的思想文化，促成街区文化的多样性。但是，由于交通技术的进步以及全球资本流动共同造成的时空变革，"时间征服空间"成为不容忽视的现代性命题。也就是说人们可以自由地穿梭于不同的空间之中，因此空间变得越来越不重要，不断加速流动以获取更多时间成为这个时代的基本动力。由此引发出来的问题就是，人与人之间的社会关系愈发难以建立，公共利益变得无人关心。这时候，抽象化的群体意志就会压制个体化的表达，人作为关系性的存在丧失了意义。当前什刹海地区的公共空间严重匮乏，使得外来游客无法融入当地社区。社区居民则以房屋租赁为主要收入来源，较少与外来游客等群体展开交流互动，导致人与人之间越来越冷漠。

五　北京历史文化街区的未来图景

借助于空间理论，上述研究厘清了北京历史文化街区的全貌，并以最具典型性的混合功能街区，即什刹海地区为案例展开分析，找出了制约历史文化街区发展的症结所在。可以看到，混合功能街区的特点和症结也基本适用于民俗生活街区和市井商业街区。对于民俗生活街区而言，它需要重建日渐凋零的社会关系，营造日常生活空间，为地方文化提供土壤；而市井商业街区则需要重塑文化空间，发展社群经济，为空

---

① ［德］马克思：《资本论》，人民出版社2008年版，第757—758页。

洞的文化符号找到真正意义上的价值和内涵。最后，这些都离不开空间生产动力机制，即政府、资本与空间实践主体之间的关系。

本章的最后一部分，笔者通过"空间融合"的理论设想，对北京历史文化街区的未来图景进行了展望。同时结合可操作的实施方案，从空间动力机制、文化空间和社会空间三个方面提出北京历史文化街区的重塑路径。

（一）关于历史文化街区的几个认识误区

空间变形造成了北京历史文化街区空间的同质化和原生文化的消解，因此，重新探讨历史文化街区的文化内涵显得十分重要。在此之前，有必要厘清对历史文化街区的某些错误认识。

第一，历史文化街区需要纯粹的一成不变的原真性。原真性又称为本真性，强调传统的文化及其起源[①]，具有时变性、多样性、相对性等特征[②]，因而带有强烈的主观色彩。这种对于原真性的主观感受，包括权力对历史文化街区的规划、资本与媒体创造的原真性想象、游客自我欲望的投射等因素，丧失了对空间实践主体即人的观照，忽视了当地居民、个体经营者等实践主体的日常生活体验，是一种静止的、孤立的甚至是带有殖民色彩的视角。

第二，文化营造被理解成单纯的外观风貌保护。文化是由人创造和传承的，不仅有物质文化，还包括精神文化等范畴。当前政府主体非常重视北京历史文化街区的外观风貌保护，在政府主导下，所有街区都按照"青砖灰瓦"的风格重新修缮。尽管街道更加整洁美观，物质文化得到更好的彰显，但并不能促进精神文化的发展，甚至容易造成政府权力的膨胀，抑制空间实践主体的主观能动性。

第三，保持街区文化风貌就是"非商业化"。这种观点认为，商业化破坏了历史文化街区的文化生态。但是，它忽视了其背后生产方式和生产关系的变化。尤其是已然商业化的大部分街区，比如大栅栏、鲜鱼

[①] 余意峰、张春燕、曾菊新、罗静：《民族旅游地旅游者原真性感知、地方依恋与忠诚度研究——以湖北恩施州为例》，《人文地理》2017年第2期。

[②] 徐红罡、万小娟、范晓君：《从"原真性"实践反思中国遗产保护——以宏村为例》，《人文地理》2012年第1期。

口等街区其实本身就是作为商业街区而存在，这种将矛头指向商业化的观点过于片面。当前历史文化街区的生产结构已经发生了改变，商业很大程度上推动着历史文化街区的发展，为街区注入了活力，而倡导"非商业化"显然违背了时代发展的趋势。

（二）"空间融合"：关于历史文化街区的构想

空间变形现象愈演愈烈，稀释了历史文化街区的原生文化。街区内部的社会关系接近崩溃，空间实践主体的主体地位被剥夺，反而加剧了权力与资本对于空间的控制能力。因此，要缝合撕裂的历史文化街区，必须走向空间融合的道路。

空间融合主要体现在以下三个方面：一是权力、资本和空间实践主体之间的融合互动关系。根据之前的分析，权力的膨胀和资本的侵蚀共同造成了空间变形的危机。因此，要达到相对稳定的空间状态，必须充分发挥权力对资本的制衡作用，以及资本反哺社区的能力，激发空间实践主体参与历史文化街区发展的主体性意识。二是文化融合。随着消费功能的扩张，历史文化街区所拥有的文化开始沦为虚幻的符号，进而失去了原有的精神内核。因此，构建顺应时代变化的文化生态，发挥文化创意的力量，活化历史文化资源，促进新旧文化的融合是创造和延续街区文化的关键。三是多元化融合的生活空间。鉴于历史文化街区自身的文化吸引力，这里本应是一个开放、包容的地方，但是邻里关系的弱化以及外来游客的涌入，使得街区逐渐成为由一个个消费单元构成的封闭空间。所以，营造多样性群体互动的生活空间至关重要。

总而言之，"空间融合"是历史文化街区重新焕发活力的新思路，对于保护历史文化、维护原住民的利益等方面能够起到重要作用。这种理念具体化为可操作的措施，有助于实现北京历史文化街区的可持续发展，使之适应时代发展的新形势。

（三）北京历史文化街区的重塑路径

重塑北京历史文化街区是一项多层次的复杂工程，本文借助空间视角，对当前北京历史文化街区的运行机制和存在问题作出了细致的剖析。因此，在路径选择上也延续了之前的框架。首先，通过构建政府、居民与资本的融合互动关系，解决政府权力过度膨胀的问题，达到一种三元均衡状态。其次，重新接续被空间变形所抽空的文化内涵，赋予陈旧的文化以新的活力，使之成为真正意义上的文化空间。最后，社会性空间是街区的魅力所在，也是文化创造和延续的本源，重构街区内的社会关系，强化生活空间营造，有助于解决空间发展动力不足的问题。

1. 构建政府、居民与资本的融合互动关系

创新历史文化街区的动力机制，有助于实现政治、经济、文化等多个维度的融合，激发街区发展的内生动力。

一是政府与资本互为补充，共同促进历史文化街区的发展。通过前面的分析可知，政府权力在历史文化街区中过于强势，造成"一切都离不开政府，一切都需要政府"的局面，违背了空间发展的客观规律。为了解决这一问题，就需要政府合理地运用权力，更好地发挥宏观规划、市场监督和社会管理等职能，减少对历史文化街区微观事务的参与。政府在制定政策规划的过程中必须有长远眼光，统筹街区内部的各职能部门，保持政策的连续性，以免造成街区管理的碎片化。由于政府在公共服务等领域存在组织僵化、效率低下等问题，应当通过PPP模式来调动资本的积极性，发挥资本的效率导向、结果导向，提高历史文化街区的经济发展活力。要保证国有资本与私有资本在市场准入、投融资等方面的同等待遇，提高政策透明度，营造公平竞争的市场环境。与此同时，政府要对资本进行一定的引导和约束，坚持以人为本的价值导向，尊重当地居民的意愿，杜绝损害居民群体利益的资本活动，对资本在历史文化街区的活动要进行动态评估，健全退出机制，推动历史文化街区健康发展。

二是建立资本与社区的融合共生关系。首先要通过资本力量来改善民生，激活社区内生动力。除了一般的盈利要求，资本还应当承担社会服务的功能，与街区日常生活融为一体，满足本地居民的购物需求、服务需求、休闲娱乐需求等。资本要以雇用本地劳动力的方式，解决低收入居民的就业问题，从而加强与周边社区的联系。街道办或居委会定期组织举行听证会，征询当地居民对入驻资本项目的意见。同时设置入驻企业的考核标准，关注企业的街区贡献程度。与此同时，社区也要给予资本以温度。消费主义带来的问题就是生活空间与消费空间的隔绝，以

及人与人之间的冷漠。因此，资本主体必须先关注社区居民的需求，培养熟客常客，为消费空间增添人气，从而使人们在消费场景中获得情感提升，让资本拥有温度。这样，资本运作下的消费空间某种意义上就成为社交的场域，甚至是情感的容器。资本与社区的均衡发展，能够使人文价值得到充分体现，实现经济效益和社会效益的双统一。

三是政府下放权力，激发公众参与度。居民是历史文化街区的主体，社区是居民安居乐业的基本单元。因此，如何调动这一群体积极参与社区事务，关系到历史文化街区的长远发展。综合国内外成功经验，公众参与是未来街区良性发展的重要途径。由于我国的政治体制等因素，公众参与离不开政府管理部门的引导和推动，政府必须健全社区自治制度，赋权于街区居民，并且引导其参与街区治理。值得注意的是，公众参与意识需要政府的培养，并不意味着政府是街区事务的"指挥官"，街道办等组织机构要承担起服务居民的职责，真正保障公众议事权益。社区工作中避免行政干预，使居民变被动为主动。政府要建立居民反馈机制，及时了解居民意愿，注重倾听老弱病残等弱势群体的声音，使其为街区发展建言献策。另外，当前历史文化街区居民的受教育水平普遍偏低，老龄化趋势明显，政府要组织专业知识培训及宣传活动，保证居民对于新技术和新业态的了解，提升公众参与的效率和水平。

2. 推动街区的文化创意转型

当前，北京历史文化街区逐渐沦为一个文化符号，其真正的文化内涵和意义被掩盖起来，成为只有研究者才会关注的议题。在此背景下推动街区的文化创意转型，不仅要保留其文化的根本价值，还要使它能够适应现代社会的发展趋势，以新的姿态延续下去。

一是构筑文化场景，激发街区内生活力。场景由社区、生活文化设施、多样性人群、文化实践活动和文化价值五个要素构成，不同的场景蕴含着不同的文化价值取向，这种文化价值又吸引特定的群体来进行文化消费，从而激发文化活力。当前北京历史文化街区中传统文化与现代文化交织在一起，拥有酒吧、餐厅、咖啡馆、书店、手工作坊、博物馆等多种文化设施，同时每天都会接待大量游客。搭建多元化的文化场景，能够吸引这些异质性群体前来寻找符合自我定位的场景。不同价值观念和兴趣爱好的人群同处于一个空间，并且开展文化实践活动，这就生成了多元文化互动的可能。与此同时,这些场景产生的文化认同感和凝聚力,还会影响人们的择居行为,进而激发社区活力。总体来说,通过搭建文化场景,历史文化街区成为多元文化的复合载体,改变了原本封闭的消费空间,使之成为某种意义上的社交平台和社群组织,从而推动街区文化的创造和延续。

二是立足文创产品开发,让历史文化"活起来"。历史文化是北京历史文化街区的根源,保护和传承历史文化要拒绝历史虚无主义和历史复古主义,以包容开放的心态进行发展。文创产品具有现代化、时尚化和个性化的特征,能够赋予历史文化以时代内涵。比如故宫博物院借助文创产品开发,不但提升了自身影响力,而且使得历史文化深入人心。对于北京历史文化街区而言,要围绕新趋势、新生活、新内容来进行文创产品的开发,融入现代设计元素,创新历史文化的表现形式。同时也要因地制宜,结合街区的文化特色,形成多元化、差异化的发展格局。街区的各类博物馆、旅游景点要联合社会力量,与腾讯、百度、网易等头部互联网公司展开合作,充分挖掘街区内部的历史文化资源,共同设计研发文旅形象大使,开发 IP 产品,打造新文创实践基地。通过利用市场机制,联动游戏、文学、动漫、影视等多个领域,实现 IP 价值最大化。

三是助推业态升级,丰富创意内容。当前北京历史文化街区的业态较为低端,且同质化严重,文化内涵不足。鉴于此,要通过发展现代文化创意产业来改善街区业态,打造具有体验性、互动性、个性化的文化产品和服务。紧随技术变革趋势,借助 AR、VR、5G 等技术手段,推动街区的数字化转型,以数字文创联动街区文化,同步落地数字文创节,吸引当地居民和游客的广泛参与。政府要支持当地居民参与文化业态,以社群为链接来助推业态转型,增加历史文化街区的"人情味"。与艺术家、设计师展开合作,在征询居民意见的前提下,策划长期性的"街区共生项目",迎合现代化的生活方式,使产业、旅游与生活相融合。建设美术馆、创意书店、小剧场、非遗体验馆等现代与传统交相辉映的公共文化空间,促进文化的交流和共享。这样,既能激发街区经济活力,又能增加文化内涵,促进街区可持续发展。

3. 营造多元化的生活空间

日常生活是人们社会实践的产物,也是涵养文化的土壤。生活空间营造尊重个人的生活体验，有利于社会关系的形成和延续，体现出以人为本的价值追求，从而推动历史文化街区持续发展。北京历史文化街区生活空间的营造主要从以下三个方面着手。

一是实施渐进的人口更新策略。当前，北京历史文化街区存在老龄化、贫困化等问题，街区人口素质偏低，不利于街区的长远发展。同时，北京历史文化街区的疏解整治，破坏了原生的社会关系，也亟须补充新的人口。因此，要通过人口更新策略激发街区的发展活力。不同于以往的疏解整治，人口更新更加注重人口结构的优化，既要保证原生文化的延续，又要推动街区发展与时代接轨。在年龄结构方面，要引进更多的年轻劳动力，立足本土，以此激活街区业态。人口类型方面，创意阶层不仅拥有自由灵活的时间，而且具有活跃的思想观念。因此，降低房租并且以街区文化来吸引集聚创意阶层，有助于生活空间与生产空间相融合，恢复相对稳定的社会结构。在人口更新的过程中，要保持渐进性和灵活性，促进移民与原住民之间相互了解、相互帮助，同时畅通反馈渠道，根据人们的态度及时调整相应的策略。

二是激活社会资本的力量。社会资本是指人们通过社会关系网络可以获取的能力和资源。社会网络越复杂，社会融合度越高，相应的社会资本也就越多。它能够促进社会合作，提高社会效率，增强社区认同感。因此，要加强社区营造，培育社区社会组织，更好地发挥社会资本的作用。当前北京历史文化街区存在两种社区组织形态，一种是以居委会为代表的基层群众自治组织，一种则是通过兴趣爱好来建立关系的民间草根组织。鉴于我国在体制方面的特殊性，需要政府下放权力进而激活社会治理，所以居委会要充分发挥自治功能，拉近居民之间的关系。与此同时，也要避免腐败和寻租行为的滋生。对于民间草根组织而言，要组织开展丰富的社会实践活动，提高地方性文化的浓度，以此吸引外来游客，促进内部社区和外部社会的联系。

三是打造差异化的生活空间。作为一个开放式空间，历史文化街区汇集着大量的异质性群体。然而商业化过程中，街区形成了许多封闭性的消费空间，它们切断了社会交往的渠道，降低了形成社会关系的可能性。人们带着消费的目的进入街区，同时也弱化了日常生活的随机性和偶然性，"自为"的生活状态遭到破坏。因而，构建差异化的生活空间成为当务之急。一方面，要以小而分散的经营单元组成街区整体，这样能够阻滞流动性，增加人与人之间的节点，减缓流动性带来的"转瞬即逝"感。由于空间足够小，这种经营单元有利于不同群体的接触。同时独立且个性的经营单元可以对抗同质化的商业品牌，消除资本对差异性的抹除。另一方面，要强化公共空间建设，增加社会性活动的频率。最大限度地禁止交通工具的使用，这样，经营单元的分散就能够提升街区公共空间的作用，丰富街区的层次，促进多元思想文化的碰撞与摩擦，从而孕育新的思想与文化。街区可以联合社会力量进行公共空间建设，采用社区会客厅等新模式，增强交互性和体验感，带来丰富的社会生活和社会关系。

如今，新时代的中国已然摆脱了物质匮乏的困境，开启发展的新阶段。此时，文化作为重要议题被摆到更高的位置。然而重新梳理文化脉络就会发现，许多从未有过的问题接踵而至，比如旧有文化体制的阴魂不散、消费主义的盛行等。在此背景下的北京历史文化街区，仿佛是这个时代的缩影：旧有的已经死去，新生的尚未来临。这样一种中间状态，固然滋生了许多问题，但同时也孕育着某种希望。研究中发现的时空关系为后续研究指明了方向，时空变革消解了稳固的社会生活和社会关系，从而破坏了产生文化的土壤，瓦解了生活空间的内在意义。这也需要在日后的研究中进一步观察和探索。

［本章作者：闫烁，首都师范大学文化产业专业硕士研究生，现为中共中央党校（国家行政学院）博士研究生］

第三章

首都功能核心区名人故居文化生态与文化创意模式

作为一座拥有3500多年建城史、850多年建都史的世界著名历史文化名城，北京自古及今名人云集、灿若星河，他们在政治、军事、文化、艺术、科技等领域作出的突出贡献、发挥的重大作用，对后世产生了重要影响。而他们曾经居住、生活、工作过的房屋宅院则成为北京历史文化名城的重要组成部分和首都文化旅游产业发展的珍贵文化资源。广泛分布于行政区划调整后的首都功能核心区的名人故居，不仅是老北京胡同和四合院精华的集中体现，更对城市精神塑造，民族精神凝聚，启迪教育后人，促进文化旅游等，都发挥着潜移默化的浸染作用。

当下，伴随着北京的文化中心建设、历史文化名城保护以及首都功能核心区文化发展工作进入新阶段，首都功能核心区名人故居文化生态的保护和建设自然也成为题中应有之义。然而，近年来一些名人故居文化生态出现的问题却令人忧心。2009年7月，位于东城区北总布胡同24号的梁思成、林徽因夫妇故居部分被拆事件一时成为舆论焦点，此后经国家和市文物局、文物专家、文保志愿者等多方商讨和协调，东城区文委终于在2010年1月表示梁林故居原址将恢复修缮；2013年，早在1986年就被列为东城区文保单位的梁启超故居被媒体曝光"仍是一片典型大杂院景象"后，再次引发社会各界关于首都名人故居文化生态现状的担忧。为此，本章以首都功能核心区名人故居为研究对象，对部分名人故居展开实地调研，结合问卷调查、深度访谈，以了解核心区名人故居文化生态保护、建设的现状，试图探究其可持续发展的对策及文化创意模式。

一 首都功能核心区名人故居概述

（一）名人故居的理论研究

1. "名人故居"的判定标准与范围

《现代汉语词典》（商务印书馆 2005 年版）与《辞海》（上海辞书出版社 2002 年版）将"名人"释义为"著名的人物"，语出《吕氏春秋·劝学》："不疾学而能为天下魁士名人者，未之尝有也。"《现代汉语词典》将"故居"释义为"从前曾经居住过的房子"。就此而言，名人故居即著名人物曾经居住过的房子。然而，当前国内对于"名人"和"故居"的界定都缺乏统一的标准，学术界对于"名人故居"的认定标准莫衷一是，争议主要集中在以下几点：第一，反面人物是否属于"名人"范畴。章采烈认为，名人"既应该包括对国家、对民族、对人民起过正面重大历史作用的人物，也包括对国家、对民族、对人民起过反面重大历史作用的人物，前者可曰'正面历史名人'往往因此而'流芳百世'，后者可曰'反面历史人物'，往往因此而'遗臭万年'"[①]；相近地，北京市政协文史资料委员会主任何卓也认为名人"也不一定是正面的、伟大的，也有反面的"[②]。而国家文物局政策法规司司长李耀申则将名人严格界定为"那些在一定领域内对国家、民族乃至全人类的进步事业作出过重要贡献的著名人物"[③]，即名人不包括反面人物。第二，非本地祖籍但曾于本地长期居住，或非本人房产但于此长期生活的是否属于"名人故居"。第三，名人的出生地或祖居地是否在"名人故居"范围内。

由此可见，学术界在如何对待"著名的反面人物"以及如何看待名人的多处住所的问题上，未形成一致的意见，这也使当下名人故居的理论研究和实践探索出现复杂局面。

2. 国内"名人故居"理论研究的主要内容和成果

在著作方面，国内出版的关于"名人故居"的著作数量不多，主要

---

① 章采烈：《论历史名人的级差及其效应》，《旅游学刊》1994 年第 4 期。
② 何卓新：《浅议名人故居保护与利用》，《北京观察》2006 年第 3 期。
③ 李耀申：《略论名人故居》，《中国博物馆》1999 年第 1 期。

以介绍性和旅游指南性书籍为主，大多以图文并茂、叙议结合的方式向读者展现各地名人故居的历史变迁以及名人轶事。而关于北京的"名人故居"的专门性著作仅有十余部，较具代表性的包括陈光中编著的丛书《风景——京城名人故居与轶事》①，冯小川主编的《北京名人故居》②，顾军编著的《北京的四合院与名人故居》③，北京市政协文史资料委员会编的《名人与老房子》④，以及系列丛书《中国名人故居游学馆》中的北京卷⑤等。这些著作或按行政区划或以名人生卒地或按类别，收录北京地区较具代表性的名人故居作逐一描述性介绍，包括名人生平事迹和主要活动、故居的历史沿革、建筑类型等。而关于名人故居理论研究方面，学术界缺乏较为系统而深入的研究成果。而针对北京地区名人故居的文化生态现状以及文化创意发展模式的研究，理论著作方面更是亟待实现"零的突破"。

在文献方面，中国知网"全国期刊全文数据库"中以"名人故居"和"北京"作为模糊匹配的主题检索词，对公开发表的中文期刊文章的主题进行检索，生成检索报告共 66 篇文献。其中全文针对北京地区名人故居文化生态或文化创意发展模式进行研究的文献，暂未筛选到。对检索结果进行简要分析，我们可以得出以下几点认识：首先，从时间分布上，20 世纪 90 年代中后期，对于名人故居的关注程度逐渐提高，特别是进入 21 世纪以来，关于北京地区名人故居的保护利用情况，受到政府有关部门重视，并得到学术界的理论探究。其次，从文献内容上，关于北京地区名人故居和名人轶事的介绍性文章仍占较大比例，其余多集中在名人故居的保护与利用研究上。如硕士论文《北京旧城区名人故居保护与利用研究》⑥ 以调查—分析—解决问题的工作方法，对北京旧城区名人故居保护与利用现状及存在问题进行研究，采用定性和定

---

① 陈光中：《风景——京城名人故居与轶事》，新世界出版社 2002 年版。
② 冯小川：《北京名人故居》，人民日报出版社 2002 年版。
③ 顾军：《北京的四合院与名人故居》，光明日报出版社 2004 年版。
④ 北京市政协文史资料委员会：《名人与老房子》，陕西师范大学出版社 2004 年版。
⑤ 张文彦、潘达：《中国名人故居游学馆（北京卷）：胡同氤氲》，中国画报出版社 2005 年版。
⑥ 成志芬：《北京旧城区名人故居保护与利用研究》，硕士学位论文，首都师范大学，2006 年。

量研究相结合的研究方法，提出保护与利用的对策建议。再如硕士论文《中英近现代文化名人故居比较研究——以北京鲁迅故居、伦敦萧伯纳故居为例》①从宏观到微观视角，对中英两国名人故居的保护进行比较研究，从法律和制度建设、民众保护意识等几个方面为中国近现代文化名人故居的保护提出建议。同样，关于北京地区名人故居文化生态的研究以及名人故居文化创意模式的研究，迄今为止未得到学术界的深入研究探讨。

3. 国外"名人故居"相关研究

相比于国内"名人"和"名人故居"判定标准的莫衷一是，在日本，名人是指日本围棋史上的围棋高手、将军、武士、皇亲国戚等，与我国"名人故居"概念相对应的是"名所旧迹"。日本人对此有比较系统的研究，出版有大量专著和文章，如《江户名所旧迹的案内东日本篇（说明）》《江户名所旧迹的案内西日本篇（说明）》《名所旧迹之谜》《名所旧迹岩屋志》《千年前之名所旧迹歌观篇》《千年前之名所旧迹七道篇》《大和名所记》《十和田市内名所旧迹案内》《志津之史迹名所》等。②

另外，一些欧美发达国家对包括名人故居在内的历史文化遗产有着丰富的研究成果和较为成熟的保护与利用实践经验。它们对于"名人"及"名人故居"的界定，有很严格的标准。如英国界定和评审名人故居的工作由英国遗产委员会所属"蓝牌委员会"全权负责。被认定为"名人"必须具备以下四个条件：某个领域被公认的杰出人物；为社会进步和人类福祉做出过重要贡献；有一定知名度；诞辰超过百年并已去世。如非本国公民，还需符合另外三个附加条件，即在自己的国家名声显赫，在国际上影响重大，在英国居住期间为其人生重要阶段之一。如我国著名文学家老舍先生曾在英国讲学，其间不仅帮助汉学家克莱门特·埃杰顿翻译了我国古典长篇小说《金瓶梅》，还完成了其代表作长篇小说《老张的哲学》《赵子曰》的创作以及《二马》的部分写作。因而按照英国对"名人"和"名人故居"的相关评定标准，"蓝牌委员

---

① 张杨：《中英近现代文化名人故居保护比较研究》，硕士论文，四川大学，2007年。
② 成志芬：《北京旧城区名人故居保护与利用研究》，硕士学位论文，首都师范大学，2007年。

会"将其居所认定为"名人故居"并悬挂蓝牌以示世人。

(二) 首都功能核心区名人故居的界定

1. 首都功能核心区的提出与定位

2005年初，国务院正式批复了《北京城市总体规划（2004—2020）》。新总规将北京的城市性质定义为中华人民共和国的首都，全国的政治中心、文化中心，世界著名古都和现代国际城市；将北京未来发展目标定位为国家首都、国际城市、文化名城和宜居城市。随后，为落实《北京城市总体规划（2004—2020）》，北京市委市政府提出《关于区县功能定位及评价指标的指导意见》，《意见》将北京18个区县分为四个功能区，"首都功能核心区"作为四个功能区之一被首次提出。"首都功能核心区"由东城区和西城区两个中心城区组成，该区域集中体现北京作为我国政治、文化中心的功能，集中展现古都特色，是首都功能及"四个服务"的最主要载体。保护古都风貌成为其主要任务之一。[1]

2010年北京市委市政府明确提出了推动核心区文化发展的目标——通过保护挖掘利用历史文化资源，大力发展文化事业和文化创意产业，使核心区成为中国文化和古都风貌的展示区。[2] 而名人故居作为首都文化的有机组成部分、老北京文化的典型代表，以及核心区的重要历史文化资源，对于推动核心区文化发展，保护北京历史文化名城古都风貌，发展首都文化创意产业，提升文化软实力等，都具有重要作用。因而加强首都功能核心区名人故居的相关研究工作，在现阶段具有重大现实意义。

2. 首都功能核心区名人故居的概念界定

本文的研究对象系"首都功能核心区名人故居"，笔者借鉴前文论

---

[1] 注：根据北京市区县功能定位，首都功能核心区包括东城、西城、崇文、宣武四个中心城区。2010年7月1日，国务院正式批复了北京市政府关于调整首都功能核心区行政区划的请示，同意撤销北京市东城区、崇文区，设立新的北京市东城区，以原东城区、崇文区的行政区域为东城区的行政区域；撤销北京市西城区、宣武区，设立新的北京市西城区，以原西城区、宣武区的行政区域为西城区的行政区域。详情参见《国务院正式批复北京功能核心区部分行政区划调整》。http://www.gov.cn/jrzg/2010-07/01/content_1643113.htm，中央政府门户网站 www.gov.cn，2010年7月1日。

[2] 《关于大力推动首都功能核心区文化发展的意见》，《北京日报》2010年11月4日第3版。

述的国内外"名人故居"相关理论研究成果，基于"首都功能核心区"的提出与定位，结合北京的性质特征和未来发展目标以及名人故居的发展现状，对"首都功能核心区名人故居"作出如下界定：现分布于北京东城区和西城区，在中国近现代历史上各领域知名人士的出生地、曾经长期生活工作过的住所、虽短暂居住但却为其人生重要阶段的居所。首先，名人指在中国历史上特别是近现代历史上，为社会进步和人类福祉做出过积极贡献或在其领域内具有公认知名度、在某方面产生过重要影响的已故人士。包括一些具有反面评价的历史人物。其次，本文探讨的故居范围包括名人的出生地、祖居地，名人生活工作过并为其人生重要阶段或取得重要成就的居所，其中房屋自有或租赁、名人居住时间长短均不影响对于"故居"概念的界定。

3. 首都功能核心区名人故居的价值与功能

城市的魅力和品质在于深厚的文化内涵和氤氲的文化气息。唯有如此，它才具有厚重的活力、长久的吸引力，以及精神上的凝聚力，成为人们精神家园的皈依。首都功能核心区名人故居集历史、文化、美学价值与潜在的经济价值等多元价值于一身，是北京历史文化名城的重要组成部分，是城市文化的精髓之处、城市文脉的点睛之笔。其丰沛的文化底蕴和永恒的魅力，还能为首都文化旅游产业的发展提供基础条件和原动力。

首先，时间属性赋予名人故居以历史价值。主要体现在名人故居成为名人生活以及一些重大事件、重要活动发生的历史见证，进而能够为相关研究工作提供史料、补充信息。如米市胡同43号的康有为故居——南海会馆为研究康有为和"维新变法"提供了珍贵的历史资料。南海会馆是康有为1882年和1888年两次来京的住所。在这里，他书写诗文，编撰书籍，与同党多次策划变法方案，并七次上书光绪皇帝力图付诸实施。1895年4月时值日本强迫清政府签订《马关条约》，康有为在此连夜起草了"万言书"，十八个省市一千三百多名举子在上面签字，进行了著名的"公车上书"。其后康有为等维新派又在这里创办了北京出版的第一种民办报刊《中外纪闻》，创立了"粤学会"，推行变法。①

---

① 赵洛：《宝地宣南》，《宣武文史》2002年第9辑。

其次，核心区名人故居本身包含重要的文化价值。它是有形建筑和无形思想文化的有机结合，是具有精神感召力的文化空间，更能体现建筑所具有的文化内涵和内在精神性。主要体现在名人故居是历史名人文化的载体。名人文化包括名人的影响力、社会贡献、思想言论、教育作用等，它是历史、社会、文化特征的集中体现，也是地方文化、民族文化的精华部分，其丰富的文化内涵、生动的历史记载是城市珍贵的资源。名人故居是名人文化的物化形态载体，它让当下的人们超越时空界限与历史名人相逢交流，满足人们缅怀名人、抒怀古之情和思古之幽的文化需求和精神追求。进而一定程度上影响着人们的思维模式、行为模式和生活方式，对于人生观、价值观的树立具有一定的教育功能。

再次，核心区一些名人故居具有建筑上的美学价值。分布于核心区的名人故居，由于大多位于内城范围内，在建筑类型上主要是传统的四合院，其中还有不少是北京四合院住宅区的精华所在，从平面布局、内部结构到细部装修、院内风景都形成了特有的京味风格，可以说在建筑设计上具有较高的美学价值。

最后，如前所述，名人故居深深蕴藏着民族的文化基因与精神特质，是历史价值、文化价值、建筑美学价值等价值的综合体现。当这些价值通过旅游、庆典、观赏、体验等方式被开发利用时，就形成了消费意义上的经济价值。

随着文化旅游产业兴盛，核心区名人故居的品牌效应及其价值内涵，将会为北京带来巨大的社会效益与经济效益。名人故居的经济效益可分为直接经济价值、间接经济价值和综合经济价值。直接经济价值包括一些名人故居作为旅游景点的门票收入、名人文化相关产品如纪念品的销售收入等；间接经济价值则是由核心区名人故居所带来的相关经济利益，如交通、住宿、餐饮、商业等各行业发展带来的经济收入；而综合经济价值则体现在核心区名人故居为其所在城区的知名度、北京的城市竞争力、首都的文化软实力的提升所作出的贡献。然而，片面强调经济价值，必然导致名人故居的开发与保护产生尖锐矛盾。如何有效地利用核心区名人故居的经济价值来实现核心区乃至北京的经济良性增长，同时又能够使核心区名人故居得到有效保护并使其文化价值最大化，这是我们研究核心区名人故居需要慎重思考的问题。

著名城市学家刘易斯·芒福德在其《城市文化》一书中精辟地指出，城市是文化的容器，它的三个基本使命是储存、流传和创造文化。而城市的各种文化器官具有积累、创新和教育作用，这些器官不仅包括报纸、电视，更包括教堂、寺庙、宗祠、学堂、博物馆、故居、墓园等建筑设施。

20世纪80年代，为了"保存文物特别丰富并且具有重大历史价值或者革命意义的城市"，"历史文化名城"的概念被正式提出。在国务院首批批准的24个历史文化名城中，北京位列其中。2005年3月市人大正式通过了《北京历史文化名城保护条例》，第十条明确划定了北京历史文化名城的保护内容，即"旧城的整体保护、历史文化街区的保护、文物保护单位的保护、具有保护价值的建筑的保护"[①]。显然，城市、街区、文物建筑形成了"面—线—点"的层次结构，成为北京历史文化名城保护的三大基本要素。而星罗棋布于核心区的大街小巷、氤氲胡同之中，已被列为各级文物保护单位、保护院落和文物普查项目的名人故居，成为一些历史文化街区和整个历史文化名城文化构成要素之一。

北京历经五朝古都的历史积淀，文化可谓博大精深。中华人民共和国成立后，又被确立为全国首都以及政治、文化中心。全国各地和域外各国文化融合于此，志士名流趋之若鹜，名人故居数量居全国之首，成为首都历史文化名城的重要组成部分。首先，历史文化名城的文化内涵需要历史人物和文物古迹共同维系。名人故居作为"名人"与"故居"有机结合的复合体，既形成隽永的名人文化，又存留下老北京风貌，成为京味文化的典型代表。其次，从"名人"角度看，既有鲁迅、老舍、梅兰芳、程砚秋这样的文学家、艺术家，又有宋庆龄、李大钊这样的革命家，不同领域的名人给北京带来了不同的人文气息，使北京这座历史文化名城成为中国历史文化集大成之载体。最后，就"故居"的建筑类型而言，既有极具建筑艺术价值的昔日王府花园，又有会馆、四合院以及坐落于胡同中的普通民居，它们体现了

---

① 北京市第十二届人民代表大会常务委员会：《北京历史文化名城保护条例》。

元大都规整的"棋盘"式城市整体规划的格局，以及过去时代的历史文化内涵，这是北京区别于其他大都会的独特的文化符码，蕴含着北京厚重的历史文化。

文化资源是文化旅游产业发展的基础和条件，文化旅游产业的蓬勃发展离不开意蕴丰富的旅游文化资源。核心区名人故居集历史、文化、建筑、美学等多元价值于一身，这些价值通过旅游、观赏、体验等方式开发利用时，则具备了潜在的经济价值。通过深入挖掘星罗棋布于核心区的名人故居的文化内涵，形成具有京味文化特色的文化旅游产品，不但很大程度上发展了首都文化旅游产业，为北京带来社会效益和经济效益，更有力推动了核心区名人故居文化资源的保护、利用与开发。

二 首都功能核心区名人故居文化生态建设与文化发展模式

"文化"本身语约义丰，对"文化"的理解更是莫衷一是，因此，从文化的角度来探究首都功能核心区名人故居相关问题，会出现不同的理解和主张，这是正常现象。基于我们的理解，文化"是特定的人类社群在一定的历史时期里形成的足以体现该社群的精神、气质和独特追求的行为模式、思维模式和情感模式的综合体。它为该社群的成员所共享，并以某种方式反复。它在观念层面、制度层面、器物层面、符号层面、行为习俗层面均有体现，相应地展现为观念文化、制度文化、器物文化、审美文化、符号文化、行为习俗文化等方面"[①]。而首都功能核心区名人故居文化的功能、特征、现状等就是所谓的文化生态。美国文化人类学家斯图尔德在20世纪50年代出版的《文化变迁理论》中首次提出"文化生态"的概念，其含义是指人类的文化和行为与其所处自然生态环境之间互相作用的关系，它从文化生态变迁的角度来研究人类适应环境的过程。本文所论及的"文化生态"是影响文化生存、发展的各要素的有机统一体，是观念文化、制度文化、器物文化、审美文化、符号文化、行为习俗文化的有机组合。包括文化的自然生态和社会生态

---

① 王强、包晓光：《中国传统文化精神》，昆仑出版社2004年版，第10—11页。

两方面。其中自然生态包括地理环境、气候条件、生物状貌等要素，社会生态包括科技水平、生产方式、生活方式、政治制度、社会组织、社会思想等要素。我们对于首都功能核心区名人故居文化生态的思考和研究，主要涉及名人故居文化生态的社会生态方面，具体包括名人故居的数量与分布、主要类型及其特征，以及文化生态保护和文化生态建设等。

（一）数量与分布及其成因分析

在数量和分布上，首都功能核心区名人故居呈现出数量众多、分布不均衡的特征。据 2005 年北京市政协文史委对北京旧城名人故居的调查数据显示，北京旧城经调查核实的名人故居为 332 处，其中原东城区分布最多，为 131 处，其次为原西城区 98 处，原宣武区 92 处，原崇文区 11 处。按照行政区划调整后进行数据统计，首都功能核心区名人故居包括东城区 142 处，西城区 190 处。从空间分布上看，原宣武区的名人故居分布最为集中，原崇文区的最为分散，原东城区和西城区的相对比较集中。① 详见表 3-1 和表 3-2。

表 3-1　　　　　　　　北京旧城区名人故居数量和分布一览

城区	东城	西城	宣武	崇文	总计
数量（处）	131	98	92	11	332
百分比（%）	39	30	28	3	100

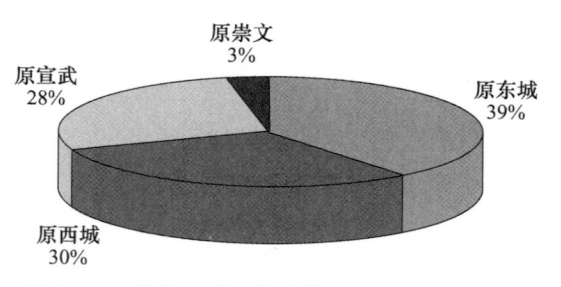

图 3-1　北京旧城区名人故居数量和分布一览

---

① 数据参考：2005 年北京市政协文史委对北京名人故居的调查统计数据。

表3-2　　　　　首都功能核心区名人故居数量和分布一览

行政区划	东城区	西城区	总计
数量（处）	142	190	332
百分比（%）	43	57	100

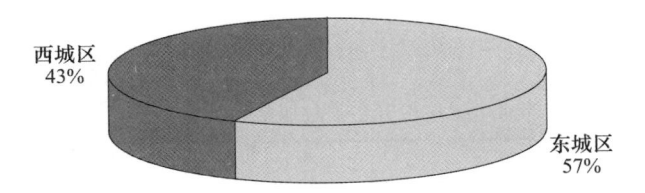

图3-2　首都功能核心区名人故居数量和分布一览

究其成因，主要在于近代以来北京城市发展过程和历史地位对名人故居分布产生了较大影响。1840年的北京作为清朝的首都是全国的政治、经济、文化中心，对全国及周边国家和地区具有极大吸引力和向心力。同时，作为政治中心，在北京市居住的达官显贵和贵族数量之多，为全国之首。当时北京内城按自然地理朝向分为东、西、南、北四大城区，民间有"东富西贵、南贫北贱"的说法，即达官贵族多居住在皇城东、西两侧地区，这样就形成了名人故居多集中在原东城区和原西城区的状况。其次，北京的政治、经济、文化中心地位吸引并迫使其他地区的政治、文化、经济精英不得不向北京集中，这样，出于解决外地官员及其本乡同行、乡戚在京居住问题而修建的"会馆"应运而生。无数近代名人来京多居住在会馆之中，这是北京近现代名人故居的又一个组成部分，如谭嗣同故居位于浏阳会馆，鲁迅故居位于绍兴会馆等。

（二）主要类型特征及成因分析

从建筑类型看，核心区名人故居主要是传统的四合院，少量是中西合璧的近代建筑，且保存下来的大多是鸦片战争后到新中国成立前后时期的建筑。

从名人类型看，核心区名人故居的政界、文艺界名人较多。对于名人类型的分类，可以采取不同的分类标准。根据核心区名人故居的现实状况,我们以名人取得较高成就、获得公认知名度、作出重要贡献的领域作为划分依据和标准,可将核心区名人故居的名人分为政治、军事、文化艺术、经济、医学、科技六类。其中数量最多的是文化艺术类名人故居,占半数之多;其次为政治类名人,超过1/3;其余类型名人的故居数量较少且差异不大,占总数的10%左右。[①] 其中政治类名人主要分布在内城,文艺类名人主要分布在原宣武区。详见表3-3。

表3-3　　　首都功能核心区名人故居的名人类型一览

名人类型	政治	军事	文艺	经济	科技	医学	合计
数量（处）	117	16	182	7	5	5	332
百分比（%）	35	5	54	2	2	2	100

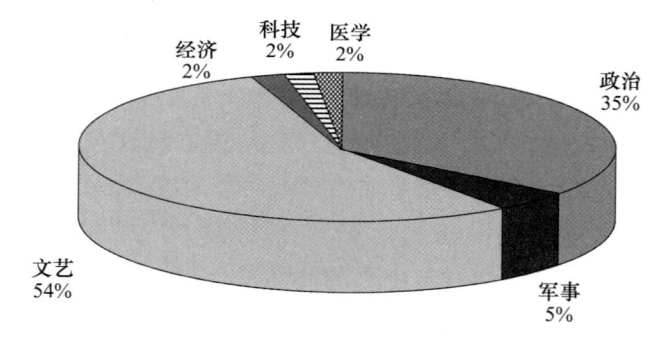

图3-3　首都功能核心区名人故居的名人类型一览

究其成因,也要追溯到清朝时期的北京城。顺治年间清室屡次颁令,逐渐形成"兵、民分置,满、汉分局"的格局,随后,康熙年间皇室一再下令"内城禁止喧嚣",原在城里的茶园、戏院、商店、旅店陆续迁出内城。经过从顺治朝到乾隆朝一百多年的推行,内城范围即行政区划调整前的原东城区和西城区居住的大多是王公贵戚且王府较多,外城即原宣武区和原崇文区则会馆较多。特别是原宣武区是北京的发祥地,清代因其在宣武门南,名之曰宣南。清乾隆五十五年（1790）,徽

---

① 数据参考：2005年北京市政协文史委对北京名人故居的调查统计数据。

班三庆戏班进京给乾隆祝寿,以后其他戏班陆续进京。由于清代京师内城"禁止开设戏园",故戏园子大多建在外城。正阳门以西、地处城南的大栅栏一代商铺林立、游人如织,成为戏园最佳的落脚之地。演员们便居住在宣南。因此,形成了众多文艺类名人的会馆故居聚集于原宣武区的格局。①

(三) 核心区名人故居文化生态保护现状

将名人故居列入各级文物保护单位是我国对名人故居进行保护的主要措施,就北京的名人故居而言,列入文物保护单位的主要包括三个级别:国家级重点文物保护单位、市级文物保护单位、区级文物保护单位。

据2005年北京市政协文史委对北京名人故居的统计数据显示,首都功能核心区的332处名人故居中,被列为国家级重点文物保护单位的有7处,占总数的2%,包括东四六条的崇礼住宅、后海北沿的宋庆龄故居、前海西街的郭沫若故居、西城宫门口二条的鲁迅旧居、地安门东大街的孙中山行馆、宣武区后孙公园胡同的孙承泽故居、宣武区报国寺前街的顾炎武故居。其中位于西城区的有5处,位于东城区的有2处,详见表3-4。被列为北京市级文物保护单位的有40处,占12%。被列为区级文物保护单位的有34处,占10%。还有44处被列为保护院落或普查登记文物项目,占13%。其中有的是以名人故居命名的,有的是以四合院、纪念地命名的。以上四种级别的名人故居共125处,占所调查故居总数的37%。此外,还有207处故居未列入上述保护项目,其中半数已被拆除。详见表3-5。

表3-4　被列为国家级文保单位的首都功能核心区名人故居一览

序号	故居名称	分布城区	保护现状
1	郭沫若故居	西城	良好
2	北京宋庆龄故居	西城	良好

---

① 中国人民政治协商会议北京市宣武区委员会文史资料委员会:《菊坛拾零》,《宣武文史》第11辑,2004年。

续表

序号	故居名称	分布城区	保护现状
3	北京鲁迅旧居	西城	良好
4	安徽会馆（孙承泽故居）	西城（原宣武）	良好
5	报国寺（顾炎武故居）	西城（原宣武）	良好
6	孙中山行馆	东城	良好
7	崇礼住宅	东城	良好

表3-5　首都功能核心区名人故居文保级别情况一览

文保级别	国家级	市级	区县级	保护院落/普查项目	非保护项目	总计
数量（处）	7	40	34	44	207	332
百分比（%）	2	12	10	13	63	100

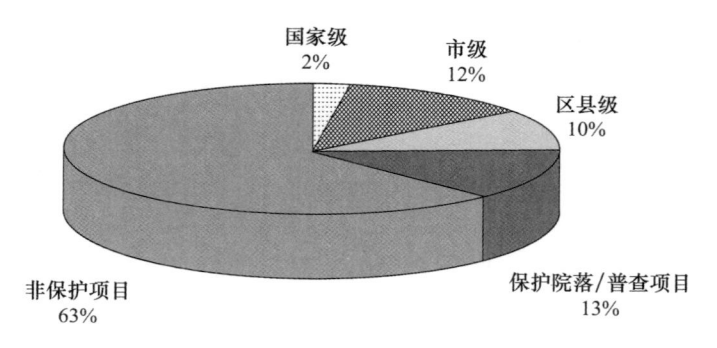

图3-4　首都功能核心区名人故居文保级别情况一览

1. 相关法律法规与政策

目前，我国在历史文化遗产保护方面主要的法律依据是2002年修订的《中华人民共和国文物保护法》。北京市也出台了一系列决定和条例，如颁布实施了《北京市文物保护管理条例》《北京市文物保护单位范围及建设控制地带管理规定》《关于北京市区建筑高度控制方案的决定》等。另外，2005年市人代会通过并施行《北京历史文化名城保护条例》以及《北京城市总体规划》。这些法律、法规、条例对历史文化遗产的保护范围主要分为三个层面：文物保护单位、历史文化保护区、历史文化名城。① 其中，相关法规对一定比例的名人故居均起到不同程度的保护作用，但迄今为止仍缺乏针对北京地区乃至全国范围内名人故居的专门性法律法规。

上述法律法规及政策大多是名人故居保护与利用的宏观政策依据，且仅针对并适用于列入各级文保单位的名人故居。而就现实状况来看，功能核心区被列入各级文保单位的名人故居仅有 81 处，占核心区名人故居总量的 24%。而由于北京市还没有出台专门针对名人故居的保护性立法，也就是说还有将近 3/4 的名人故居在保护利用、搬迁腾退等方面无法可依。也正是因为缺乏明确的立法限定，一些名人故居年久失修、私搭乱建严重，导致其总体布局、建筑风格正在逐渐消失，或极易遭到建设性破坏。

2. 保护资金来源与使用

根据《文物保护法》的规定，我国对不可移动文物保护的资金来源主要有三条渠道：一是从中央和地方各级人民政府的财政收入中划拨；二是文物保护单位的事业性收入；三是通过捐赠等方式设立的文物保护社会基金。其中，政府拨款主要针对文物保护单位，而这一部分资金数额十分有限。

2002 年修订的《文物保护法》针对文物保护资金问题，增加了若干规定。其一，明确规定国家发展文物保护事业。县级以上人民政府应当将文物保护事业纳入本级国民经济和社会发展规划，所需经费列入本级财政预算。其二，为了进一步保障经费来源，除了列入本级财政预算外，文物保护的财政经费不应当停留在原有水平，"国家用于文物保护的财政拨款随着财政收入的增长而增加"。其三，规定了国有博物馆、纪念馆、文物保护单位等的事业性收入的用途，即必须专门用于文物保护，而不得用作其他。同时规定禁止任何单位和个人对其侵占或挪用。其四，为了拓宽文物保护资金来源，"国家鼓励通过捐赠等方式设立文物保护社会基金，专门用于文物保护，任何单位或者个人不得侵占、挪用"。

---

① 王景惠、阮仪三、王林：《历史文化名城保护理论与规划》，同济大学出版社 1999 年版，第 26 页。

(四) 首都功能核心区名人故居文化生态建设与文化发展模式

本文所论名人故居的文化生态建设与文化发展模式，主要包含两层含义。其一指遭到破坏的名人故居文化生态的重建现状；其二指已得到相应保护的名人故居文化生态的利用现状。

在文化生态建设方面，核心区名人故居除少数被辟为纪念馆或博物馆或者实施挂牌明示外，大多数名人故居淹没在普通民房甚至杂乱无章的建筑之中，文化生态建设状况不尽如人意，不能有效发挥名人故居的价值与功能，展现其魅力和影响力。目前，被辟为纪念馆、博物馆的核心区名人故居共有9处，占总数的2.7%。其余名人故居使用情况复杂，用作住宅最多，共154处，占总数的46.3%，住宅中以杂院的数量最多，占住宅总数的55.8%。用作办公用房、商业用房、教育用房的分别占8.7%、3.3%、3.9%，目前有两处空置不用。①

1. 开辟为博物馆、纪念馆

将名人故居原地或异地建立名人纪念馆或博物馆，是北京市进行名人故居文化生态建设的主要方式之一。名人纪念馆或博物馆以原故居建筑为依托，或在原址，或扩建，或在故居附近新建纪念馆、博物馆，使名人故居成为一种以展示名人事迹、宣扬名人精神为主导的建筑类型——名人纪念建筑。这些名人纪念建筑，其文化内涵、教化意义和精神感召功能比一般的名人故居更为显著，大多都已成为青少年的爱国主义教育基地。

核心区被辟为纪念馆、博物馆的9处名人故居中，国家级文保单位有3处，市级文保单位有6处；其中西城区分布6处，东城区分布3处，详见表3-6。

表3-6 被辟为纪念馆、博物馆的首都功能核心区名人故居一览

序号	故居名称	文保级别	分布城区
1	鲁迅故居	国家级	西城
2	郭沫若故居	国家级	西城

---

① 数据参考：2005年北京市政协文史委对北京名人故居的调查统计数据。

续表

序号	故居名称	文保级别	分布城区
3	宋庆龄故居	国家级	西城
4	徐悲鸿故居	市级	西城
5	梅兰芳故居	市级	西城
6	纪晓岚故居	市级	西城（原宣武）
7	文天祥故居（文天祥祠）	市级	东城
8	茅盾故居	市级	东城
9	老舍故居	市级	东城

笔者针对上述 9 处名人故居及其纪念馆、博物馆进行了实地调研，综合数据资料我们不难看出，被列为国家级和市级文保单位，并被辟为纪念馆和博物馆的名人故居，其文化生态建设状况较好。它们因其重要的历史文化价值、建筑美学价值和潜在的经济价值，得到了国家文物局、市文物局以及市规划局的重视，因而得到较好的保护和利用。

如依托于西城区阜成门内西二条 19 号鲁迅故居的北京鲁迅博物馆，现有馆藏文物 3.1 万多件，多为鲁迅手稿、诗幅及其他手书墨迹。自 1976 年以来，该馆编辑发行的《鲁迅研究资料》《鲁迅研究月刊》及数十种文物图集和研究论著，在中国现代文学研究、特别是鲁迅研究中有着十分重要的地位；1996 年，经扩建后重新开放的"鲁迅生平"展馆，以珍贵而丰富的文物资料、播放鲁迅纪录片等新颖独特的多媒体展示手法吸引着大量文学爱好者、文物收藏者和旅游爱好者前往参观。

再如宋庆龄故居前馆长、现故居管理中心顾问何大章先生告诉我们，宋庆龄故居是国内故居原状摆放和保存最为完好的，《中国大百科全书》中就以故宫、天坛和宋庆龄故居作为释例来解释"大型原状陈列"词条。

但是核心区这样的名人故居仍在少数，实际调研中我们看到仍有很大一部分名人故居处于"养在深闺人未识"的尴尬状况。

2. 开展相关名人文化活动

名人文化活动的举办，不但是对名人文化精神的纪念与发扬，使故居成为别具特色的文化地标，同时还为故居注入了生命力，赋予其充满灵性和活力的形象，形成广泛的社会影响力和吸引力。

宋庆龄故居、李大钊故居、鲁迅博物馆、郭沫若纪念馆、茅盾故居、老舍纪念馆、徐悲鸿纪念馆和梅兰芳纪念馆8家核心区名人故居，自2000年开始联合举办相关名人文化活动，以完善名人故居、纪念馆的文化生态保护和建设。自2008年清明节成为国家法定假日起，上述8家文保单位以1家单位主办、7家单位协办的方式，于小长假期间联合举办"清明时节，缅怀名人，走进故居"主题系列活动，该活动一直延续至今。

在清明节期间，"走进名人故居"系列活动以宣传8位名人的人文情怀、民族精神、文化遗产以及为党的事业所作出的卓越贡献为主要内容，通过统一悬挂条幅、在名人雕像或照片前摆放鲜花、循环播放8位故人的影像介绍来缅怀先贤先烈。其中李大钊故居与附近社区合作，为居民提供了重温入党誓词的机会；常年免费开放的老舍纪念馆免费提供鲜花，以供慕名前来的游客参观故居、缅怀凭吊老舍先生；郭沫若纪念馆则为观众准备卡片写下清明寄语；宋庆龄故居则举办为期一个月的海棠花文化节，以代表思念的海棠花纪念宋庆龄先生的贡献。

开展名人文化相关活动，为各名人故居的文化生态建设带来了有益的影响，一定程度上促进了首都功能核心区的文化发展，增强了北京历史文化名城的影响力。但是相比于一些欧美国家名人故居文化活动的开展状况，我们在形式和内容上显得过于单一而创意不足。如位于波兰热拉左瓦·沃拉的肖邦故居，春夏季节每逢星期日便举行肖邦作品演奏会；改为普希金文学纪念馆的鲍尔金诺庄园，自1973年起每年举行普希金诗歌节，成为俄罗斯诗坛盛事。尤其是位于英国斯特拉福的莎士比亚故居博物馆，贯穿全年主办种类繁多的文化活动，包括莎士比亚诞辰纪念仪式、各类公共课程、诗歌节、午间和晚间讲演、系列募集赞助活动以及户外剧演出等。这些形式多样、内容丰富多彩的活动，既传承了名人的文化精神，使来访者感受到文化名人的生活，也构建了一个集研究、休闲、沙龙讲座、餐饮为一体的多元文化空间。

三 首都功能核心区名人故居文化创意模式构建探析

（一）文化创意模式之一：发展名人故居文化旅游——以什刹海名人故居群为例

前文已述，核心区名人故居是历史价值、文化价值、建筑美学价值等价值的综合体现。当这些价值通过旅游、庆典、观赏、体验等方式被开发利用时，就形成了消费意义上的经济价值。因此，以名人故居文化资源为基础和条件，充分挖掘名人故居文化所具有的潜在的经济价值，大力发展首都文化旅游产业，可以为北京创造巨大的经济效益，更为重要的是文化旅游产业的健康可持续发展，一方面必将带动核心区名人故居多元价值和社会功能的实现，使名人故居在合理开发利用的同时实现文化生态的有效保护；另一方面对于北京历史文化的传承与发展、文化软实力的提升等，都具有重要作用。

1. 构建基础：什刹海地区名人故居文化生态现状

什刹海位于北京西北部的西城区，包括前海、后海、西海及其临近地区，是北京内城唯一一处具有开阔水面的开放型景区，也是北京城内面积最大、风貌保存最完整的一片历史街区。自元代起，此处便是元大都的漕运和商业中心。明清时期，达官显贵、文人雅士竞居于此；清军入关后，皇帝亲领的"正黄旗"亦在此驻扎。1992年，什刹海地区经市政府常务委员会命名为"历史文化旅游风景区"；随后在2002年北京市出台的《北京旧城25片历史文化保护区保护规划》中，将什刹海及其周边地区146.7万平方米区域列为北京旧城25片历史文化保护区之一。

什刹海地区保留了比较完整的京味文化城市肌理，不仅有著名的恭王府、护国寺、钟鼓楼、银锭桥等标志性古建筑，还有众多名人故居纪念馆聚集于此。据核心区名人故居数量和分布数据统计来看，西城区名人故居众多且分布相对集中；据笔者对什刹海地区名人故居的实地调研考察，什刹海地区可以说是历代名人荟萃之地，名人故居分布集中。在被列入国家级和市级的名人故居中，郭沫若故居、宋庆龄故居、梅兰芳故居和老舍故居均分布在什刹海地区。此外，著名诗人田间故居、爱国将领蔡锷故居、洋务运动代表张之洞故居、医学专家马海德故居等星罗棋布于此。建筑类型丰富多样，既有传统的四合院，也有王府花园和西式洋楼，与周围景观共同构成什刹海"历史文化旅游风景名地"。

2. 构建理念：结合胡同游，发展什刹海名人故居文化旅游产业

作为旅游胜地，什刹海地区每年都吸引着大量中外游客。旅游活动主要集中在对恭王府花园的参观游览，及以游览北京胡同为特色的"胡同游"。因此可以利用名人故居分散于多条胡同中的分布特征，依托作为什刹海地区特色综合文化旅游项目的"胡同游"，根据游客需求策划不同旅游路线，开展以"什刹海名人故居游"为主题的文化旅游活动，深挖名人资源，弘扬民族文化精神。如可以郭沫若故居、宋庆龄故居和梅兰芳故居作为串联旅游环线的关节点，开辟什刹海地区名人故居特色文化旅游环线等。

另外，整合什刹海的历史、文化、空间资源，利用品牌优势，突出文化、旅游、演艺、休闲等产业定位，力图在保护、发掘、传承老北京传统文化基础上，附着、创新、融合商旅休闲和集聚文化创意产业，着重打造以历史传承、文化旅游、商业休闲、特色演艺、创意企业集聚为特色的"什刹海文化创意产业集聚区"。

（二）文化创意模式之二：打造名人会馆故居产业集群——以宣南文艺名人故居为例

1. 构建基础：宣南文艺名人故居文化生态现状

原宣武区是宣南文化发祥地和京城著名的传统商业区。"宣南文化"的提出源于20世纪90年代初期。1995年，时任宣武区委书记的刘敬民在所撰写的《关于继承发展"宣南文化"的调研与思考》一文中，明确提出了"宣南文化"的概念，并在学术界逐渐取得广泛共识。文中提出了"以各地会馆和名人故居为代表的会馆宅邸文化"是宣南文化主要组成部分之一。经过不断挖掘和宣传，宣南文化逐渐得到了学术界的广泛关注和认同。2010年行政区划调整撤销了原宣武区，将其与原西城区合并建立新西城区的行政区域，这一调整使"弘扬宣南文化"成为新西城以及首都功能核心区文化发展的重要任务之一。

第三章 首都功能核心区名人故居文化生态与文化创意模式

根据核心区名人故居分布特征，原宣武区集中分布了众多文艺界名人故居，如纪晓岚故居、朱彝尊故居、顾炎武故居、林白水故居、余叔岩故居、荀慧生故居、尚小云故居等，它们成为宣南文化不可或缺的组成部分，是新西城的文化新亮点和经济增长点。而原宣武区现存名人故居中以会馆类居多，可以说名人会馆文化是宣南文化体系的一个重要组成部分，它们多建于明清时期，记载着林则徐与莆阳会馆、康有为与南海会馆、鲁迅与绍兴会馆、孙中山与湖广会馆的不解之缘。谭鑫培、杨小楼、梅兰芳等数百位梨园大师都曾聚居于此研习京剧，湖广会馆、前门梨园剧场至今灯影霓裳、好戏连台。会馆作为名人故居的另一种展现形式，是首都近代历史文化的见证。

根据笔者实地调研考察，结合相关数据资料，可以看到，原宣武区的安徽会馆（孙承泽故居）、南海会馆（康有为故居）、顺德会馆（朱彝尊故居）、杨椒山祠（杨继盛故居）、京报馆（邵飘萍故居）、绍兴会馆（鲁迅故居）、浏阳会馆（谭嗣同故居）、沈家本故居8处名人会馆故居，较为集中分布于宣外大街至南横街沿线区域，且排列相对均匀（详见表3-7）。既适于集中规划、整体开发，又能够形成辉映景观、规模效应。如果对此进行开发利用，建设会馆文化特色旅游景区，打造名人会馆故居产业集群，对宣南特色文化发展将会产生积极作用。

表3-7　　　　　　原宣武区部分名人会馆故居一览

序号	会馆（故居）名称	地址	文保级别
1	安徽会馆（孙承泽故居）	后孙公园17、19、23、25、27号	国家级
2	南海会馆（康有为故居）	米市胡同43号	市级
3	顺德会馆（朱彝尊故居）	海柏胡同16号	市级
4	杨椒山祠（杨继盛故居）	达智桥胡同12号校场三条2号	市级
5	绍兴会馆（鲁迅故居）	南半截胡同7号	区级
6	浏阳会馆（谭嗣同故居）	北半截胡同41号	区级
7	京报馆（邵飘萍故居）	魏染胡同30、32号	市级
8	沈家本故居	金井胡同1号	区级

2. 构建理念：打造名人会馆故居产业集群

基于原宣武名人会馆故居的文化生态现状，本研究建议以集中分布于宣外大街至南横街沿线区域的名人会馆故居为对象，建设会馆文化特色旅游景区，打造名人会馆故居产业集群。

可将南海会馆（康有为故居）开辟为"创意市集"——原创艺术品交易市场，汇聚创意人群，为创意作品提供展示、沟通、交易的平台，设置三个专题部分：小型南海会馆历史、康有为生平展；"创作工作坊"和创意作品展示区；"创意市集"交易区。可将浏阳会馆（谭嗣同故居）设立为戊戌维新纪念馆。故居内部通过原始陈设、典型场景塑像、展览等内容突出纪念意义和人文景观的特点。可将顺德会馆（朱彝尊故居）、沈家本故居开辟为京师会馆主题餐厅。该会馆和故居位于宣外大街一侧，毗邻繁华商业中心，与高档住宅小区相连，周边无高档餐饮企业，可作为会馆主题特色餐厅开发利用。以杨椒山（杨继盛）的廉政生平为基础，挖掘明清时期客居宣南的翰苑名臣的事迹及爱国义举。将杨椒山故居辟为名人纪念园，通过原始陈设、典型场景塑像、展览等内容突出体现名人荟萃的地域特点。将京报馆辟为中国近代报业博物馆。引进开发民俗风情展示、艺术品展览拍卖、文化演出艺术展示、徽菜等项目，将安徽会馆建为徽州文化创意馆，重塑"京师第一会馆"的文化品牌。

由此，我们以宣南名人会馆故居为对象，着手打造"名人会馆故居产业集群"，以"点"构"面"，扩大社会影响，并与相关旅游部门、演出企业合作，配套开发"宣南名人会馆故居游"的旅游专题线路和文艺演出活动等，以"文化旅游"牌带动核心区名人故居文化的传承和可持续发展。

综上所述，首都功能核心区拥有大量的历史名人故居，它们不仅是这座城市永恒的历史文化记忆，同时也是当今进行文化创新不可或缺的现实根基。这些名人故居以其独具的历史价值、文化价值、美学价值支撑着北京的城市文化空间，为首都的文化建设提供丰富的灵感和契机。本文认为，北京的名人故居同样是一种文化资源，它内涵丰富、形式多样、形态多姿多彩，是前人留给这座城市的宝贵财富。对它的最好保护，不是消极的修修补补或视而不见，而是积极有为地进行创造性转化与创新性发展。大力发展首都的文化旅游产业，使核心区名人故居的多元价值活起来、火起来，是历史名人故居焕发活力的重要途径。

（本章作者：王晓辰，首都师范大学文化产业专业 2010 级硕士研究生，现为北京市 12345 市民热线服务中心信息宣传处一级主任科员）

第四章

"体验经济"视域下北京文化创意产业艺术型集聚区消费问题研究

近年来,人们对于"体验经济"的关注日益升温。根据马斯洛"需求层次"理论,需求分成生理需求、安全需求、社交需求、尊重需求和自我实现需求五类,依次由较低层次到较高层次。随着居民收入水平的不断提高,人们的消费观念、消费需求、消费结构会发生变化,当基本的物质需求向精神需求转移的时候,人们开始步入"自我实现"的阶段。而"自我实现"与体验经济维系着交相呼应的关系,它是"体验经济"能够产生、发展的前提。

早在1970年,美国未来学家托夫勒就在其《未来冲击》一书中将体验与经济产出联系起来。到了1999年,美国学者约瑟夫·派恩二世与詹姆斯·吉尔摩在著作中明确断言:"体验经济时代"即将来临。如今在中国,随着文化创意产业特别是休闲旅游产业和文化创意产业集聚区如火如荼地建设与发展,"体验"一词越来越为人津津乐道,体验的消费价值也越来越普遍地被人们所关注和认同。现今,文化创意产业集聚区逐渐成为"体验经济"发展的巨大引擎。北京文化创意产业集聚区有11个属于体验消费型集聚区,艺术型集聚区是其中的典型。笔者从消费体验这个角度关注北京艺术型集聚区的成长,有助于深刻认识体验经济视角下艺术型集聚区的发展问题。

一 体验经济与消费体验

(一)体验的经济学含义与经济效用

从语义上来讲,"体验"就是"以身体之,以心验之",它在实践中侧重于从感性方面认识事物,强调个体在亲历亲为的事件或过程中所获得的直接的经验。① "体验"一词,最早建立在对"经历"这一古老概念的意义分析上。从"经历"到"体验",二者创造性关联的建立,主要应归功于狄尔泰的贡献。"正是狄尔泰首先赋予这个词以一种概念性的功能,从而使这个词随即发展成一个受人喜爱的时兴词,并且成为一个如此容易了解的价值概念的名称,以致许多欧洲语言都采用了这个词作为外来词。"② 在狄尔泰的语境中,"体验"概念提出的目的是对其当时理论建构的一种辅助式服务和铺垫,是为其建立精神科学独特方法论奠定基石的。狄尔泰还未将体验视为一个独立的研究对象。

"体验"的含义广泛,在美学上,体验是一种超越意义匮乏的日常生活而追求意义充实的内在生活的纯粹中介,体验的中介性质说明体验是建构在人们追求生活本真意义过程中的桥梁,它帮助人们完成对于生命意义最真实的领悟。体验的意义在于"感性人"的瞬间生成。从某种意义上来讲,这种瞬间就是"天人合一"时的瞬间。人们对于体验的定格往往是稍纵即逝的,但是一种深刻的体验能在人们脑海中、内心深处存在很长的时间。王朝闻认为,体验是一种在感觉经验的基础上,对感觉经验进行改造和加工,形成对客体的一种特殊的感受能力,这种特殊的感受能力与关注一样常常伴随着情感,带有一定的主观性,依赖于其他的如观察、分析、推测、想象等心理活动;这种特殊的感受能力对于人的感受很重要,不只是主体对于客体的创造性感受,而是成为创造主体敏感能力的一种内在动力。③ 美国解构主义理论家保罗·德曼说过,美学的真正主题就是体验,是一种过程。从美学的角度对体验的探究衍生了审美体验这样一个如今耳熟能详的概念。审美体验是建构在审美主体与审美客体即审美对象之间,相互交融、相互作用的内在关系。审美体验不是局限于对事物的简单认知和判断,而是一种丰满、活跃的心理活动。在这个过程中,主客

---

① 郭红丽、袁道唯:《客户体验管理——体验经济时代客户管理的新规则》,清华大学出版社2010年版,第16页。

② [德]伽达默尔:《真理和方法》上卷,洪汉鼎译,上海译文出版社1992年版,第79页。

③ 童庆炳:《现代心理美学》,中国社会科学出版社1993年版,第34页。

体自然地消弭，主中有客，客中有主，理性和理智都会暂时退场，充分的感性将控制全局，成为一切认识的主导。这样的体验是无法被量化的，甚至是只能意会，不可言传的。

对于体验含义的理解，我们还可以从不同的层次和角度入手。从经济学视角分析，所谓"体验"，就是企业以服务为舞台，以商品为道具，围绕着消费者，创造出值得消费者回忆的活动。在这个过程中，商品是有形的，服务是无形的，创造出来的体验则是令人难忘的。这是美国学者约瑟夫·派恩二世与詹姆斯·吉尔摩对"体验经济"的理解和界定。① 作为一种独特的经济提供物，商家、企业要想获得持久的经济效益，就必须围绕着"体验"这一核心要素生产更受欢迎的体验产品，提供更具人性化的体验服务，营造更为温馨舒适的体验环境。

从经济学的含义理解体验，其与商品、服务一样，都是在人类社会经济发展的历史进程中逐渐成为经济的基本"提供物"的，而其根本特征就在于体验吸收了一般商品和服务的基本内涵，为经济发展提供了新的动力和支撑点。② 从经济学的角度理解，"体验"本身就承载了经济价值，贯穿于人们生活的方方面面，自然也与人们的经济生活有着千丝万缕的联系。随着生活水平的节节高升，人们的物质需求已经得到了很大程度的满足，对于精神生活的追求、精神消费的扩张成为现实。如何全方位地实现精神消费，选择怎样的途径和方式，便成为一个新的经济增长诱因。经济增长的动因很多，当传统的经济因子趋于饱和，寻找新的经济增长点便成为推动经济发展迈上新台阶的关键。对于企业、商家来说，他们用"体验"的理念构建崭新的经济模式，调整经济发展的思路和线索，各项经济建设也会围绕着"体验"本身的特点和要求发生一些必要的调整，这种调整是积极的、有益的、富有前瞻性的实践。"体验经济"不仅广泛地渗透于经济理念的方方面面，更深刻地影响着经济行为，甚至使经济体制发生调整和变革，它与社会经济的关系

---

① [美]派恩二世、[美]吉尔摩：《体验经济》，夏业良、鲁炜等译，机械工业出版社2008年版，第45页。

② 权利霞：《体验经济：现代企业运作的新探索》，经济管理出版社2007年版，第29页。

密不可分、环环相扣。体验的经济学意义在于其承载了这样一种途径和方式，促使崭新的经济理念的诞生和经济现象的巨变，使"体验"的丰富内涵广泛融汇于社会经济的各个层次和体系。"体验经济"既满足了人们不断高涨的精神文化消费需求，又繁荣了社会经济，推动了社会进步。

体验也是一种服务，它是在服务经济发展到一定阶段才被人们当作一种潜在的经济形态或价值源泉予以关注的。有些学者也将体验经济看作服务经济的延伸或称之为一种新服务经济。与传统的服务业不同，在体验经济的视角下，消费者的主体地位得到进一步的确定和彰显，消费者本身愈来愈意识到，在消费过程中自我价值实现的程度。商家也将消费者的主体特征作为推销商品或服务的重要参考标准。服务水平的好坏在很大程度上取决于对消费者体验需求的满足。如今，消费者增加了在亲身参与性和情感互动性等方面的消费需求，将"体验"的满足程度作为消费过程中最在意的核心部分。在这样的消费理念下，如果忽略消费者的主体性、参与性，对于体验的关注便失去了重要的依托和基础。所以，体验与消费者的主体价值的实现是密切关联的。对于体验经济含义的探究，是一种将经济与生活相融相通的有益尝试。或许"体验"本身也成为将生活与经济链接的最直接的词汇表达，令经济行为愈来愈符合人们的生活愿景、情感诉求，使众多传统的"非经济因素"开始影响甚至决定经济行为、经济模式，一场轰轰烈烈的消费革命俨然呈现了伺机而发的态势。传统经济学把产品、商品和服务当作所有工作的重心，产品质量、服务质量的好坏是决定消费者满意度最重要的判断标准。企业、商家也理所当然地将所有工作的重心都放在了提高产品质量和服务水平上，而将人的情感、爱好、愿望等主观情绪，疏远、隔离于实实在在的经济活动，在潜意识里将二者的关系割裂开来。今天，当人们对于精神文明的关注逐渐超越对于物质文明的索取时，再将人们的主观情感隔绝于经济生活之外，便是自欺欺人的表现了。毕竟，在今天，人们在精神文化领域的消费已经占据了其日常生活开支的很大一部分比例。

"理性经济人"被作为西方经济学的一个基本假设，即假定人都是利己的，人的行为选择的出发点是利己，是否对自己有利是做出选择的主要参考。亚当·斯密认为,"理性经济人"是区别于感性的随机和随意的,他需要系统的逻辑思考和判断,就如同被一只无形之手引领,这个无形之手是人们认定对自己有好处的理性思考和选择,在充满私利性的初衷下,人们在自觉与不自觉之间还是在为社会做着贡献,推动着社会的进步。这种基于私利和理性的努力,能给社会前进提供更大的动力。简单地说,人们在做出任何抉择的时候,都会下意识地做出利己的选择,这是对于自我利益本能的维护和争取,当其无限蔓延,或许会演变为自私狭隘,但是在合理的范畴内,这样的理性选择是正常的也是合理的。

体验的经济学含义可以从一定程度上理解为对"理性经济人"这一概念的延伸和丰富。不同的学科领域对于体验的探究都是为了挖掘在这个领域人们对于体验的理解。经济学领域对于体验的研究是源于体验能够从本质上反映一个人的经济需求。这种需求与人们的利益是分不开的,经济学研究以人的需求作为研究的出发点,并充分考虑到人的主观需求在经济行为中的关键作用,这并不是一个全新的课题。美国经济学家彼得·德鲁克在研究"理性经济人"这一问题时指出:"新古典学派从'价值'转向'效用',他们从人类的需要转向人类的欲望。"[①] 以门格尔为代表的奥地利学派研究人的欲望(对它的承认和理解),英国经济学家杰文斯研究消费理论,法国的瓦尔拉斯研究交换中的需要问题,这些都意味着经济学从对人的基本需要入手(人类基本物质生活条件的改善)到将人们的注意力集中在满足消费者欲望这一层次上,经济学的研究方向从抽象的、精密的模型世界转移到注重将人的心理活动纳入其研究视野。[②] 在现代经济学开创者之一门格尔所著《国民经济学原理》第三章中,论述了他的主观价值论,实际上也就是边际效用的思想。门格尔认为:"我们所支配的各种财货,不是其自身具有价值。……乃因为这些财货在满足我们的欲望上具有意义,而这种意义则又为我们的生命与福利所依存。"[③] 边际效用理论告诉我们,效用是商品满足人们欲

---

① 权利霞:《体验经济:现代企业运作的新探索》,经济管理出版社2007年版,第18页。
② 权利霞:《体验经济:现代企业运作的新探索》,经济管理出版社2007年版,第19页。
③ [奥]门格尔:《国民经济学原理》,上海人民出版社2001年版,第77页。

望的一种能力，或者说是人们在消费中所达到的满足程度。早期的经济学家们对人们的消费动机、消费心理的关注和研究，提升了人们对于消费主体地位的重视，为将"体验"放在经济学这一宏观范畴中进行研究做了基本的理论铺垫。

（二）"消费体验"的内涵

在体验经济视域下，研究消费观念和消费行为的特点和趋势，有必要对"消费体验"这一概念进行梳理和界定。

关于"消费体验"，谷歌 CEO 施密特认为："体验是个体对某些刺激回应的个别事件，包含整体的生活本质，通常是由事件的直接观察或是参与所造成。不论事件是真实的、如梦的或是虚拟的。体验如同触动人们心灵的活动，通过消费者亲身经历接触后获得的感动，会随着消费者特性的不同，使得体验也会有所差异，即使是消费者特性极为相似的个体，也很难产生完全相同的体验。"[①] 体验具有参与性、差异性、个性化的特征，消费体验是在消费者消费过程中，通过亲身体验实现商品价值和自我价值。莫里斯·霍尔布鲁克是对享乐性消费进行持续性探讨的最早、最深入的学者之一，他认为消费者的消费体验来自消费者对幻想（fantasies）、感觉（feeling）以及乐趣（fun）的追求。[②]《体验式营销》的作者伯恩特·H. 施密特认为，"体验是对某些刺激（如市场营销措施）产生的内在反应"，通常包括感觉、感受、思考、行动、关联五种类型。李海荣等在研究电子商务中的虚拟体验时提出，体验不是消费者在某种事件或者状况下简单的消极被动的反应，而是消费者在与消费对象的交互过程中获得的高质量、高强度、有意义和有价值相互融合的心理和情感反应。根据消费者和消费对象之间的交互程度，可以把消费体验分为直接体验、间接体验和虚拟体验。[③] 国内还有学者认为，基于生活消费领域和消费者视角的"体验"即消费体验，具有动词和名

[①] 转引自李永景《绵阳万达广场体验营销研究》，硕士学位论文，西南科技大学，2018年。

[②] 参见张信雅《体验式消费影响下购物中心公共空间设计研究》，硕士学位论文，吉林建筑大学，2017年。

[③] 廖以臣：《体验消费的购买决策过程及其影响因素研究》，武汉大学出版社2010年版，第33页。

词两个方面的含义。首先,体验是一个动词概念,是消费行为和消费过程,指消费者以身体之、以心验之,亲身去消费、经历和感受某些新奇刺激的消费对象。其次,体验是一个名词概念,是消费的结果,指消费者对某些新奇刺激的消费对象的消费经历或消费感受,以及由于这些亲身的消费经历和消费感受,消费者在头脑意识中产生和获得的印象是深刻、难以忘怀的,既感性又超感性、含理性又非理性的主观心理感受和情感反应。[①] 笔者认为,消费体验在内涵与形式上表现出鲜明的主观化、个性化、创造性。消费者日常生活的主观状态,例如情绪、兴趣、喜好、习惯、价值判断、处事方式、知识结构、教育背景等都会直接影响到消费者的消费行为。消费者对消费过程的关注大于对消费结果的重视,并能通过积极主动地参与体验,制造一段段难忘的回忆,最终达到自我实现、自我满足。

商家和消费者之间的关系是复杂、多维的,不同的消费者对同一种产品或者服务会有自己差别化的认识和判断,传统的消费思维常常会忽略消费过程中不同消费者对于相同产品或服务的差别化反馈,而消费体验概念的提出恰恰填补了这一日益凸显的不足,用体验的视角关注消费的特性,重视消费过程中的情感反应和互动。消费体验在消费过程中更关注、满足消费者的情感需求,将消费者的一些美好愿望变成了现实,真正实现了体验快乐、快乐消费。每个人都有自己的创意和设想,每个人都在寻求释放自我、实现梦想的平台,消费体验为满足人们的这种心理提供了有利的机会,创造了便捷的条件。有人将"体验"喻为经济学研究的深层土壤,繁育了很多的经济现象和经济因子。但是在很长一段时间里,人们并没有非常重视这块土壤能够发挥的作用。经济消费的心理基础由理性向感性的转变其实是社会生活水平节节高升的必然结果。例如情感、审美、情绪、爱好等相对感性的词汇看似与经济学这个理性的范畴没有太多的关联,但事实上却有着千丝万缕的联系。因为消费者是消费过程中最重要的主体,理应掌握主动权,消费者情感上一点细微的变化都会间接或直接影响到他的消费选择和评价。如果说传统的经济消费模式同样尊重消费者的主动选择权,那么,体验经济视角下的

---

① 张恩碧:《体验及体验消费的本质属性分析》,《消费经济》2007 年第 6 期。

消费一方面尊重消费者的主动权；一方面强调创造更好的条件去实现消费者的主动权，这无疑是一种巨大的进步。经济水平的提升使人们拥有了更高层次消费的物质基础，那么如何使消费者愿意去消费，而且快乐地消费，这就是消费体验所要达到的最终目的，也是其被关注和推崇的关键原因。

每个人消费行为的背后都有隐藏着的"私利"驱动，这是无可厚非的。例如笔者提到的北京文化创意产业艺术型集聚区的消费问题，艺术品消费是典型的精神发展享受性消费，是以满足人们追求更高层次的精神文化艺术消费为初衷的。可以把它理解为一种"私利"，但这种"私利"是极具人性化的，是完全可以被接受的。它是消费者自身最真实的愿望表达、情感诉求。它的主观性很强，甚至是千变万化的。北京艺术型集聚区近年来如火如荼的发展趋势告诉我们，消费者主观化情感驱动下的艺术消费，对集聚区的经济发展贡献颇丰，成为集聚区迅速发展的重要经济因子。由此可见，消费者的主观情绪、兴趣爱好、自我实现与显现的、潜在的经济效益有着密切关联。成功的营销观念和行为，必须以消费者为中心。只有顺应消费观念的变迁，适时作出营销战略的调整，才能保持恒久的生命力。消费者因人而异的消费偏好对消费需求的影响是非常明显的，不同个体的特征属性对消费行为的喜爱程度也是有所偏差的。所以，尊重每个消费者的主体特征和选择，向消费者传递独一无二的"体验"价值，是消费体验最直接的表现和需求。

（三）以"体验"视角切入消费问题的现实意义

当代著名传播学者约翰·费斯克提出"两种经济"的说法，在今天，大众文化被烙上文化艺术与商业市场双重印记，促使经济形态呈现为两种模式：一是金融经济，是从资本、物质层面入手，注重的是文化产品的交换价值；金钱成为衡量其存在意义的主要标准。二是文化经济，显然是从文化艺术等非物质层面入手，注重的是文化产品的使用价值；审美、愉悦、自我价值和社会价值的实现成为其评判的主要参照。文化经济与传统的经济样式相比较，具有明显的超越性，更符合时代发展的特征和社会进步的要求。在传统经济样式下，消费者进行的是实物消费，注重的是消费品的实用性，质量、功能、效用是决定消费者满意度的主要因素。而在文化经济模式下，展现的是一种效果消费，使用价值被视为交换价值的本源。这样的经济往往在特定情境下才能发生，必须有消费者的亲身参与才能完成，所以这样的经济实际上是维系在消费者的身体感受和心理感受之上的。[①] 以体验视角研究消费问题的经济大背景就是我们上面提及的文化经济，在文化经济模式下，消费者消费的价值体现在参与过程的精彩以及消费过程带来的快乐、新鲜、审美、自我实现等情感因素。

以推崇创新、个人天赋和创造力，强调文化艺术对社会经济的支持与助推作用的文化创意产业，正是在文化经济这一宏观经济背景下发展成熟的。今天，文化创意产业正成长为一个国家、城市的支柱产业和综合竞争力组成因素之一。创意经济引领城市与区域发展，文化产业成为世界新经济的核心推动力已经成为愈发被人们认同的事实。如果说，体验与文化经济形态下的消费理念和行为挂钩，那么，体验与文化创意产业的密切关系更是毋庸置疑的。在文化创意产业的消费语境里，"体验"已经愈发凸显其重要的杠杆作用，这一点也正以燎原之势表现在各大文化创意产业集聚区的消费模式中。在本文中，笔者主要探讨的以宋庄画家村为代表的北京文化创意产业艺术型集聚区，便是富有典型意义的代表之一。

以"体验"视角切入消费问题，预示着一场崭新的消费革命将被掀起，对中国本土化消费者行为的研究也将成为人们深入开拓的课题。以往对这个领域的研究虽然存在，但多是借鉴、引入西方的理论成果，本土化的探究依然处于一个很低的层次，缺乏自我思考，特别是结合具体案例的实践研究非常匮乏，由于没有典型案例的支撑，研究成果显得过于单薄。各方面因素使相关学者和专家在这个领域的研究步伐缓慢。今天，随着中国经济水平、消费水平的节节高升、对中国消费者行为的本土化探究已经迫在眉睫，从体验的角度切入消费问题，成为新时代一个颇有意义的研究课题。生活水平的节节高升、生活层次和结构发生的巨大变化，自然会潜移默化地改变人们的消费习惯和模式。人们在消费理

---

① 陈文育：《体验经济与审美体验》，《艺术百家》2007年第1期。

念上对个体价值的重视，自然会表现在消费对象和消费过程对自我价值实现的满足和呼应。消费者需求层次的提升与体验经济遥相呼应。当市场上的商品琳琅满目，消费者面临愈来愈多的选择，对于商家来说，则面临着愈来愈激烈的竞争和挑战，寻求新的生存空间和发展理念迫在眉睫。适时调整营销方略，将"体验"的经济因子投入战略发展的考虑因素中，真正做到优胜劣汰，适者生存，这是不变的真理，无可厚非。要想在市场上立于不败之地，唯一的出路就是争取更多、更稳定的消费者。毕竟，无论曾经多么成功的消费市场和消费模式都会随着时间的变迁而慢慢脱节于社会，老化于时代，及时捕捉新的消费需求和热点，培育新的消费目标和市场，才能使中国的消费经济不断繁荣，可持续发展。用什么样的方式和途径得到消费者忠实的青睐和认可，对比传统的消费市场和当今的消费环境，消费者的消费心理发生怎样的变化，如何顺应这种变化，并以此化为新的商业契机，这些问题成为商家们绞尽脑汁思索的难题。

用"体验"的视角切入消费问题的现实意义也正在于此。建构消费体验这一新的消费格局是打破传统消费格局的一次有力探索，无论是针对本文提及的文化创意产业艺术型集聚区的消费问题，还是推广到其他文化创意产业门类的消费问题，都具有深刻的现实意义。以艺术消费为例，现在是一个艺术与商业嫁接的时代。当今的艺术市场拥有巨大的盈利空间，当同时来自国内外同行业之间的竞争愈发残酷激烈，伴随着艺术消费在人们消费结构中的比重逐渐加重，艺术投资与收藏愈发形成一种时尚。当愈来愈多的视线投射于艺术市场，对于中国的艺术产业，这既是一种压力，也是一种动力。怎样借着这股强劲的艺术消费东风，催生中国艺术市场的成熟飞跃，使其早日跻身于世界艺术市场的前端，创造更多的经济价值和社会效益，成为每一个艺术工作者和艺术爱好者忧心的话题。消费体验无疑为我们揭开了这层朦胧的面纱，使我们可以用新的战略眼光重新审视早已熟悉的消费环境和模式，没有创新就不会有突破，这不由得使我们联想到蓝海战略。敲响"体验"的锣鼓，是在拓展新的竞争空间，不是妥协而是更加勇猛地前进，不是让步于竞争对手，而是将竞争对手甩得更远。"体验"是新的价值源泉，暗藏无穷的开发潜力，也许它的无形曾一度让人们忽视，但如今已不得不重视它的力量了。因为它是千千万万个消费者内心的声音,是社会经济形态演进变化的重要标志,是与我们每个人密切相关的重要课题,是实现人与社会共同进步的关键砝码。

二 体验经济视域下北京文化创意产业艺术型集聚区的消费体验

(一) 集聚区消费需求分析

北京文化创意产业集聚区中有四个属于艺术型集聚区,包括琉璃厂文化创意产业园区、北京潘家园古玩艺术品交易园区、北京798艺术区、宋庄原创艺术与卡通产业集聚区,前两个以传统艺术品为主,后两个以现代艺术品为主。北京艺术型集聚区同时也是体验消费型集聚区。"体验"逐渐成为其独特的标识,也顺其自然地成为引领集聚区消费趋向的鲜明旗帜。艺术成为新时代消费的宠儿已经成为人们愈发公认的事实,艺术消费日益呈现大众化、普及化的趋势。特别是随着艺术产业如火如荼地发展,大众对于艺术的喜爱和接受程度也在不断上升。现在的艺术集聚区自然成为人们最主要的艺术消费场所之一。艺术型集聚区消费需求也呈现出了自己的规律和特征。

1. 情感化

繁重的生存压力使人们变得感官麻木。一方面,人们不敢或者不愿轻易表达自己的情感和喜恶;另一方面,又渴望着情感需求的满足,这是一种令人尴尬的矛盾。如今,人们对商品或服务的选择由侧重于物质性和实用性,转向情感的愉悦和满足。当越来越多的商品被复制化而趋于雷同、失去新意时,人们越来越倾向于购买能引起自我心理需求共鸣和互动的感性商品。在商品实用功能差别不大的今天,情感因素自然成为人们消费选择的重要考虑因素。贴近于消费者真实情感的消费,才能真正让消费者得到一种愉悦的享受。例如人们在星巴克品味一杯咖啡,目的显然不仅仅是解渴或者提神,而是享受小资情调的一种悠闲惬意的感觉。这是一种身心的放松、情感的诉求,而当人们拥有一定的物质基础时,便愿意为这种情感诉求买单。从象征层面看,人们消费的意义超越了物质层面的需求,而更多地倾向于心理、情感的体验。

以宋庄画家村、798艺术区为代表的北京文化创意产业艺术型集聚区，为消费者提供了一个情感化消费的平台。艺术世界是相对自由的，它为人们创造了充分想象、发挥的空间。在这个自由的空间，人们可以恣意驰骋自己的情感。无论在宋庄还是798，在琉璃厂还是潘家园，人们对于艺术品的情感反应和表达完全可以因为个体情感需求的迥异而千姿百态。情感的倾向往往左右着人们的选择。艺术型集聚区即呈现出明显的感性消费的特征。这种感性消费是建立在消费体验的情感基础之上的，因为体验就是感性的，是主观化的情绪、情感的真实反应。在宋庄画家村的艺术体验之旅同样也是情感体验之旅。艺术的形式千差万别，但它们带给人们的共同点是最真实的情感共鸣和情绪抒发。在每一件融汇丰富情感的艺术品面前，畅快淋漓地表达心中情感，形成情感的互动和共鸣，无论是对往事的回忆还是对未来的冥想，都会深深印刻于、根植于对艺术的情感体验中。这种体验是最真实也是最可贵的，因为真实的情感是无价的。在艺术集聚区的体验消费中，情感的满足程度成为消费者进行选择的最重要的决策标准。

2. 参与性

对于消费者而言，被动的消费愈来愈使其感到无聊和倦怠，在消费过程中的亲身参与和互动能够触发消费者的参与热情和积极性，拉近消费者和商品或服务的距离，当人们集中心智专注于整个体验过程的时候，正是消费体验的进行阶段。参与性是"体验"发生的前提和必然途径。仅仅是走马观花式的旁观，不可能得到深刻的体验。从消费行为的角度看，现代消费者的消费行为和消费心理不再停留在对消费结果的唯一关注，而是放在对消费过程的重视上。他们希望在消费过程中实现自我价值，得到一定的发展、提升和完善，或者仅仅是为了得到情感的愉悦和满足。所以，智力的、情感的、体力的参与，对于消费者来说，都是非常有价值的体验。在一般的画廊、工艺品商店，消费者更多的只是远远观摩艺术品，或者听导购作一些讲解和宣传，这种消费很大程度上是被动的。在北京文化创意产业艺术型集聚区内，消费者不仅可以观摩、欣赏每一件艺术作品，而且可以在轻松、融洽的氛围中感悟艺术作品诞生的过程，甚至还可以亲自动笔画上一幅属于自己的作品，这种体验要比普通的看和听真切得多。艺术是富有生命的，只有亲身参与才能得到对艺术作品最真实的感悟。没有真实的参与，再好的艺术作品都会缺少盎然的生命力，而对于生活、生命意义的追求与表现是艺术存在的根源和最重要的价值。所以在北京各大艺术型集聚区内，人们不是在被动地欣赏艺术，而是积极主动地参与到艺术的鉴赏和创作中，实现与艺术作品的零距离接触。亲身参与的体验过程必然是令人刻骨铭心的，因为它具有唯一性，甚至是转瞬即逝的。如今，在集聚区内，消费者的评价、反馈和参与程度已经成为管理者评估、改善服务水平的重要标准。

这里笔者还想列举一个现今非常流行的有关消费体验的活动，那就是越来越被消费者关注和喜爱的观光采摘活动。与到超市购买蔬菜、水果这一便捷的行为相比，亲自前往郊区、菜园进行采摘，享受自己辛勤的劳动果实，尽管很辛苦，却有着更深刻的意义。因为在这个采摘过程中，人们已不再将采摘的结果作为唯一的目的，而是充分沉浸、享受于整个采摘的体验过程中，这种新奇而真实的体验赋予看似简单、枯燥的采摘劳动莫大的新鲜与情趣。当这种消费行为发生时，人们采摘到的蔬菜、瓜果似乎成为一种陪衬，而充满了新奇与愉悦的采摘过程成为消费者消费的直接动力和追求。相似的例子无处不在，为什么人们愿意花费很长的时间亲自动手、细细研磨一杯精致的咖啡，而不是以一杯速溶咖啡简单替代；为什么人们乐意在糕点师的指导下亲手制作一个并不漂亮却充满个性色彩的蛋糕，而不是在蛋糕店里直接购买；这些现象启示我们，消费者的消费行为、消费习惯和消费追求正在发生巨大的变化。在消费的过程中，消费者越来越重视的是参与性。能够在实际的参与过程中实现自我的价值或者是梦想，已经成为消费者一个非常重要的消费驱动力。如今，"体验"已不再简单地作为消费过程中的附属价值存在，其本身已经得到越来越多的关注并成为出售的对象。

3. 个性化

北京文化创意产业艺术型集聚区另一个重要的特征就是艺术消费的个性化。众所周知，艺术品的功能属性很大程度体现在它的独特性上。艺术品的设计大多都是独一无二的，物以稀为贵，艺术品的珍贵价值也在于其不可复制性。体验作为一种感性的理解和认知，自然也是因人而异，富有明显的差异化和个性化特征。那么，对于一件件彰显着个性化、独特性的艺术品，更是如此。对于相同的艺术品或者同一种艺术氛围，同一个人在不同的心境下会有不同的理解和反馈；不同的个体对于同一件艺术品，产生的心理感知、评价反馈更会迥然不同。作为一个具有唯一性的个体，所具有的富有唯一性的情感、爱好、价值体系、生活态度等方面，都反映出了个体的差异化。对于创作艺术作品的艺术家来说，其独一无二的艺术品是其生命特质的独特反映；对于消费者来说，其欣赏艺术的角度和喜好选择也是具有个性化的。同样，消费者也希望可以购买到具有独一无二特质的艺术品，满足自己非大众化的艺术消费心理，这种个性化与消费的"体验"之感是不谋而合的。艺术型集聚区个性化的氛围彰显，为更好地体验需求和机遇创造了更多的灵感和条件。个性化的特征彰显了人们独特的生命感悟和生命经验，极富个性化的话语表达方式构成了艺术重要的存在价值。在今天的艺术消费时代，缺少个性化的艺术关怀，艺术就很难保持张力。

若想一直保持艺术型集聚区个性化的表现特征，就要不断去创新和突破，真实的艺术是不可复制的，个性一旦被复制或抄袭，就失去了存在的基础。所以，对于创新的不竭追求是与个性化特征不断彰显和升温有着密切关联的。

4. 审美化

爱美之心人皆有之。艺术是美的，艺术一直在强调视觉冲击和美感震撼力，对美的理解和认同会直接影响到人们的生活态度、价值信仰、行为选择。当狭隘的功利主义和物欲贪念像毒蛇般侵害人们的身心时，对于美的呼唤和接受显得尤为重要。不甘被僵化的理性折断想象翅膀的人们开始从艺术中寻求精神的解脱和自由，对于审美理想的尊重正是艺术型集聚区的一个重要特征。艺术家把自己脑海中的作品以一种审美化的艺术形式塑造出来，为人们呈现最佳的视觉色彩和感官刺激，这是一个艺术家的责任、一种使命。不管是面向懂得艺术还是不懂艺术的人群，一个负责任的艺术家都要努力带给人们艺术审美之感，激发人们对于美的追求和热爱。艺术的力量在于艺术无与伦比的美感，只有具有真实的美感，才能真正感动人。艺术品的价值也主要体现在审美价值上。从四面八方来到集聚区观光消费的人们，对于审美之感的体味与诉求是共同的，他们的消费需要建立在审美的感觉基础上，他们通过艺术品的鉴赏和购买来实现自我的审美价值，升华自己的审美情感。艺术的审美与生活的审美是相通的，在集聚区内，人们对于艺术的审美也是深深根植于生活中的审美发现和积淀。而集聚区的消费体验也需要通过审美体验来满足消费者的体验需求。艺术品的消费不仅仅是为了满足人们的物质需求，更多地是为了实现人的审美需求。按照格式塔理论我们可以知道，当一个人的基本需求得到满足之后，他就会产生诸如视觉、听觉、触觉、嗅觉等审美的需求。[①] 美的事物和主题能够迎合消费者的审美需求，增加其消费的兴趣和愿望。艺术集聚区的艺术消费正是在满足人们更高的生活追求和消费愿望。忽略了艺术消费的审美化需求，将失去艺术消费的本质和灵魂。

（二）集聚区消费体验研究的意义

无论是自发形成的艺术型集聚区，还是政府引导扶持的艺术型集聚区，在其不断的探索中，都承载了艰巨和繁重的责任。毕竟，文化创意产业的高端性、前沿性、知识密集性等特性，使集聚区的形成必须兼具社会、经济、文化、政治等多重因素，也担负着多重使命和任务。今天，北京文化创意产业艺术型集聚区的功能已不再是单一的艺术创作与艺术品销售，而是承载了更复杂、更多元化的功能。单靠政府的政策扶持和资金扶助是远远不够的，探求集聚区自身的发展规律，寻找一条最有效的发展出路，是解决北京艺术型集聚区现存困境和潜在隐患的根本之策。

其中，经济的飞速发展是最关键的因素。没有坚实的经济基础，集聚区很难实现全方位的发展。从"体验"这个崭新的视角探索集聚区的消费问题，便是尝试性地去解决这个问题。把更多的消费者吸引到集聚区，产生更多的艺术消费行为，创造更多的艺术经济价值，为集聚区营造一个更好的经济发展环境，是集聚区的管理者和艺术家一致的奋斗目标。对集聚区消费体验的调研分析告诉我们，消费市场正在发生三个转变：由产品的中心地位转为消费者的中心地位；由关注消费产品的物质实用价值到关注其精神文化价值；由重视消费结果的实现程度到重视消费过程的体验程度。这三个转变启示人们，"体验"已经成为一股不

[①] 晏国祥：《消费体验价值论》，经济科学出版社 2009 年版，第 54 页。

可小觑的促使消费结构发生变化的经济力量，能够创造巨大的经济效益，这将是拓宽集聚区发展路径、提升集聚区经济发展水平的新的突破口和方向。另外，利用"体验"这个有力的杠杆推动艺术消费行进的步伐，可以加速艺术消费普及化和大众化趋势，使艺术欣赏与消费的平台更为开阔，让更多的大众受到艺术的熏陶，真正参与到艺术的体验中。

"体验"本身是对生活的一种理解和感悟，是人们情感的真实诉求。它与艺术的本真化、朴质化追求并不矛盾。所以，当艺术家们一方面严厉控诉商业炒作行为侵害艺术的本质；一方面却又常常陷入财政困境而叫苦不迭之时，用"体验"的视角开拓艺术消费的新出路，无疑是两全其美的妙计良策。这不是对艺术的破坏和侵害，反而是从一个新的视角开启人们对于艺术崭新的接受方式。所以，对于艺术家来说，"体验"的理念不仅可以接受，而且应该积极鼓励艺术的消费体验。因为传承艺术的精髓，体验艺术的价值，为中国艺术市场拓展最开阔的发展道路是每一个有责任心的艺术家共同的奋斗方向，架起一座艺术体验的桥梁，对艺术家来说是意义重大的尝试。因为"体验"本身就是表现、接受艺术的一种方式，这种方式可以最大化地拉近消费者和艺术品的距离，帮助人们更好地了解艺术，热爱艺术。对于集聚区的艺术家来说，消费体验为他们传播艺术理想，展现艺术作品搭建了一个有利的平台。

时代的发展、社会的进步、经济的繁荣，促使中国艺术市场不断成熟、壮大，艺术消费需求不断高涨，艺术消费观念的内涵也在不断拓宽和伸展，愈来愈多的因素被纳入艺术消费的考虑范畴，多元化的消费动机和个性化需求成为艺术型集聚区的重要消费特征。体验因子对于艺术型集聚区消费模式的渗透进一步加强，推动了集聚区消费体验现象的全面发展。这一切促使我们必须在体验经济这一新的视野下审视艺术型集聚区的消费现象和特征，突破对集聚区传统消费观的认识。

三 北京宋庄画家村消费体验研究

（一）走进宋庄

近年来，由于宋庄画家的作品源源不断地在海内外流通，原先一个带有淳朴村落特征的宋庄已由京郊村野一跃成为与法国的巴比松、美国的东村、德国的达毫和沃尔普斯韦德等与世界艺术圣地齐名的重要的艺术集聚区。为了深入了解宋庄的魅力所在和存在的问题,笔者曾在2010 年多次走进宋庄,零距离感受宋庄的艺术生态,通过问卷调查与访谈,获得了关于宋庄的第一手资料和更为深入的认识。①

1. 问卷与访谈获得的认识

第一,出游频率和重游概率。被调查者有 40% 的人来过宋庄两次以上,而且在这些人当中有 76.40% 的人表示以后还有再来的意向,另有 89.23% 的人表示会向周围的人推荐宋庄画家村。这些数据充分表明了宋庄画家村是具有一定的知名度和吸引力的。第二,出游目的。53% 的游客是为了艺术熏陶和欣赏而来,21% 的游客是为了调研学习而来,26% 的游客是为了休闲旅游而来。可见,艺术消费需求的增长成为人们来到宋庄游览的主要原因。第三,了解宋庄画家村的途径。根据调研数据统计得知,通过亲朋好友介绍知道宋庄的,占 46.70%;通过新闻报道、网站、广告等宣传手段得知的,占 25% 左右;通过其他途径得知的,占 27% 左右。由此可见,宋庄宣传的途径和规模还有进一步拓展的空间,要让更多的人知道宋庄,就必须以巧妙的方式加快提升宋庄知名度和影响力的步伐。第四,游客参观形式。目前,宋庄的游客多是以散客、小团队结伴而行为主,17% 的游客选择一个人游览;42% 的游客选择与亲朋好友结伴而行;6.8% 的游客是由单位组织前来的。从这样的数字比例可以看出,在组织游客参观的形式问题上,宋庄还有很大的开发、拓展空间。例如,旅行社合作介入的潜力还很大。多样化的组织参观形式,可以有效壮大宋庄参观的队伍,促进宋庄的艺术消费。第五,游客消费情况。据统计,60% 以上的游客都在宋庄参与了艺术消费,但是具体的消费行为是不同的。其中,参与到消费体验中的游客占到 40%,而且他们对于消费中融入"体验"的元素,持有积极和肯定的态度。多数人认为"体验"成为吸引他们进行消费的重要动因,也

---

① 笔者的调研围绕着有中国艺术硅谷之称的宋庄画家村展开。共发放问卷 200 份,回收有效问卷 186 份,回收率为 93%。问卷主要包含以下 5 个部分:游客消费特征、游客消费需求、宋庄印象、满意度选择、个人信息。本著为节省版面,省略了问卷和访谈的过程文本,只保留了结论性的部分。——编者注

是留给他们印象最为深刻的方面。多数人认为在物质需求得到基本满足的今天，他们愿意花钱买一种独特的感觉，买一种愉悦的心情，买一种唯一的体验，买一段能长留于心的记忆。在调查中发现，大多数游客已经将艺术消费作为其日常精神文化消费的重要组成部分。艺术消费已经占据其日常消费支出的重要比重。第六，游客意见与不满。超过80%的游客认为最不满意的地方是宋庄的交通、环境、设施问题。大家一致反映利用公交车等公共交通工具来宋庄，路程远，耗时长，很不方便。如果自驾车出行，虽然有一些指示牌，但是标识仍然不是很清楚，问路很费周折。而且，宋庄的整体自然环境和人文环境稍显凌乱，缺乏必要的管理和维护，宋庄管理服务人员的服务意识比较欠缺，整体管理显得很松散，很随意。宋庄的基础设施还有待进一步完善。

笔者还对宋庄的艺术家和商家进行了访谈。对访谈内容进行整理和分析，可以得出如下几点认识。

第一，商业与艺术的冲突依然存在。宋庄的产业化发展促使宋庄营利性机构和非营利性机构蓬勃发展。对于营利性机构来说，产业化的运作有助于其扩大发展规模，利益最大化是他们的终极目标，他们自然希望有最大数量的游客来到宋庄游览消费，从而不断从中盈利；然而对于很多艺术家来说，游人数量过多有时也会对他们的创作带来一定的负面影响，虽然宋庄的创作环境大多是开放式的，可供自由参观，但是如果游客过多，也会在一定程度干扰艺术家的正常创作。而且，很多艺术家骨子里还持有艺术与商业相互排斥这样的观念，对于宋庄愈来愈浓郁的商业气息比较反感和抵触，这样一种矛盾的心态一直在困扰着宋庄的一部分艺术家。商业与艺术的冲突不是一两个人的忧患，而是艺术型集聚区长期存在的尴尬。宋庄的艺术家和商家们一直在寻找着能够双赢的方向，努力建构着一种平衡与和谐。

第二，环境保护和设施建设有待完善。与很多游客反映的问题一致，大多数艺术家和商家表示，宋庄的交通环境和内部的自然、人文环境不尽如人意，基础设施也有待完善。虽然宋庄的产业化发展已经取得显著的成效，多元化发展思路打破了宋庄单一的艺术消费模式，提升了宋庄经济的发展势头，但是宋庄的管理和服务水平还远远没有跟上其产业化的发展速度。对于艺术家来说，在宋庄生活虽然也很惬意，但是仍然有很多不方便的地方，一些基础设施和配套服务并没有得到完善，管理上缺乏标准和规范，随意性很大。商家在宋庄的经营环境上也很一般，他们普遍认为这与宋庄管理服务意识欠缺有直接的必然联系。

2. 进一步的分析

宋庄处于通州区城东六七公里处，夹在潮白河和运河中间，是北京规模最大、影响最大的画家村群落。1994年前后，最早的"圆明园"画家群落因一些不可抗拒的因素最终解体，艺术家们选择了宋庄的小堡村作为延续他们艺术梦想的圣地。在这里，田园牧歌式的艺术创作氛围形成了宋庄别具一格的特色，吸引了国内外媒体、艺术爱好者的目光，越来越多的同行趋之若鹜。宋庄头顶的耀眼光芒使其享受了太多的荣誉和光环，也必然使其承受沉重的压力。生存下来，发展下去，对于一个人数众多的艺术家群居村落来说，并不是一件容易的事情。尽管地处偏远的宋庄，当时房屋租赁的价格并不昂贵，但是整体房价上涨的趋势难以遏制。这对于仅靠卖画为生，收入极不稳定的画家们来说，依然有很大的生存压力。生活的艰难迫使很多艺术家最终选择了"逃离"。这个问题至今依然是宋庄所面临的非常棘手的问题，优秀的艺术人才是宋庄存在、发展的根基，人才的流失如果不能得到有效的控制，后果将不堪设想。

在很长一段时间里，人们并没有把对宋庄的关注集中到消费问题上去，在传统的、比较顽固的观念里，艺术与商业的关系被撇得非常清楚，二者被放在对立、排斥的位置上。这种观念并不是偶然产生的，也不单单是宋庄独有的产物，它是长期盘踞在中国艺术市场的一个"顽疾"式的观念，那就是把商业和艺术完全隔离、割裂开，排斥二者可能存在的所有关联，认为艺术商业化就是对艺术的一种玷污、侵害，是反艺术或者伪艺术，这样的观念自然是偏颇、狭隘的。尽管现在越来越多的人意识到这种观念的狭隘性，但关于艺术和商业关系，到今天依然是众说纷纭，争议不断。随着中国文化经济的发展，文化创意产业被作为国家重要的发展战略提出并实施，文化艺术与商业经济的关系问题自然成为人们不能回避的重要课题。以北京宋庄画家村这样的艺术型集聚区为例，从思想上，人们开始重视艺术型集聚区对经济的巨大贡献；从行动上，人们开始努力谋求宋庄的产业化发展路径，尝试用多元化发展策略破除艺术与商业之间的障碍，使其早日形成合作的默契，寻求共同的发展。

目前，对于宋庄画家村原创艺术风格这个核心特色的开发力度还远远不够。原创艺术是宋庄画家村拥有的核心特色，也是游人纷至沓来的重要原因。艺术家群落是中国非常珍贵的稀缺资源，再加上原创性的标识，宋庄的特色优势更为明显。但是，画家村的艺术家和管理者还没有充分重视对原创艺术风格进一步的挖掘，对原创资源的利用度还不够，忽略了很多潜在的商机。笔者发现，很多游人都是被宋庄声名远扬的原创艺术特色吸引来的，但当问及他们游览宋庄后的感受时，有的游客建议宋庄可以更好地利用空间优势和丰富的艺术资源，为游客和消费者创造了解、体验原创艺术的环境，可以尝试用更加灵活、创新的方式，建立游客和画家村之间的亲密关系。有的游客指出，宋庄田园牧歌式的艺术创作与生活一体化的集聚区模式引人入胜，人们在这里既可以欣赏、购买优秀的艺术作品，还可以感受到在繁华的市中心体验不到的轻松、宁静和惬意，这种重返自然的恬淡的心境令人流连忘返。但是美中不足的是，宋庄的自然环境和基础服务设施还需要进一步修葺、改善。在服务理念和设施上，还有很大的提升空间。这一点笔者也深有体会，既然如今愈来愈多的游人来到宋庄体验这份乡村艺术风格的淳朴风韵，说明仅仅关注原创艺术的创作已经远远不够了，如何为消费者创造更好、更温馨的体验环境，如何营造宋庄其乐融融的和谐氛围，推进宋庄画家村自然环境和人文环境齐头并进，在消费体验日益发展的宋庄，显得尤为重要和紧迫。

另外，宋庄画家村要进一步发展，还需要政府和相关部门给予必要的财政支持和优惠政策。宋庄产业化的发展之路单靠一己之力是不够的，政府的支持和重视对宋庄的发展至关重要，毕竟，作为文化创意产业重点发展的试验田，没有明确的政策规定，就缺少了发展的必要保障。众所周知，近几年艺术消费热潮的高涨和媒体的争相炒作，使宋庄这样的艺术区房价飞涨，几乎每天都有艺术家因为承受不起高额的租金被迫选择离开，如何帮助艺术家在理想与现实面前坚守住对艺术的理想与追求，如何为艺术家的创作营造一个相对安稳的环境，这是政府相关部门和管理者需要考虑的问题。为艺术家提供必要的保护和帮助，就是在保护珍贵的原创艺术资源。同时，宋庄房屋产权纠纷导致的艺术家和当地农民之间的矛盾和纠葛也有待早日化解。相关管理者理应站出来承担自己的职责，及时化解风波和争端。在很多问题上，政府不能完全袖手旁观，该管的还是要管，毕竟市场不是万能的，对于处于发展关键阶段的艺术集聚区，政府不能缺位。完全放任的市场化，难免会对宋庄的发展产生消极影响。

众所周知，艺术区往往位于社区之中或与社区相邻，离不开当地居民的理解和支持。美国苏荷艺术区的成功改造，可谓政府、企业、非营利性组织分工协作、协调发展的结果。在苏荷旧城改造中，市政府听取和协调相关利益人的意见，制定统一的改造政策。这是一个成功的例子。对北京而言，借助多方力量发展艺术园区，是艺术园区的生存之道。毕竟，艺术区的功能已不再是单一的艺术功能，而是承载了更复杂和多元化的生活、教育、娱乐等方方面面的内容，这就自然牵扯到了多方面的利益关系，只有使多方利益主体处于一个平衡的、和谐的关系链条上，才能集众人之力量，实现圆满多赢的局面。①

（二）宋庄画家村的消费体验

自然、张扬、回归的心灵追求，在宋庄闪耀着夺目的光彩，吸引着四面八方的人们到这里来重温梦想。艺术家们带着创作的激情而来，游人也带着圆艺术梦想的追求而来，体验生活、体验艺术、体验生活与艺术交融的力量，是他们最真实的心声。为什么宋庄画家村会成为消费体验萌生且不断成长的土壤？笔者通过实地考察与调研，找到了如下几个缘由。

第一，宋庄画家村原创艺术风格是消费体验的内在驱动力。宋庄画家村是北京唯一以"原创艺术"命名的集聚区，这一点为宋庄打上了独特的标记。宋庄画家村原创性的艺术作品和艺术创作氛围是宋庄画家村区别于其他艺术型集聚区或部落的重要标识，吸引了来自五湖四海的职业艺术家和艺术爱好者汇聚于此，用他们原创的艺术思维表达主体经

---

① 戴斌、周晓歌：《北京市非传统旅游资源与产业成长研究》，旅游教育出版社2009年版，第240页。

验和个性。原创艺术是宋庄画家村长期形成的一道独特风景，成为很多游客和消费者纷至沓来的缘由。而原创艺术与"体验"有着与生俱来的渊源。体验视角下的消费，尊崇的是个性的彰显、梦想的诠释、情感的自由抒发、自我价值的实现。概括地说，就是要同时满足个性需求、情感需求、参与需求、审美需求等带有浓郁主观色彩的消费需求。而宋庄的原创艺术本身就带有非常浓郁的主观色彩。在宋庄画家村，穿梭于一条条风格迥异的画廊，陶醉于原创艺术的震撼力和感染力，人们对于艺术和生活的体验，在这里合二为一了。原创性的艺术作品是艺术家生活阅历的真实表现，也许它们很朴素，很平凡，但是很真实，很稀有。每一幅艺术作品都融入了画家对于生命的理解、对于生活的热爱与思考。不同于市场上很多画匠机械复制的创作套路，宋庄蕴藏了大量高度专业性的原创作品，这一点是很难被模仿和抄袭的。独一无二的艺术作品带给人们的是独一无二的情感体验，消费者渴望体验的正是对于生活独一无二的感悟，对于个性无拘无束的张扬，对于梦想勇敢大胆的实现。这些在宋庄都可以成为现实。面对市场上众多的消费选择，消费者愈来愈重视最大化地去满足自己的情绪、情感的诉求。情感的宣泄、抒发，情绪的排遣、转移需要一个合适的场所、一种有效的途径。如果说艺术品鉴赏和艺术品收藏是一种满足情感需求的有效路径，那么，在一幅幅艺术品背后找到生活的共鸣、情感的相通、生命的启悟、自我的定位，这样的消费体验就显得更为珍贵。如果说一幅艺术作品能够用金钱衡量其市场价值，那么，对于艺术体验的价值恐怕就难以用金钱来换算了。看画、买画、交流、沟通的过程，是令人难忘的体验过程，是每一个前往宋庄的游客共同追逐的梦想。为梦想买单是很多消费者的共识。

第二，产业化的运作模式和国家文化创意产业政策的积极引导，为宋庄画家村发展提供了契机。近年来，宋庄画家村商业化发展模式已经成为公认的事实。虽然艺术与商业的关系问题一直备受争议，但不得不承认，宋庄已经步入了产业化运作与发展的轨道，这与商业运作有着割不断的关联。宋庄凭借中国最早原创艺术村落的称号向国内外打开了一扇了解、走近中国艺术市场的大门。围绕着宋庄画家村的全方位新闻报道和专题采访可谓铺天盖地，这向全世界架起了走进宋庄、了解宋庄的桥梁。如今，宋庄已经将世人关注的焦点成功地吸引过来，明显地提高了自身在国内外的知名度和影响力,被誉为中国的艺术硅谷。如此高的声誉为宋庄艺术市场的开拓奠定了基础,积攒了丰富的人脉和资源,创造了愈来愈多的商机,无限的商机背后孕育着对经济的提升和消费的刺激,消费体验也在这个蕴含巨大潜力的艺术市场中成长、成熟。

第三,宋庄画家村的运作模式、发展思路愈发成熟和清晰。宋庄的管理者能够牢牢抓住宋庄区别于其他艺术型集聚区的差异化资源,不断扩大资源的开拓规模和利用率,避免其产业的划分因出现雷同的趋势而减弱优势竞争力。艺术型集聚区之间的竞争随着艺术消费的普及化而愈演愈烈,赢得竞争优势的关键在于产业化管理水平的不断提升。产业化管理必然能够促进产业链完善,一条完整的产业链是产业化运作成功的标识,有助于艺术品交易流程的顺畅便利,可以增加消费者的信服感和认可度。宋庄有一个非常明显的特色,一般的工业园区或艺术园区是将创意阶层的工作和生活截然分开,而宋庄巧妙地将其融为一体,形成了极富生活气息的鲜明特色。在宋庄画家村,人们不仅可以购买到心仪之作,还可以体验到艺术品创作的艺术氛围。宋庄画家村广阔的地理环境使艺术家能有一个相对宽敞的创作空间,自然可以根据自己的个性和喜好装点自己的工作室、画廊。人们在游览的过程中可以目睹艺术家创作的整个过程。艺术家创作的时候,很多游人都会驻足观赏。通过与艺术家们的交流,可以知道,他们热爱宋庄最重要的一点就是能够在这里建构对于艺术和生活的双重体验。对于艺术创作来说,艺术品创作的过程带给人的震撼常常高于其成果带给人的意义。这一点在宋庄尤为凸显。在宋庄,参与体验艺术品诞生的过程成为艺术鉴赏的一道独特风景。在这个过程中,游人可以学习到一些作画的技巧,直观真切地体验艺术品由创意到诞生的流程。

目前宋庄的产业规模和管理模式已经愈发成熟,系统的管理机制和基本设施已渐成规模且设有专门的管理人员提供咨询、讲解、引导等服务;在宋庄,从美术用品的产销到艺术作品的订购;从艺术成品的观摩、出售,到最后的送货上门,已经形成一条龙服务,人们可以在宋庄享受到一体化的艺术消费过程,在一个地方完成一系列艺术体验。宋庄画家村专业化的职能分工和系统的咨询服务为人们的消费体验创造了很大的便利。另外,产业化运作模式的成熟还集中表现在宋庄画家村内以及周边餐饮、住宿、旅游等服务行业的发展上。宋庄以及周边基础生活设施和配套服务正在被很好地带动起来，虽然目前一些设施并不是很完善，但是在一定程度上还是有助于向人们提供更全面、多元化的生活服务。除了产业化运作的成功，北京文化创意产业政策的积极引导也活跃了宋庄画家村消费体验的舞台。宋庄当地政府也高度重视宋庄的文化经济、艺术经济的发展，在政策和资金上鼓励、帮助艺术家，提供更为人性化的管理，创造更优越的集聚区环境，促进了宋庄文化创意产业的发展。

第四，宋庄文化艺术节将消费体验推向高峰。宋庄近几年来成功举办的文化艺术节将消费体验推向一个新的高峰。2005年首届中国·宋庄文化艺术节以"宋庄路"为主题，由于当时宋庄的展览条件简陋，人力物力有限，主要采取的是露天展览的形式，减少了对场地租赁的要求。首届艺术节巧妙地将原生态的民歌表演融汇其中，活跃了艺术节的氛围。首届文化艺术节历时三天，到场观众数量可观，在当时引起了一定的轰动。2006年的中国·宋庄文化艺术节以"打开宋庄"为主题，多元化的设计理念包括了文化、学术、艺术展览、创意产品展示等板块，内容更加丰富，形式更为多样，带给观众的体验更为深刻，切合了"打开宋庄"的中心主题，从多个角度打开了一扇扇了解宋庄的窗口，拉近了人们与宋庄的距离。这次艺术节创造了巨大的社会效益和经济效益。2007年第三届中国·宋庄文化艺术节以"艺术链接"为主题，创新性地植入了国际板块，涂抹了国际色彩，积极响应时代要求，反映了当时迎奥运的国家主题，突出"人文奥运与艺术链接"的核心，同时努力彰显宋庄原创艺术的特色，吸引了更多群体的参与，这场艺术盛事与前两届艺术节相比更为大众化和普及化。2008年第四届中国·宋庄文化艺术节以"宋庄进行时"为主题，板块设计更具时代感和流行因素，站在时代的前沿，创意元素更加明显，体现了主流文化与边缘文化、精英文化与大众文化、公益文化与经营文化等文化形式的多样性和交替性，展现了宋庄多元求变、不拘一格的发展路径。2009年第五届中国·宋庄文化艺术节以"群落！群落！"为主题，将对艺术家创作生态的关注作为本届艺术节的重点，通过别致的形式梳理了宋庄艺术家群落由小到大形成的历程，彰显了宋庄艺术家群落这一独特风景。这届文化艺术节融入了更多的文化思考,继续弘扬"中国·宋庄"这个在国内外艺术市场都具有深远影响的品牌,尝试将宋庄作为一个优秀的艺术品牌推向世界。同时,大量优秀的展览、戏剧、音乐节和学术讨论等活动丰富了人们的体验和艺术节的内涵,吸引了更多游人的参与。2010年第六届中国·宋庄文化艺术节以"跨界"作为主题,为大家呈现了一个全新的宋庄、一个实力派的宋庄、一个动感的宋庄、一个走向国际的宋庄、一个可以在全球范围内为中国作出经济贡献的宋庄、一个可以打造首都城市形象品牌的宋庄、一个作为北京国际都市中央艺术区的宋庄、一个可以跟世博会城市舞台唱对台戏的新农村原生态高创意的基层舞台、一个持续不断生产当下鲜活生活方式的时尚宋庄,以及无时不艺术无处不艺术的作为"现成艺术品"的宋庄。①

众所周知,文化艺术节不仅仅是文化艺术的盛事,更是一次繁荣文化艺术经济的宝贵契机。宋庄文化艺术节就像一幅浓缩了的宋庄全景图,使人们在短短几天里通过亲身参与熟悉宋庄的方方面面,把握宋庄的核心特色,了解宋庄未来的发展趋势。宋庄文化艺术节为人们搭建了集中体验艺术、体验生活的舞台,成为助推宋庄消费体验发展的重要驱动力。

四 北京文化创意产业艺术型集聚区的发展策略

(一)定位原创核心特色,开掘品牌体验效应

品牌是指给拥有者带来溢价、产生增值的一种无形资产,它的载体是用以和其他竞争者的产品或劳务相区分的名称、术语、象征、记号或者设计及其组合,增值的源泉来自消费者心智中形成的关于其载体的印象。② 从发展角度来看,品牌是艺术型集聚区重要发展策略之一。艺术型集聚区在逐渐成长、成熟的过程中,不可避免地会在激烈的市场竞争中接受优胜劣汰的考验,生存抑或灭亡取决于能否形成核心竞争力,从真正意义上与竞争对手区别开来。艺术型集聚区若想获得更好的发展,

---

① http://www.chinasongzhuang.cn/n3424c42.aspx(2010-08-23).
② 吴存东、吴琼:《文化创意产业概论》,中国经济出版社2010年版,第127页。

就必须在不断摸索与创新中形成自己的核心特色,打造优秀的艺术品牌。市场经济体制的不断完善必然会带动其他机制不断走向成熟,中国艺术市场也将逐步走向规范化、制度化,像宋庄画家村这样的艺术型集聚区若想保住现有的地位,就必须建立并坚守属于自己的品牌。

以宋庄画家村为例,在不拘一格、多元求变的发展模式引导下,宋庄画家村已经形成了一定的品牌效应。当人们提起画家村或艺术型集聚区这一概念时,北京宋庄这一艺术圣地便会自然展现于人们眼前。如今,宋庄并没有满足现状,停滞不前,而是不断拓宽发展的路径和方向,扩大集聚区艺术消费范围,这是可喜的努力和尝试。但笔者同时不免担忧,多元化的发展思路可以形成一个艺术市场或集聚区的综合品牌竞争能力,但是如果注意力过于分散,就会影响到良好的初衷甚至造成适得其反的结果。掌握好一个"度"显得尤为重要。只有了解消费者真正渴望的消费价值是什么,才能真正增强艺术品的品牌体验和品牌价值。比如我们所熟知的迪士尼乐园就拥有非常明确的体验主题,"迪士尼的想法是简单的。这将是人们发现快乐和知识的地方,父母和子女分享快乐的地方,老师和学生更好地相互理解、进行教育的地方。老一代在这里能捕捉到值得怀念的流逝岁月,年轻一代在这里尝试着挑战未来的滋味"①。只有确定一个明确的有意义的体验主题,才能更好地围绕这个主题展开各项活动和环节的设计与运作,才能凸显出品牌体验的最大效应。

宋庄以"画家村"闻名于世,来自四面八方的艺术家和纷繁多样的原创艺术作品是宋庄赖以成名的根基。今天,我们不得不承认残酷的艺术市场竞争和潜规则在无声无息地浸染纯净的艺术天地。可是,艺术的生存是艺术繁衍的基础,生存的前提是遵循生存的法则。当艺术与商业之间的矛盾日益加深,当艺术家们开始在艺术与金钱的夹缝中学会妥协与退让,当人们欣赏艺术作品的眼光和角度被瞬息万变的时代所左右和干扰,艺术还能不能濯清涟而不妖,出淤泥而不染?这个答案不好得出。宋庄画家村不断适应艺术市场的规则,调整单一的发展思路,拓宽

---

① 郭红丽、袁道唯:《客户体验管理——体验经济时代客户管理的新规则》,清华大学出版社 2010 年版,第 134 页。

发展的路径，是一种积极的响应，也是一种无奈的抉择。宋庄形成的多样发展模式无可厚非，但是名目繁多的噱头也会使宋庄迷失最核心的优势和特色，那就是画家村成名的根源——原创艺术作品。

原创艺术作品是宋庄画家村最宝贵的资源和最核心的竞争力，也理应形成宋庄最有号召力和感染力的能够延续的品牌效应。如何使参观者更深切地感知宋庄原创艺术的魅力，使原创艺术作品更真切地融入人们的日常生活，使原创艺术成为宋庄最显著的标志，成为人们熟稔于心的一个响亮的概念，这是宋庄的艺术家和管理者的努力方向。笔者谈到体验和体验消费，正是希望通过"体验"这一新的消费路径建构起与原创艺术之间的密切关联。对于艺术品来说，体验是建立在生活基础上的理解、感知和反应，而艺术和生活又是密不可分的，原创艺术更是对生活最根源的挖掘和发现、最真实的反映和展现。从原创艺术中提炼"体验"的灵感，不仅可以打开一扇走进原创艺术的大门，也可以促使宋庄原创艺术的品牌更加深入人心。"体验"可以丰腴原创艺术的内涵，拓宽原创艺术的市场，以一种全新的视角和接受方式把原创艺术的自然之美展示在人们面前。不管人们是为了满足"体验"的情感诉求走进原创艺术，还是缘于热爱原创艺术而用"体验"的方式加深领悟的效果，在对艺术品的追崇与消费中，"体验"一方面提升了原创艺术作品对人们的吸引力；一方面使人们在艺术消费过程中满足了自我实现的需求。若要把艺术消费真正变成人们的一种生活方式，也许体验是最直接、最有效的途径。

为宋庄未来的发展之路定位一个清楚的核心特色，避免与其他竞争者相雷同，将这个响当当的品牌推广开去，令其享誉四海，首先就要把握住最核心的本质，通过巧妙的分析和包装，使其更好地展现。将原创艺术作为宋庄发展的核心优势，对其进行体验式的开发和设计就成为发扬、彰显原创艺术的重要手段和途径。用"体验"的方式打造一个创新性的感悟途径，是塑造宋庄原创艺术这一核心特色的制胜法宝。

（二）明确体验主题，建立体验模式

宋庄画家村是一个蕴藏丰富资源的艺术宝库，其中不乏可供体验式开发的资源。零碎的资源无法构成一个完整体验，更无法形成真正的体

验模式，也就失去了可操作性。所以，能够将零碎的体验式创意和相对分散的体验主题规整统一为一个个独立的、明确的主题，这才是对体验资源最大化、最合理化的汲取和利用。

首先，宋庄画家村风格各异的艺术工作室和画廊已渐成规模，但是它们主要的经营思路还是艺术作品的展览和出售。虽然艺术品的展览、销售是艺术品市场主要的经营方式，但随着现在市场上各式艺术品商店、拍卖行迅速发展，甚至呈现饱和的状态，继续这种单一的经营方式显得过于狭窄了。宋庄画家村别具一格的集聚区地理优势自然应该成为其优于其他竞争对手的重要资源，广阔的艺术培育和艺术交易的空间为艺术的消费体验创造了优越的环境。笔者认为，让消费者在这里得到更直接、更深刻的艺术体验具有必然性和必要性。例如艺术家们可以专门提供一些DIY工作室，将绘画材料、创作素材配备齐全，营造一个相对专业而又轻松的创作环境和氛围。艺术家们可以自己或是雇用一些专门人员提供辅助指导。自由的沟通环境一直是宋庄的主导氛围，也为每一个前来宋庄的人营造了相对快乐、轻松的情境。艺术创作素材需要设置不同的起点和难度，在专业教师的引导下，使游人和观摩者由被动观赏转为主动参与创作，经历一场轻松而又新鲜的艺术创作体验，当一回艺术家，做一次艺术人。这些DIY的艺术工作室应该具有大众化和普及化的特点，有绘画经验的人可以借此机会与艺术家们进行绘画技巧上的充分沟通与交流，得到有益的启示和指导；没有绘画经验的人也可以从零开始，在这里得到绘画入门知识的点拨和讲解。为消费者敞开大门的艺术创作室就好比浓缩的艺术讲堂，在这里，画家们短短十几分钟的妙言妙语或许就能为人们带来生动的灵感。这些DIY工作室为人们提供了一个自由开阔的创作空间，提供了一把开启艺术想象力和创造力的钥匙。人们不仅可以得到艺术的熏陶，也可以激发潜在的艺术创造力和艺术特长，将艺术的梦想变为现实。艺术工作室可以设置不同的板块，例如油画创作室、版画创作室、国画创作室等，不同的艺术形式、艺术风格与表现手法为人们提供更自由的选择空间。体验消费追求的是一次美好难忘的回忆，没有哪种体验会排斥新鲜快乐的审美瞬间，相反，消费者会时刻铭记这样一段珍贵愉悦的体验之旅。消费体验非常关注审美之感的营造和表现，只有抵达现场，参与其中，这种审美体验才能浓烈深刻、记忆犹新。DIY工作室除了能够为人们提供自由创作的空间，还可以为人们提供作品修改等服务。人们可以把艺术作品带到这里，得到艺术家的指导和点拨，在充分的对话和沟通中，得到启发和灵感，使作品更臻完美。对于这些服务，艺术家可以适当收取一些费用，消费者也能在享受这些服务并支付一定费用后达到与艺术家的双赢和互利。事实上，这种艺术体验确实难以用金钱衡量、用物质换算，它的价值是无穷的。而在传统的艺术消费中融入宝贵的体验设计，有助于艺术品价值实现最大化。

其次，宋庄画家村还可以借助地理空间优势，打造出富有特色的艺术消费体验之旅。如今，艺术与体验的互动发展促成"艺术体验之旅"这一新兴的旅游创意。"艺术体验之旅"除了艺术品欣赏、购买等常规活动外，还要更多地依托展览、科教、休闲、娱乐、度假、节庆等丰富多彩的旅游活动。其内涵更为丰富，结构上凸显多元化、整体性、综合性等特征，影响力更为深远。现在很多人提出宋庄画家村越来越向旅游胜地发展，虽然我们不能完全认同这种说法，却不能忽视这种说法背后蕴含的富有启示性的因素。毕竟"宋庄一日游"这样的旅游团队已经存在，可见游人对于艺术圣地的游览愿望在不断增长。如今，宋庄的艺术之旅创新性地拓展为五个主题：艺术亲子游、低碳环保艺术游、工厂LOFT体验游、宋庄文化创意产业集聚区规划发展考察游、随意放松游。这五个各具特色的旅游主题从五个维度打造了宋庄画家村艺术体验之旅。其中，艺术亲子游是以激发孩子的创造力和想象力为目的，家长可以协助孩子亲自动手玩泥塑、刻漆、剪纸，利用废旧材料剪贴绘制充满想象力和创造力的小艺术品。有关人员为孩子们配备齐全各类绘画材料和素材，同时为家长们提供了充分的交流空间，使孩子和家长能够一起愉快地体验宋庄绘画、书法等艺术形式的丰富乐趣。在这里，有专业的艺术讲解员为孩子们讲述动听的艺术小故事，有专业的艺术启蒙教师指导孩子的全程艺术创作。宋庄艺术体验之旅第二个主题是低碳环保艺术游。天然的乡野田园风光激发了艺术家们原创艺术创作的热情和灵感，也为游人感悟体验荒野的乡村艺术创造了条件。游人将采用骑自行车等低碳环保的交通方式，集合三五好友自由穿梭于大大小小的艺术部落之间，感悟自然风光的质朴、田园景色的秀丽、天人合一的惬意。宋庄艺术体验之旅的第三个主题是工厂 LOFT 体验游。宋庄画家村中很多仓库式画廊和艺术工作室都是旧厂房改造的，在这里，机器、水泥、管道，不再是僵硬的机械化的意义表达，不再给人一种厚重、压抑的沉闷之感，而成为宋庄艺术的个性化标志。体验旧厂房的新意义，感悟艺术工厂别样的艺术魅力，俨然已经成为一道独特的旅游大餐。宋庄艺术体验之旅第四个主题是宋庄文化创意产业集聚区规划发展考察游。在宋庄画家村官方网站的行程宣传上是这样安排的：1. 观看宋庄文化创意产业集聚区规划发展宣传片；2. 实地参观集聚区内风格独特的创意工作室；3. 参观规划发展中的艺术原创与展示交易区；4. 考察文化创意企业，了解发展历程；5. 考察集聚区配套服务设施——宋庄文化创意产业集聚区公共服务平台、宋庄青年创业就业服务中心。[①] 通过对集聚区全方位的游览体验，游人可以更好更直接地了解宋庄文化创意产业集聚区的发展情况。最后一个主题是随意放松游。这个主题是对宋庄画家村独有的乡村艺术资源的开发。怀着轻松的心情，深度体验宋庄原村民居住区，甚至可以留宿一晚，与村民和艺术家深度对话，了解艺术家们的创作生活和居住环境。在这里，悠闲地品一杯茶，惬意地遥望一抹夕阳，体悟艺术与生活的融合，感受地地道道的乡村田园生活，这种身心放松会使游人在刹那间通向艺术最神圣的殿堂，抵达生活最本真的归宿。朴实的农家小院，没有嘈杂和干扰，随意的行走路线，随心的时间安排，轻松的游览心态，使人们可以无拘无束地享受对于宋庄艺术的深度体验。这样的体验，或许才是人们内心最渴望、最向往的。无论是具有引导性质的体验，还是完全意义的自主体验、自主掌控，宋庄这条精心设计的艺术体验之旅，包含了丰富的内涵和价值，带给人们太多真实体验的乐趣和回忆。对宋庄艺术体验旅游资源的开发，将全面开启人们了解宋庄、体验宋庄的大门，进一步提升宋庄的知名度和影响力，使"体验"元素更广泛、更深入地融汇到宋庄的艺术消费之中。

笔者通过调研认识到，宋庄的旅游资源丰富而独特，但是，进一步规范和完善十分必要。宋庄应该在保护好原创艺术生态部落的同时，最大化地合理利用艺术资源。目前，宋庄的艺术工作室和画廊分布不均，

---

① http://www.dsarttours.com/4.html.

间隔无规律，密集程度不够，如果人们想要完整无遗地观赏完所有的艺术工作室和画廊，需要徒步很长时间。没有标识地图的指引，很容易遗漏一些展区和店面，这一点也恰恰说明宋庄画家村对游客的指引服务水平还有明显的欠缺。笔者认为可以从两处细节着手：首先，配备导游式的讲解员，引领游客参观。由于分布在宋庄画家村的艺术工作室和画廊具有不同的风格和特色，艺术家们也推崇不同的创作主题和潮流，对于游客特别是首次前来参观的游人来说，难免在观赏过程中感到杂乱无章，相关的管理人员可以根据艺术工作室和画廊各自的特点，进行合理分区与归类，制订详细、清晰的游览计划，绘制出精美别致的游览路线图，帮助游人更好地享受艺术体验之旅。其次，除了配备专业的讲解员、发放路线图，旅游观光车的配备也可以方便人们更快捷地参观游览，而坐在游览车上本身也是一种快乐体验。

宋庄画家村周围的绿化环境和人文环境还有待改进。宋庄画家村的常住人口和流动的观光消费游人数量巨大，而现在的自然环境和人文环境都不尽如人意。优越的环境将带给人们舒适愉悦的情绪，给人们留下美好的印象。成功的消费体验也需要具备优秀的硬件环境。体验带有很强烈的主观色彩，环境的优劣带给人的积极或消极的影响将直接左右人们的主观情绪，凌乱的环境不可能给人以美的享受，反之，整洁有序的环境带给人的是心旷神怡。目前，宋庄画家村已建有一个小型的活动广场，但是各项活动器材和设施并不是很完善，周围的绿化环境也不令人满意。针对这些情况，政府和相关部门可以进行合理预算和投资，推进宋庄自然环境和人文环境的改善与提升。艺术是充满美感的，富有美感的事物才能夺人眼球，努力将宋庄画家村的环境打造得更具美感，才能将宋庄的艺术氛围衬托得更为浓郁和强烈。

总之，在建构宋庄画家村的体验模式时，一定要深度剖析宋庄现有的和潜在的艺术消费需求，充分考虑消费者的行为、态度、需求、爱好、特征，只有对消费者的需求有所了解，才能在此基础上制定出可行的方案。优秀的体验主题和模式源于消费者的体验需求，是基于对消费者消费愿望的判断、分析而得出的。准确的定位才能衍生正确的主题。

(三) 明确人才战略,规范管理评估体系

对于宋庄这样的艺术型集聚区而言,需要什么样的人才,制定怎样的人才战略,是一个需要反复深思的问题。艺术人才的生存法则,要求掌握艺术市场的规律和要求,深切把握艺术脉搏;要有前瞻性的艺术眼光、敏锐的艺术观察力和适应力。毕竟与艺术打交道,也要与人打交道,完善的管理就显得尤为重要。宋庄画家村长期形成的艺术氛围是自由散漫、无拘无束,艺术家们自由不羁的创作习惯和风格也逐渐被人们所接受,但是作为北京一个重要的文化创意产业艺术型集聚区,没有严格、统一的管理是不行的。

艺术型集聚区需要两类人才:一是从事艺术创作的艺术人才;二是从事服务管理的管理人才。二者缺一不可。当然,如果是集二者于一身的综合型创意人才当然更好。一直以来,宋庄不缺少来自五湖四海的艺术家,缺少的是综合素质过硬,又爱好艺术行业的管理人才。

如今的社会对于艺术人才的要求也在不断提高,不仅要掌握基本的艺术理论和经济学、管理学方面的知识,还要熟悉艺术市场的方方面面。作为一个综合型艺术人才,必须充分了解艺术市场和艺术需求。对于类似于北京宋庄画家村这样的艺术型集聚区,迫切需要的就是这种综合型人才。当宋庄从各个方面关注"体验"的经济效用,消费体验无疑担当起引领消费热潮的角色,对于这个领域优秀人才的需求自然也越来越迫切。传统的服务理念是关注产品或服务本身的质量和效用,总是囿于产品本身。但是,当传统的产品和服务打上了"体验"的标志,无疑提出了更高的要求,即不仅要关注基本的产品效用,更要去了解消费者的消费心理和情感需求,揣摩消费者希望实现的自我价值是什么。只有站在消费者的立场思考问题,才能从根本上提升服务的水平,才能真正做好管理工作。所以,宋庄的服务者需要具备富有创新性的体验服务的意识,要明确如何通过自身服务提高宋庄消费体验水平与质量。对自己的角色定位要非常清晰,即从传统意义上的管理服务者向消费体验策划者转变。要学会观察、揣摩、分析消费者的消费需求,了解其心理活动和情感变化,尝试性地建立消费者体验数据库,统计有效信息,最好可以构建一个体验模型,探索、总结消费体验的规律和特征,实现信

息收集和利用的最大化。

　　为了使宋庄画家村按照设立的总体规划和指标有序发展，有必要形成一套富有可行性和前瞻性的集聚区管理体系。艺术型集聚区在我国还属于新生事物。正确衡量、评估集聚区的发展水平和价值成果，是一项重要且必要的工作。对于艺术型集聚区而言，它的消费特征非常明显，但从经济角度去考量集聚区的价值成果是远远不够的，将艺术型集聚区的文化内涵、艺术贡献、综合影响力等因素纳入考量范畴，是科学准确评估集聚区发展成果的前提和基础。笔者一再强调"体验"对于艺术型集聚区消费理念和模式的影响，一方面指出了"体验"对于经济的巨大拉动作用；另一方面也特别强调了"体验"带给消费者的人文价值和艺术享受，这种对物质与精神价值的双重肯定难道不是令人欣喜的双赢吗？

（本章作者：孙雅坤，首都师范大学 2008 级文艺学专业硕士研究生，现为首都师范大学文化创意产业与媒介素养教育专业博士研究生）

下 编

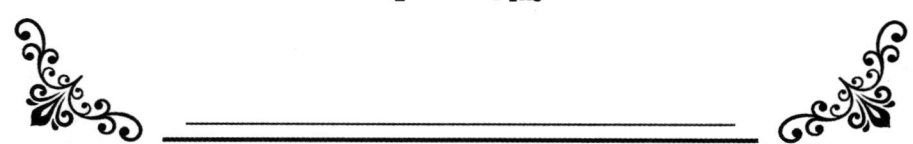

文化服务、互联网创意与人

第五章

中关村文化创意产业集群研究

中关村文化创意产业集群是我国最具标志性和典型性的创意产业集群，该集群在产业集群理论研究、创意产业集群创新发展、北京文化中心建设等方面，均有着极为重要的意义。本章运用多学科研究方法，将理论研究与实证分析相结合，对中关村文化创意产业集群发展问题进行探索。

一 文化创意产业集群概述

（一）文化创意产业集群的概念

由于集聚效应，产业会在一定时间或空间范围内发生集合与聚拢现象，最终在集聚范围内不断发展，且相对于个体发展而言，该种态势下发展起来的产业将更具竞争力与独特优势。20 世纪 90 年代，美国哈佛大学商学院波特（M. Porter）教授对产业集群作出了界定，他认为，产业集群是一组在地理上靠近的相互联系的公司和关联的机构，它们同处或相关于一个特定的产业领域，由于具有共性和互补性而联系在一起。2001 年"创新集群"（innovative clusters）概念被 OECD（Organization for Economic Cooperation and Development）组织首次提出，该概念强调元素间的内部联系和互动，而非地理位置。以高技术产业为基础的创新集群兴起于 20 世纪 50 年代，以美国硅谷、法国索菲亚、英国剑桥、印度班加罗尔等为代表，在我国则以北京中关村最为知名。作为集群的形式之一，创新集群对于促进本国及本地区科技实力提升具有重要意义，在提升本国产业竞争力乃至国际竞争力方面起着举足轻重的作用。本章所指文化创意产业集群,包括其产业链上的所有上下游企业,是指在相关领域中,由众多独立又相互关联的文化创意企业以及相关支撑机构,依据专业化分工和协作关系建立起来的,并在一定区域集聚而成的产业组织。在本研究领域,波特的"钻石模型"运用较为广泛,即针对特定地区,结合"钻石模型"分析该地区文化创意产业竞争优势,为本地文化创意产业提供理论支撑。

除上述界定外,本章对文化创意产业集群的阐释,还融入了英国城市研究学者查尔斯·兰德利的创意城市概念。创意城市的概念最早由兰德利在 2000 年进行系统阐释,兰德利认为,创意主要指"对于问题作出正确的判断,然后在给定的情况下找到合适的解决方法"。除道路建筑等方面的硬件设施,创意城市更需要相配套的软件设施来与这些硬件设施相结合。其中包括活跃的思想者、创造者和一些老牌大学;高弹性和高技能劳动力;能够激发人们个性的创意空间,以及针对社会或经济目标而制定出的企业文化等内容。创意催生创意产业,而产业的集聚形成城市的创意氛围,城市又反过来丰富创意的内涵,通过此三方面的循环往复,促进创意城市的良性发展。在兰德利看来,群聚(clustering)对于创意氛围浓厚的地方起着至关重要的作用,它们常常由于创意氛围浓厚而被人们称为创意特区(creative quarters)。对于"创意经济"与创意氛围的营造和发展,人才、技术与支持性基础设施的汇集在其中起着举足轻重的作用。[①]

文化创意产业集群是整合产业资源,实现资源合理配置的重要手段。作为 21 世纪的朝阳产业,文化创意产业逐步发展为衡量一个国家或者地区综合实力的重要标志,文化创意产业的发展规模和水平也已成为政府部门的关注焦点。在北京、上海、杭州、广州、深圳等地,我国的文化创意产业已逐渐摸索出适合中国国情的产业发展新路径。其产业集群作为我国产业发展新形态,在吸引创意工作者、集聚创意资本和文化创意产业服务机构以及在地理空间范围内汇集产业资源等方面发挥着重要作用。借鉴西方发达国家先进的文化创意产业发展经验,实现资源

---

① 参见[英]查尔斯·兰德利《创意城市:如何打造都市创意生活圈》,杨幼兰译,清华大学出版社 2009 年版,第 23 页。

的合理配置，降低产业发展成本，被越来越多的人意识到。从 2004 年开始，全国各大省市就开始落实中央政策文件，将发展文化创意产业确定为工作重点。至今，文化部已先后命名了 5 批 10 家国家级文化产业示范园区、5 批 266 家国家文化产业示范基地和 3 批 12 家国家级文化产业试验园区。

（二）中外文化创意产业集群发展现状

近年来，随着文化创意产业的快速发展，其在地区经济发展过程中的贡献日益突出。据统计，在美国目前文化产业产值占 GDP 的份额已接近 1/3，在日本这一比例为 1/5，韩国也将近 1/5。创意产业已经成为众多发达国家的支柱性产业。如世界上创新集群的排头兵与引领者硅谷，坐落于美国加利福尼亚州 1500 平方英里平坦广袤的土地上，无论是 70 年代的半导体（Intel）革命、80 年代的 PC（Apple）革命，还是 90 年代的 Internet（3COM、Netscap）革命，20 世纪的三次重大技术革命都源于此。它不仅是全世界创新科技的飓风中心，同时也是美国乃至全世界经济增长的神话，是世界各地的风险投资者不吝将大把钱财挥洒于此，试图实现自身财富梦的乐园。

在中国，文化创意产业集群的发展尚处于较低水平。从资源空间整合形态和产业要素来看，主要可以划分为产业基地、产业园区、产业带三种类型，均多以政府主导方式运行。政府主导虽在一定程度上促进了产业集群发展，但由于脱离市场，集群的单一性和主观性导致其并不能完全满足文化消费市场的需求，丧失了其应有的活力。同时，由于目前尚处于模式摸索阶段，故以政府扶持为主，预期的经济效益、资本回报具有不确定性。另外，由于特殊国情，目前我国文化创意产业集群的主要发展区域仍集中在北京、上海、深圳、杭州等大中型城市，行政区域、经济区域的界限还没有打破。本章将以中关村文化创意产业集群为切入点，从创意阶层、宽容度、创意场等角度来探索我国文化创意产业集群在发展过程中存在的问题及解决路径。

（三）中关村文化创意产业集群发展脉络

1988 年 5 月，我国第一个高科技园区诞生，它便是被国务院批准为北京新技术产业开发试验区的中关村,这代表着中关村文化创意产业集群正式萌芽。为进一步促进新技术产业开发试验区的发展,经十年探索之后,国务院多次下达批示,旨在促进我国科技园区跨越式发展。2005年8月,国务院下达命令,将不遗余力把中关村科技园区做大做强;2009年3月13日,国务院批复了我国第一个国家自主创新示范区——中关村国家自主创新示范区的文件,文件指出要把该示范区建设成为具有全球影响力的科技创新中心。从中关村电子一条街到具有全球影响力的科技创新中心,中关村创新示范区的飞速发展让世界再一次见证了奇迹。2011年1月26日,国务院批复同意《中关村国家自主创新示范区发展规划纲要(2011—2020年)》,为进一步实现对中关村自主创新示范区的统一规划,创建具有世界影响力的自主创新示范区奠定了良好基础;2012年10月,国务院批复同意调整其空间规模和布局,实现了中关村的又一重大里程碑式发展。从80年代初初具雏形,到如今的世界级自主创新示范区,中关村文化创意产业集群为北京市乃至全国的经济发展作出了重要贡献,与此同时,国家的各项扶持政策也促进了中关村文化创意产业集群的进一步发展。自成立以来,中关村文化创意产业集群一直享受着国家税收减免、人才引进、资金补贴等一系列优惠政策。因此各大产业园均试图向中关村文化创意产业集群靠拢,一旦成为中关村文化创意产业集群的分园,便可享受如上种种优惠政策,对于促进区域发展具有相当重要的作用。以丰台园为例,作为最早的中关村文化创意产业集群分园,丰台园的总产值在丰台区GDP中已占到1/4左右的比重。

中关村文化创意产业集群归属于文化创意产业基地类,同时其中又涵盖东升科技园、768文化创意产业园、丰台园等创意园区。目前中关村文化创意产业示范区已建成"一区十六园"规模,着力构建以"高精尖"为特征的经济结构,北京市16个区县均拥有一个分园,分享中关村文化创意产业先导基地在重大项目、政策先行先试、体制机制创新方面的政策红利。由中关村文化创意产业集群发展脉络不难看出,目前这三大类文化创意产业集群都是在政府主导下完成的,还没有充分发挥市场在文化创意产业集群中的导向作用。2005年,北京市政府明确提出,要按照支柱产业的目标,发展北京文化产业。近年来,文化创意产业飞速发展,已经成为北京市重要经济支柱之一。文化创意产业之所以可以作为北京市经济发展的重要支柱产业,不仅由于北京文化产业增加值占 GDP 比重居全国首位,还体现在它对北京经济发展的辐射带动作用。除了直接的经济贡献,还在于它带动了旅游业、设计加工制造、文化金融等领域的发展,同时也推动了北京向创意城市的转型以及经济结构的优化。文化创意产业对于北京市经济发展的意义会越来越重要:一是北京将创新作为主要驱动力,文化创意产业就是创新驱动的重要引擎之一;二是从消费意义上讲,文化市场的消费潜力巨大,发展文化创意产业对激活北京文化消费内需具有重要意义,也利于北京创新创业环境改善,激发创新活力。此外,在京津冀协同发展、疏解非首都功能的过程中,以前一些劳动密集型文化产业会被疏解,但以创新为内涵的文化创意产业项目会在疏解中得到更好的发展环境。同时,在京津冀协同发展的背景下,可以更好地扩展文化创意产业的辐射作用,带动京津冀三地的发展。

(四) 中关村创业大街

由于中关村文化创意产业集群地理覆盖面积广以及一些历史因素,业界对海淀园、中关村软件园、丰台园等的归属与界定存在争议。因此,本文特意选取中关村创意产业集群最为集中的中关村创业大街作为研究对象,以求更为准确、更加深入地剖析中关村文化创意产业集群的发展问题。

中关村创业大街位于中关村西区核心位置,旨在打造一条融科技、时尚、规模于一体的文化创业大道。经不断构建服务功能完善的创业生态,最终把大街建设成为高新技术企业的发源地、创新创业服务的集聚区、创业者的天堂,全球知名的"inno way"。2015 年 5 月 7 日,国务院总理李克强视察中关村大街,将大众创业、万众创新推向高潮,也将中关村创意产业集群再一次带入大众视野。

中关村创业街区按市场化运营管理,于 2014 年 6 月 12 日开街。由海淀置业集团投入 2 亿多元,将海淀图书城成功转型升级为时尚创业街区。同时引入清控科创控股股份有限公司共同参与成立街区运营公司——海置科创,负责具体运营管理。综合入驻企业需求、融合服务资源整合，将街区打造成为世界级创业融资平台与创业展示窗口，整合创业客厅、创业媒体、创业交流、专业孵化、创业培训五项重点功能，充分发挥街区创新创业功能。同时，创业街区还结合自身地理优势，与中关村核心区进行空间资源等的优势互补，强强联合，共同营造创新创业生态。

二 中关村文化创意产业集群的创意元素

（一）创意元素的内涵

理查德·弗罗里达提出创意城市的三大构成要素为创新科技（technology）、创意阶层（talent）、宽容度（tolerance），构成了著名的"三T"理论，其逻辑为：宽容吸引人才，人才创造科技。其中技术以创新和高科技产业集中度来衡量。人才采用创意资本，也就是实际从事创意型职业的人员数量而非拥有高等教育证书的人员数量来衡量。宽容度则通过地区在吸引各类人才以及产生新观念方面来衡量。在罗伯特·阿克斯特尔计算机模型中，对城市基本规模分布提供了新解释。该模型描述了一个相互促进、相互关联的有机整体。创意主体之间相互吸引、不断聚集，以创意促进生产效率提高；在聚集的同时，形成以组织形式存在的公司或单元；在城市发展过程中由于具备了这些由创意主体汇聚而成的公司，城市则会取得经济的增长与长远发展。

为更好地衡量创意转化为经济成果的能力，弗罗里达开创了创意指数度量法。由劳动力人口中创意阶层比例、创新、高科技产业、多样性四个同等权重的因素构成创意指数。其中用人均专利数来度量创新；用米尔肯开发的科技极化指数来衡量高科技产业；用同地区不同人群和观念的开放程度来衡量多样性。本章所研究的创意元素包括弗罗里达"三T"理论中所涉及的创意阶层及宽容度，同时衍生出创意场的概念。

（二）创意阶层

1. 创意阶层的内涵

理查德·弗罗里达在《创意阶层的崛起》（*The Rise of Creative Class*）一书中，从创意阶层的界定、分类、价值观、横向流动等多个角度，阐述了创意阶层的生活状态。在弗罗里达看来，创意阶层由超级创意核心和现代社会思想先锋两类群体组成，其中前者包括工程师、科学家、艺术家、设计师、小说家等；后者由文化人士、非小说作家、智囊机构成员、分析家以及其他"舆论制造者"等组成。创意阶层的价值观可概括为个性化、精英化、多样性与包容性。大部分创意阶层在物质层面上既不占有也不控制数量巨大的财产。他们的财产来自他们的创意，这是一种无形财产，因为这种财富实际上存在于他们的头脑之中。目前，美国创意阶层大约包括3830万名成员，占美国就业人口总数的30%。

创意阶层出现的根源是经济性的，该阶层通过创意来创造经济价值。近年来，文化产业概念与大力发展文化产业的战略构想被北京市委市政府不断提出并予以强调。然而我们不应该把文化产业和"文化+产业"相混淆，文化产业在强调产业性的同时，更加注重文化作为智慧资本（intellectual capital）在首都发展文化创意产业中所起到的举足轻重的作用，而后者则是文化和产业的简单累加。这里提到的智慧资本，指的是非物质形态的、隐形的智力因素，它强调的是知识因素在生产流通和设计策划等环节所起到的越来越重要的作用。智力资本 H – S – C 结构包括三大组成部分，由西方学者托马斯·A. 斯图尔特明确提出，其中包括指代企业员工的各种技能与知识的人力资本（Human capital），指代企业组织结构、制度规范、组织文化等的结构性资本（Structhral capital），指代企业与业务往来者之间组织关系的客户资本（Customer capital）。文化创意产业人才作为智力资本的主体，在文化创意产业发展过程中起着至关重要的作用。产品之所以具备不可替代性、高技术含量、高附加值，实现规模经济效益与文化和市场价值，也正是由于文化创意产业人才自身的创造性思维、创造性知识、创新性能力。反观斯图尔特智力资本的三种形态结构，便不难知道政府及学术界为什么如此钟情于强调创造性智慧。这不仅源于其在产品的设计、生产和流通运作过程中举足轻重的地位，更由于其在物质资本和经济资本相互转化的过程中所释放的不可替代的爆发力。

2. 中关村文化创意产业集群创意阶层分析

农业阶层、工业阶层，以及第三产业人口——服务业阶层和创意阶层共同构成了美国社会四个主要职业群体。在以美国为代表的发达国家，平均第三产业就业比重超过就业人口总数的80%。① 近年来，随着我国发展模式的不断转变，对于人才的重视程度不断加深。从人口红利到人才红利，从招商引资到招才引智，从中国制造到中国创造，一项项改革与创新都有力地推动了文化创意产业的发展。作为人才高依赖度区域与人才培养重镇，中关村文化创意产业集群的人才观念直接影响到集群的发展命运，甚至影响到我国相关产业的发展走向。

2011年《关于中关村国家自主创新示范区建设人才特区的若干意见》被十余个中央单位及北京市联合印发，中关村再一次迎来了新的发展机遇。凭借政策的大力扶持，中关村构建人才发展机制、打造人才培养平台、拓宽人才引进渠道，全力构建集人才密集、科技创新、机制灵活、产业新兴于一身的国家级人才管理改革试验区，营造出科技与文化双轮驱动的新局面。仅2013年一年，其专利申请量就达3.7782万件，授权量达2.0991万件，创新了包括闪联等在内的86项国际技术标准，同年京外技术合同成交额逾414亿美元。而无论科技还是文化上的成就，都归功于对创意人才的培养。中关村文化创意产业集群作为我国集群发展排头兵，其人才工作的成效为我国各地人才政策改革提供了借鉴性经验，同时为打造升级版中关村国家级人才管理改革试验区打下良好基础。截至2014年中旬，中关村入选中央千人计划874人、北京海聚工程424人、高聚工程158人，占到全市各类计划的70%以上。

3. 中关村创业大街创意阶层分析

"要按照创新规律培养和吸引人才，按照市场规律让人才自由流动，实现人尽其才、才尽其用、用有所成。"这是《中共中央国务院关于深化体制机制改革加快实施创新驱动发展战略的若干意见》中明确提出的人才发展战略。2013年9月，习近平总书记在中关村进行中央政治局第九次集体学习时指出，我们的目标是要建成具有全球影响力的科技创新中心，以在全国范围内发挥创新驱动的示范作用，因此中关村要不遗余力地加大创新驱动实施力度，将目光放到未来的发展中去。为更大限度促进集群创新发展，提升集群吸引人才能力，中国人事科学院与相关

---

① 参见［美］理查德·弗罗里达《创意阶层的崛起》，中信出版社2010年版。

部门专门成立联合课题组，与中央、市级、集群、入驻企业、业界专家等多层级、多部门相关负责人员展开十余次座谈、访谈。通过梳理集群人才体系、对比国内外集群发展经验、开展集群单位实地调研等多种方式，研究集群人才管理漏洞，并为"十三五"时期集群人才改革、培养、发展等提出可借鉴性意见建议。人才是创新的根本动力，创新驱动实质上是人才驱动，这是习近平总书记在2015年两会期间关于人才的论述。习总书记还提出，谁拥有了一流的创新人才，谁就拥有了科技创新的优势和主导权。中关村文化创意产业集群是我国第一个国家自主创新示范区，肩负着引领实施创新驱动发展战略的重要任务。同时作为我国第一个国家级人才管理改革试验区，中关村自主创新示范区更承担着体制机制先行先试、研发出有中国特色的创新人才管理体系的重担。

"中关村创业大街"2014年6月12日开街，已有多家创业机构入驻。在这条不足200米长的"中关村创业大街"上，除了车库咖啡，还有一系列为创业者服务的机构，其中包括创业圈中著名的黑马会、天使汇，以及专注于"高端经理人培训"的联想之星等等。这条街的野心，是要成为"中国互联网创业的标志性街区，就像美国硅谷的沙丘路一样"。据不完全统计，24家创业服务机构入孵创业团队共计600个，其中包括92个海归团队；合作的天使投资人和投资机构超过2500个，目前已有350个团队获得融资，总融资额17.5亿元，平均融资额在500万元左右，其中拉勾网、魔漫相机等创业项目已经获得千万美元级别的融资。街区发展得到社会各界的关注与支持，各项服务工作快速展开，已经初步形成具有较强国际国内影响力的创业生态。①

从官网数据中不难看出，中关村创业大街已初步形成一定规模的创意阶层，同时在投融资等资本运作方面取得初步成效。在实际调查过程中笔者发现，中关村创业大街的创意阶层呈现如下特点。

第一，创意阶层年龄结构年轻化。创意产业在强调产业文化的同时，更增添了其创意性，这也就决定了企业从业人员年龄结构的年轻化。调查过程中发现，街区创意产业人才多集中在20—35岁之间，其中26—30岁的从业人员又占到该年龄段人数的一半以上，由于需要阅

---

① 参见中关村创业大街官网。

历的丰富与经验的积累,从业人员中创意产业管理人员多集中在35岁以上。

第二,专业分布不平衡。调查研究发现,目前街区从事创意产业的人员中所学专业涵盖文学、历史学、计算机、管理、营销等多个学科,不同企业对于员工专业偏向不同,且专业分布不平衡性更加明显,如培训型企业更加侧重创意人才的管理学素养,而服务型企业则对创意人才的文学素养等青睐有加。

第三,经验侧重的不平衡。据统计分析,虽然中关村创业大街跻身高校林立、学术氛围浓厚的海淀区,但目前街区创意产业人才学历普遍集中在本科,部分企业偏重于录用刚刚毕业有理想有抱负的青年人才,在看重学历的同时,更加注重创意人才的个人能力;也有部分企业表示,相比于学历而言,他们更加看中的是创意人才的经验。在调查分析过程中,有不少企业表示,在吸纳的创意人才当中,有部分员工虽具备专业素质但由于经验不足等方面的原因,与企业预期仍存在一定差距。

4. 中关村创业大街创意阶层流动链条分析

创意阶层的流动性是衡量经济竞争力的关键尺度,是一个地区吸引、培育和调动这种人力资源的能力。由于文化创意产业从业人员分布广泛,本章采用阿帕杜莱提出的"追踪对象"的研究方法,总结出中关村创业大街创意阶层具有流动稳定性和链条非闭合性的特点。

首先,流动稳定性。宏观来看,街区从业人员呈现增加趋势,而其中从事创意产业的人才占多数。调查过程中发现,61%的创意产业人才换过工作单位;38.5%的管理者认为本单位的创意产业人才流失严重,且流动比例较稳定。在此前提下,大型企业与中小型企业又有较大的差别,大型企业相对于中小型企业流动性较小,基本控制在企业正常人员更替范围内。中小型企业人员流动性较大,且有些企业因人员的过度频繁流动,已影响到自身发展。这也很好地解释了为什么多个大型企业都称自己的人员流动率低,而调查结果显示行业内53%的人员都有过跳槽经验。在创意产业领域,从业人员多从中小公司或企业做起,而后积累相关工作经验,最终为了更好地发展平台或更高的福利待遇转而向大型企业流动。

其次,链条非闭合性。虽然如今国家大力提倡创意产业发展,并在多所高校开办了创意产业管理专业,用以培养熟练掌握管理学、文学、经济学、法学等多个综合学科的复合型人才,但是,从目前创意产业人才就业率低、传媒产业人才紧缺、大学相关专业学生就业困难等奇怪现象不难看出,在文化创意产业人才培养与人才的录用上,存在着较大的非闭合性。第一,创意产业综合性人才培养的初始化。如某国内知名杂志编辑部招聘人员并不了解创意产业管理专业并称该专业与自己所招聘的编辑是不对口的,可见有些招聘企业对创意产业人才管理专业的了解程度还不是很深,若想使文化创意产业人才人尽其能,则需要企业与人才间的双向了解。第二,人才培养与企业需求之间的代沟。街区目前紧缺的有这样几种人才:跟上时代潮流的人才;有国际眼光的人才;技能与创新综合型人才。而目前大学中培养的多是注重理论知识而忽略实际技能操作的"书本式人才"。如何打破传统理论教学的弊病,在学校教育中增强人才的实践能力,是目前亟待学校和企业共同解决的问题。大学对学生的实践能力和创新能力培养的不足,必然会使企业倾向于选择有相关工作经验的从业人员,如此恶性循环,应届毕业生的就业问题便更难解决。尤其是创意产业中的影视产业属于实践性相当强的一个产业,而北京又是全国各地人才的聚集地,中关村更是创意人才的聚集地,要提高应届毕业生的竞争能力,就要根据市场和文化需求去培养学生的相关技能,以使相关专业的学生可以在本领域内立足。

(三) 宽容度

1. 宽容度的内涵

弗罗里达在《创意阶层的崛起》一书中,引用了大量数据以证明地区的创意程度同该地移民比例、同性恋指数、波西米亚人数等呈正相关,换句话说,这些地区在成为创意集聚区之前,对于创新与怪癖都具有极大的宽容度,可以说是创新与怪癖的收容所和培养基地。从弗罗里达的视角来看,宽容是创意阶层也是其向往地区的最核心特征。弗罗里达的宽容度指数也基于同性恋指数、波西米亚指数、文化熔炉指数和种族融合指数四个衡量指标。

耶鲁大学教授蔡美儿(Amy Chua)很早便意识到宽容度的内涵与积极利用外来人才的必要性。积极利用外来人才是霸权兴起的必要条件，凡历史上超级强国都对外来文化秉持着宽容的态度，她在《帝国时代》（Day of Empire）一书中如是说。拿世界科技创新高地硅谷来说，共有25%的外来移民，其中逾30%的高科技科学家和工程师为外来移民，多来自中国和印度。谷歌和雅虎是硅谷有外国移民参与创办的公司的典型代表，这样的公司占硅谷全部高科技公司的一半以上。又如美国的科学家和工程师中，近半数为外来移民。2005年，移民人才亦为美国各地区发展作出了突出贡献。据统计，由他们创办的公司为美国创造的经济产值高达520亿美元，提供了45万个就业机会。

"十三五"规划中提到"要努力构建结构合理、门类齐全、科技含量高、富有创意、竞争力强的现代文化产业体系"。"创新、协调、绿色、开放、共享"五大发展理念在近期各类会议上亦被多次提及。上述话语中提到的"门类齐全"与"开放"等词，便与弗罗里达和蔡美儿所说的宽容度有着异曲同工之妙。不同规模企业争相斗艳、各色企业文化五彩纷呈、多元创意环境促进发展……对于文化创意产业集群而言，上述各种皆是其宽容度的展现。目前，通过调查同性恋指数等来分析中关村文化创意产业集群存在一定难度，但依旧可以从目前中关村文化创意产业集群中的企业种类、文化环境等方面，分析总结出目前集群中的宽容度特征。

2. 中关村文化创意产业集群宽容度分析

在中关村"电子一条街"时期，其发展过程中存在着诸如市政建设规划混乱、基础设施不足、宏观管控与政策抓手不到位等一系列问题。这些问题与其自发成立的状态有着必然的联系。随着国家与政府对中关村文化创意产业集群的不断关注与高度重视，为加强集聚区发展、促进集聚区科技创新，政府制定了一系列诸如资金补贴、降低税收、扩展融资渠道、提供技术支持、出口激励与市场保护等一系列措施。通过国家的产业政策支持，吸引高新技术企业不断向中关村聚集。

一个优秀的文化创意产业集群中，除产业内龙头企业外，在开放的市场竞争环境下，必定存在一定规模的中小企业来促进行业发展，加强业界竞争。为吸纳更多小微企业进入中关村创意产业集群，中关村管委会的武器是"制定政策"：2014年11月，他们发布的《中关村孵化器管理办法》规定，政府将在资金、管理、政策等多方面扶持小微企业。

一个月后,科技部也发布《科技企业孵化器认定和管理办法》,据称就参考了中关村的文件。

根据管委会提供的数字,2014年全年,中关村规模以上企业利润、税收指标保持30%左右"高速增长",预计全年实现且总收入超过3.5万亿元,同比增长17%。2014年,中关村文化创意产业集群中新创办科技型企业为1.3万多家,同比增长100%,北京市高新技术企业全国占比20%,数量上突破1万家。目前,中关村文化创意产业集群入驻高新技术企业逾2万家,构建起了以百度、联想等为代表的新一代移动互联网络集群。在所有入驻企业中,收入过亿元的高达2000余家,仅该集群中在纳斯达克上市的企业在全国的占比就超过30%。由以上数据不难看出,正是国家政策对集群企业、人才等宽容度的提升,才促使中关村不断向国家集群示范标杆方向发展。

3. 中关村创业大街宽容度分析

在中关村文化创意产业集群发展过程中,为追求经济效益、加速规模发展、提升工作政绩,政府曾经将扶持大型企业、为大企业出台优惠政策、开辟绿色通道作为提升集群经济发展的主要手段,目标是紧盯国际500强和国内强势企业。政府此举主要有三方面原因:第一,从经济数据方面看,集群内9000多家中小企业纳税额之和赶不上少于20家的大企业。第二,从竞争力方面看,要将中关村建设成为有世界竞争力的中国硅谷,需要大型企业的支撑。第三,从倾斜政策方面看,大企业所拥有的人才、资金、政策等,左右着集群的发展方向。看似相当合理的原因,为政府支持和扶持大型企业提供了看起来很有力的支撑。然而从长远发展来看,这种方式势必会限制中小微规模企业在集群内的生存,通过政府有形的手,抑制了高效、充分的市场竞争。这样仅依靠大型企业壮大起来的集群,势必在内部缺乏长期壮大的动力,无法构成完善的集群体系。

为摒弃上述发展模式,同时结合中关村创业大街自身定位与发展要求,中关村大街以为中小微企业创造萌芽的环境、促进中小微企业在中关村生根发芽为发展理念,乘着国家"大众创业、万众创新"的东风,确立了自身开放性的发展特点,以高度的宽容度吸纳各方企业入驻。截至2015年初,街区入驻创业服务机构已达21家,入孵创业团队逾400

个。在已获得融资的 150 个团队中，平均融资额高达 500 万元，已在资金方面取得了初步进展。目前街区已经形成多角度服务、全方位追踪的创业生态体系，建立了包括为创业企业提供早期办公、商业模式构建、创业培训、投融资对接等多种特色的服务体系。随着国家对创新创业的不断扶持，各类创业服务机构应运而生，其中不乏资源集聚度高、空间承载能力强的优秀机构。与此同时，涉及创意设计、移动互联网、智能硬件等多个领域，集创业投资、教育培训等于一身的特色鲜明的服务模式也应运而生。

  在调查过程中笔者还发现，创业大街内部企业特色包罗万象，如"Binggo 学社"的口号是"为创业者提供财务、税务、融资、法律等'一揽子解决方案'"，此外，一旦入驻水电全免，工商注册、税务手续等也全盘为入驻者服务。再如经常举办各类讲座的咖啡厅，也为中关村创业大街的开放式环境注入了新鲜血液。有了融资渠道、办公地点、路演中心，按官方说法，中关村创业大街的"街区创业生态初步形成"。来自中关村科技园管委会数据显示，新创办企业数量 2013 年为 6000 家，2014 年则翻了一番达到 1.3 万家，可以说呈井喷式发展。

  尽管如此，还应该看到目前集群发展过程中存在的宽容度尚不尽如人意的种种问题。因为长期依靠投资拉动经济发展的模式，中国一些集聚区重复建设着各种大型场馆和基础设施，许多集聚区管理人员也认为良好的基建能带来投资与经济增长，疏忽了能够促进创意人才发展的良好环境，才是促进经济发展的主要路径。着眼于中国的国家战略，打造宽容、多元、开放的人文环境、社会价值观，是提升创意产业集群国际竞争力的必要条件。

  "全世界的城市都在试图复制硅谷，但到目前为止，只有一座城市成为硅谷真正的竞争对手，这就是北京。"出自《麻省理工科技评论》的这句话，被"中关村国家自主创新示范区展示中心"打在一进门的大屏幕上。自建设以来，中关村文化创意产业集群便一直以硅谷为榜样和范本，那么作为科技创新高地的硅谷缘何聚集了如此之多的优秀人才呢？首先，硅谷文化并不抵触失败，它为失败者创造了一个包容的环境，这也是其多年来依旧活力四射的主要原因；其次，硅谷的发展理念从来都青睐勇于进取和敢于冒险的勇士，这种理念打破了条条框框的限制，没有政策的繁文缛节，即使高速的人才流动依旧没有引起硅谷管理者的恐慌，在他们看来，人才的必要流动促进了技术传递与信息交流，在科技创新领域，变永远比不变更重要。此外，硅谷十分注重行业产业链的打造，其产学研合作已经成为创新集群开展合作的典范。中关村文化创意产业集群一直被国人自豪地称为"中国硅谷"，然而反观自身，我们的创意产业集群对文化、对企业、对人才的宽容还有值得反思的地方。

（四）创意场

1. 创意场的内涵

科技是国家强盛之基，创新是民族进步之魂。党的十八届五中全会提出，要破解发展难题，实现真正意义上的发展与提升，实现"十三五"时期发展目标，就要紧紧把握协调、创新、绿色、开放、共享五大发展理念。务必把创新摆在首要位置，将创新作为根本支撑和关键动力，使创新发展成为实现经济结构战略性调整的关键因素。然而要使"中国号"巨轮破浪远航的引擎从"要素驱动"转向"创新驱动"，实现我国创意产业集群从规模的空壳完成创新内容的填充，构建起孕育创新思想的创意场至关重要。

英国学者斯科特（Scott）认为，创意城市并非因创意阶层的集聚而产生，关键是所谓"创意场"（creative field），即产业综合体内促进学习和创新效应的元素，或一组促进和引导个人创造性表达的社会关系。它既反映为不同决策和行为单位之间的多种互动交流，也反映为基础设施和社会间接资本（如学校、研究机构、设计中心等）的服务能力，同时也是社会文化、惯例和制度在生产和工作的集中结构中的一种表达。[①] 全球化背景下，创意人才势必被具有更多发展空间与更浓厚创意氛围的地域所吸引，因此地域流动甚至人才的跨国境流动必然成为大势所趋。文化是城市的生命，存储文化、流传文化和创造文化是城市的基本使命，这是著名文化学者刘易斯·芒福德对文化重要性的一段论述。城市文化作为城市内在精神要素，反映着城市的发展方向和前进路径，

---

① 参见甘霖、唐燕《创意城市的国际经验与本土化建构》，《国际城市规划》2012年第3期。

亦折射出这座城市的精神诉求、价值取向以及认同方式。在笔者看来，将上述话语中的城市换作文化创意产业集群，该论述依旧成立。文化创意产业集群不仅是地方产业发展的有力推手，还承担着提升本地经济、展示地方特色与促进地方交流的角色。

早在 2003 年，人们已系统化地关注起构建创意生态体系的重要性，当年春天超过 100 人聚集在田纳西州的孟菲斯市，共同制定构建创意环境的一系列原则。他们的工作成果《孟菲斯宣言》为那些着手制定创意环境发展议程的社区和组织，提供了一系列指导原则及有价值的参考。同样地，创意产业集群领域吸引创意人才驻足，并不仅仅由于其拥有丰厚的物质条件，更因为其能够激发文化创意产业人才创意才能，具有足够吸引力的创意场。一些城市非常注重建筑设计，对高速公路、体育场、城市购物中心等公共场所及娱乐区情有独钟。然而在文化创意产业人才看来，与这些物质上的诱惑相比更能够吸引他们的是高品质的感受、丰富多彩的体验、快乐的氛围与兼容并蓄的包容态度，而所有这一切都为激发其创意才能服务。威埃里克·雷蒙德在《大教堂和集市》一书中写道："钱只是一个加分点，任何领域最优秀的人才，工作的动力都来自激情。"

2. 中关村文化创意产业集群创意场分析

2013 年 9 月，中央政治局领导到中关村国家自主创新示范区展示中心参观时，曾多次提到创新是促进集群发展的内部动力。习近平总书记一直将创新作为主要关注点与重要发展理念。中国共产党第十八次全国代表大会提出，创新驱动是转变经济发展方式的必然要求，我们要把发展基点放在创新方面，将创新驱动作为我国重要的发展战略。国家强盛的根基在于科技，民族进步的灵魂在于创新，我们要让党和国家的一切工作都能贯穿创新的身影，让创新真正发挥其核心作用与基础作用，把创新摆在国家发展全局的核心位置，持续推进文化、科技、制度、理论等多方面的创新，不但要让创新在相关领域被重视起来，还要在全社会形成创新的风气。

世界科技创新高地硅谷之所以闻名于世，屹立于科技之巅而不倒，并创下多项科技创新与经济增长的奇迹，主要源于其技术上的自主创新，世界许多顶尖科技产品都源自硅谷。拥有清华、北大等多所高校与科研院所资源的中关村文化创意产业集群，目前正处于技术增长的关键期，虽然已拥有多项有自主知识产权的产品，但一旦涉及关键性技术，依旧需要相当数量的进口。在国家的大力提倡与不断鼓励下，许多由集群自主研发的创新产品被展示出来，如3D打印、透明的冰箱门、纳米发电，等等。在这座占地近6万平方米、相当于8个标准足球场的中关村国家自主创新示范区展示中心，人们可以看到中关村200多家企业的高科技技术和产品，在官方语言中，"变成硅谷"的梦想被描述为："建设具有全球影响力的科技创新中心。"当前，集群正在大力打造未来科技城和中关村科学城两大"发展极"，信息服务创新园、航空科技园等拥有自主研发潜力的基地被集聚进来，大大提升了集群科技创造与自主创新能力。

营造有利于创新的市场环境、完善产业投融资机制与分配制度、加强创意人才的培养与引进，都是有效促进创意产业发展，有效实现创新的重要手段。党中央对创新发展高度重视，党的十八届五中全会对完善创新机制作了相关部署，为推动大众创业、万众创新，激发企业创新创业活力，可通过优化技术、劳动力、资本等要素配置，释放新需求，创造新供给，推动创新产业发展。为贯彻落实党中央创新发展理念，中关村文化创意产业集群正在着力打造适合中国文化创意产业集群发展的创意场。中关村管委会会同市委组织部、市公安局、市财政局、市人力社保局于2015年1月29日正式发布新版《中关村高端领军人才聚集工程实施细则》，2015年高聚工程申报、遴选工作由此正式启动，有关部门面向全球吸引和延揽创新领军人才、创业领军人才、领军企业家、投资家、创新创业服务领军人才5类高端人才，并设定了相应的扶持政策和资金奖励措施。

3. 中关村创业大街创意场分析

特定的地理位置具有提高集群内企业创新能力的功能和作用，这是美国学者阿伦·斯科特关于地理位置对集群创意、创新过程影响的研究结果。斯科特认为，集群的地理特征和集群内企业之间存在相互影响作用，进而影响到集群的产业氛围。随着国家对创新的不断重视，大众创业、万众创新成为一种新的发展趋势。2015年10月，中关村国家自主创新示范区举办了全国第一个"双创周"，为创业、创新浪潮再一次注入了新的活力。国家近期也出台了一系列有力措施，推动创业、创新热潮，打造属于中国创业者的黄金年代。通过政策的引导、大众的热情，实现在科技、文化、理论、制度等多方面的一系列创新。通过不断增强创新能力，让文化、创新、创意等元素发挥其巨大的市场活力，为中国经济的发展提供新动能。

中关村创业大街开街至今，街区入驻机构共举办具有较强行业影响力和知名度的线上线下活动1000多场（内部、小型交流性活动不计算在内），每周平均举办约30场，累计参与人数超过10万人。已有《新闻联播》《人民日报》、新华网、Forbes、《华尔街日报》、东京电视台等国内外知名媒体对中关村创业大街建设和发展进行了关注与报道，发表新闻稿件600余篇。从如上数据中，人们似乎很容易认为中关村创业大街已形成自身创意场，在营造适合创意人才发挥自身创新才能的环境方面，取得了不错成效。然而，事实是目前创意场依旧有不完善之处，仅拿户籍制度这一项来说，对于如今相对较为发达的城市如北京、上海来说，对于外地人才而言，要拿到一个户口堪比登天，导致许多创意人才不得不放弃自己热爱的工作，逃离"北上广"。这不仅导致了创意人才不能充分发挥自身才能，制约了创新思维的碰撞，更限制了当地的创意经济的发展。此外，随着全球化的不断推进，中国有越来越多的人才出国镀金，海外留学归来的人才是我国天然的创意人才储备库，与此同时，外籍创意人才对中国市场持观望态度，只有开放了中国的移民、绿卡、国籍等制度，才能够吸引这一类人才为我国文化创意产业所用。

调查发现，街区创意人才对我国人才引进制度满意度达到73%，虽然目前北京实行积分落户、人才引进等一系列政策，但高门槛与严要求依旧是限制创意人才在北京落地生根、在街区找到存在感的重要原因。关于企业创意氛围营造方面，不同企业中的创意人才答案相差较大。在以金融、服务等为主的企业中，创意人才对创意场满意度仅为51%，不少创意人才认为企业为人才营造的创意氛围不够浓厚，限制了自身能力发挥；而在文化企业中，不少创意人才则表示，目前开放、自由的氛围，为自己进行文化类工作提供了便利条件，满意度近80%。为更好分析造成差距原因，笔者对不同类企业管理层进行了采访，结果显示，造成该差距的原因除行业区别外，与企业和管理人员的管理理念与自身素质存在很大关系，不少企业创意场营造意识淡薄，认为企业优劣的关键在业绩而非搞一些形式化的东西来提高所谓的员工积极性。这种意识也在很大程度上影响了整个创意街区的创意场氛围。

三 中关村文化创意产业集群存在的问题

（一）人才引进制度不健全

严格的城市人口规模控制政策和尚不完善的人才引进制度，使中关村目前依旧处于人才困境。在中国重视创意产业发展的大浪潮下，我国颁布了大到《创意产业振兴规划》，小到各城市的文化发展规划等形形色色的政策文件，但与国外的创意产业政策法规相比，我国的文化法律法规在涵盖面上仍然不足。当前，美国创意产业劳动力人数超过1120万人，占比8.26%；我国创意产业劳动力占比只有1.01%；与美国相比，尚有5584万人才缺口。因此，文化产业要想实现高速发展，人才必不可缺。同时文化法规的不健全，也导致了创意产业人才的权利得不到应有保障。这在很大程度上导致了当前创意产业人才流动的障碍或从业人员对工作状况的不满。

在国外，比如英国，没有制定"特别支配地位法律"来管理文化，也没有有关艺术家的涵盖一切的法律框架，但是英国对于文化发展和创意产业的法律保护又是相当健全的。原因在于英国将创意产业相关的法律条文融合在其他部门的相关法律文件中，如税法中对于文化创意产业人才的倾斜政策等。虽然没有专门的关于创意产业人才的相关立法，但在其他各种法律文件中，保障和维护文化创意产业人才的法律条款是相当健全的，这就在很大程度上保护了本国创意人才的权利。通过我国与英国的对比不难看出，政策因素也是影响创意人才流动的非常重要的因素，政策的到位与否并不在于是否有专门关于文化的立法，而在于涉及文化创意产业人才的相关条款是否足够全面细致，是否能够从各方面全方位地维护文化创意产业人才的权益。只有立法健全，从业人员的相关权利才能够得到有效保证，产业内才会形成一种健康的有益于产业发展的人才流动链条。

(二) 人才培养模式不健全

简·雅各布斯指出，一个社区中只有在既有固定居民又有流动人口时才会产生稳定性。长期居住的居民提供社区的连贯性，新来者提供多样性，二者相互作用形成有利于创意发展的环境。① 我国创意产业人才流动所出现的弊病，归结其原因为人才培养模式不健全。在美国、英国等发达国家，经多年探索实践，创意产业已成为国民经济发展的支柱产业。作为创意产业发展的先导者，美国和英国早在 20 世纪 70 年代就开始在大学中设立创意产业专业，而后世界各地大学纷纷效仿，新西兰、加拿大和澳大利亚等国的大学均开设了文化管理类课程，如美国伯克利音乐学院、英国城市大学和利物浦大学、澳大利亚悉尼科技大学等均设有创意产业（艺术）管理系或相关专业。近年来，我国虽然也开设了相关课程，但创意人才、创意才能的不足是目前我国创意产业界面临的关键难题。

目前，中关村文化创意产业集群取得了一定成就，但与欧洲、美国等发达国家相比还存在一定的差距，从长远发展角度来看，我国在健全人才培养模式方面还有相当程度的欠缺。要建设具有全球影响力的科技创新中心，首先就要在人才水平上达到世界领先。与硅谷相比，无论在集聚、吸引世界高端创意人才方面，还是在合理配置人才资源、实现创新要素的合理分配方面，集群都存在一定水平的欠缺。要想不断创新科技成果、成为全球领先的创新高地、拥有全球话语权，就要从人才培养方面下功夫。谁把握住了人才，谁就把握住了未来的发展方向，谁也就拥有了主动权。因此，在高校人才培养方面，首先应紧跟形势，设立相关专业，同时，在教学过程中学校不应该一味地培养理论型人才，而应把产学研结合起来，让人才在学习理论知识的同时，真正走向实练场，在离开校园时真正具备实践能力。

(三) 管理机制固化

由于美国开放的市场机制，美国政府在硅谷的产生和发展过程中并

---

① 参见 [加] 简·雅各布斯《美国大城市的死与生》，金衡山译，译林出版社 2006 年版。

未起到明显作用。中关村产生之初也是中国市场自发作用的结果,然而随着其逐步发展,在20世纪90年代后,中关村在接受诸多政府优惠政策的同时,也被刻上了明显的政府烙印。在政府的引导下,各类高技术企业纷纷涌向中关村地区,产生了巨大的集聚效应和规模效应。

《纽约时报》的一篇报道是这样形容20世纪50年代的IBM公司的:这是20世纪50年代IBM办公室的一张标志性照片。照片里是一排排办公桌和坐在其后的秘书,一个个小隔间形成的大方块一眼望不到头,井然有序,令人生畏,上述画面中的场景标志着公司早期的布局理念,从早期的IBM公司中依旧可以找寻到"黑暗时代"公司的命令式管理体制的影子,而这些早已被快速发展的现代企业管理模式所取代。伴随经济发展模式与人们生活方式的改变,企业环境及其管理模式也发生了巨大变革。创意离不开团队合作,在创意人才流动当中,员工工作环境仍较为恶劣,导致了一些不必要的流动和人才资源的浪费。管理风格对创意人员的才能发挥有很大影响,改善管理手段成为必然之势。鉴于文化创意产业的特殊性,我们不应局限于自上而下的管理,而应重新回到创意核心人员的内部心理动机方面。内部动机是指个体因为想要满足其自身而不是他者去完成的某项工作的内部意愿。只有有了更强的内部动机,才有可能最好地发挥创意头脑。公司需提供更多培训机会,完善培训机制,使更多人受益。

(四) 资金投入不合理

1. 资金投入不到位

中国的创意产业由于起步较晚,受经济条件的制约,在创意产业人才培养方面投入的资金有限。有数据显示,韩国2000—2005年投资逾2000亿韩元,重点培养紧缺复合型文化人才,将电影、卡通、游戏、影像等列入重点发展产业。奥地利设立了一项"音乐基金",每年划出60万欧元资助那些与音乐相关的创意。由于中国的具体国情,在北京、上海等地用于培养创意产业人才的资金是有一定倾斜的,但与韩国、奥地利相比资金投入远远不足,其他创意产业相对落后的地区资金更加匮乏。文化经济实力不强与我国十几亿人口的巨大文化需求形成了尖锐的矛盾,文化经济能力的高低决定了人们投入文化产品和文化服务资金的多少。国民投入文化消费资金占比少,创意人才的待遇低、工作量大等一系列问题就很难得到切实的解决。

2. 资金投入不均衡

文化创意产业一直以来便以原创性与创新型为其发展核心,由于这些要素的无形性,因此在投融资领域很难对这一行业的价值等进行预估,这也导致了投资企业在进行投资时更倾向于诸如房地产等"看得见、摸得着"的行业,而不是风险性更大的文化创意产业。与美国等发达国家相比,目前我国的风险投资机制尚不完善,在集群中的各类创意企业一旦出现资金匮乏问题,首先考虑到的是传统的银行贷款。此外,对于中小型企业而言,还存在贷款难等现实问题。与具有一定规模的大中型企业相比,中小型企业由于大部分尚未完成资本原始积累,因此银行不愿意冒一定风险将资金贷给这些中小企业。有数据显示,集群内大、中、小型企业的资产负债率分别为50%、40%、30%,不难看出与大中型企业相比,小型企业确实更难获得资金贷款。获得贷款的大中型企业由于具有了资金优势,迅速发展,而小型企业则深陷资金困境之中,最终导致穷者越穷、富者越富的畸形发展局面。在集群中存在许多这样的中小企业,它们由于缺少产品和发展阶段性资金,导致其始终无法跻身大型企业行列,这些企业即使在激烈的市场竞争中存活下来,也错过了最佳发展时机,最后成为所谓的"小微企业"。

3. 资金投入盲区

为促进文化创意产业集群发展、提高当地经济发展水平,部分管理者想方设法吸引文化创意产业人才,他们将大量资金源源不断地投入市中心商场、零售大卖场、呼叫中心等公共设施的建设上,或者直接投入大量资金修建标志性豪华场所,建设了不少政绩工程、面子工程。但是,这种做法与创意产业人才的关注点相去甚远。这样一种资金的投入显然十分盲目,无法达到发展文化创意产业集群的目的。

四 中关村文化创意产业集群的发展对策

(一)完善人才引进制度

一个集群的进步需要政府政策的大力支持,政策为集群发展奠定未来的方向和基调。这一方面体现在国家为推动科技进步和创新而采取的一系列战略决策上；一方面体现在集群为响应国家政策而制定的具体方针政策上。要吸引优秀的人才进驻集群，系列的政策扶持与优惠措施是必不可少的要素。

1. 优化完善人才遴选机制

信息时代创意产业的边界在不断扩大，创意产业在发展中需要更大的舞台，从业人员也不例外。国家信息获取能力的强大能够提升它的文化生产力，创造新的文化消费空间，提高文化生产的数量和质量，扩大文化市场的占有率。通过政治、经济和文化的多重发展，人才流动能够合理地扩展空间，在全球化背景下进行资源的优化配置。中关村文化创意产业集群的发展，是人才培养、制度扶持、大环境营造等多方共同努力的结果。首先，从国家角度来看，应建立人才知识产权保护制度，保护人才的创新才能与创造力，为国家营造重视人才智力、保护人才智慧的良好环境氛围。同时，为更好地开发与引进境外优秀人才，国家应大力创造企业与境外科研机构、境外高校、境外优秀实验室等的合作机会，加强多方沟通交流，向国外优秀集群、园区学习先进经验。还可健全移民签证制度，让境外人才拥有在我国扎根发芽的绿色通道。其次，在高校与集群层面，应完善人才培养体系。如开设相关专业的高校、科研单位可与集群、园区等建立长期合作机制，建立人才实践基地，有条件者可进行定点招生与联合培养。为扶持该项目，国家或集群还可设立专项发展基金，用于各类紧缺人才培养、培训或学习奖励，此外，为扩大影响范围，也可鼓励社会机构等投入该项目。为响应国家大众创业、万众创新号召，集群内还可设立诸如创业大街类似机构，为有志于创新和创业的人才提供专业性交流培训的平台，为集群长远健康发展奠定良好基础。

2. 健全促进机制

人才引进是集群在建设过程中面临的重大难题，在通过多项措施进行人才遴选之后，如何建立有效的促进机制，吸引人才留下来，是有前瞻性的集群务必考虑的问题之一。中关村文化创意产业集群作为我国重点发展的领军式集群，有必要在健全人才引进促进机制方面采取一定措施，为我国相关集群提供借鉴经验。

第一，由于中关村文化创意产业集群位于京津冀都市圈，为打通京津冀人才配置渠道，集群应完善在户籍、档案、编制等方面的制度，打破人才地域界限，让人才在集群找到安全感与归属感。

第二，在人才资格审批方面，集群应充分发挥自身规模优势，与相关行政审批单位建立长期联系，规避以往"一张单子跑几天"的现象，为人才打造一站式服务窗口。同时为人才搭建住房保障、医疗保健、子女入学等全套式服务体系。此外，为吸引更多高端人才与国际优秀人才进入集聚区，要多向国际市场学习人才培养及管理模式，建设国际人才信息共享平台，以推进我国在人才服务、医疗保障、人才再教育等方面与国际发达国家进行有效对接。集群在健全促进机制的同时，还应完善人才流动机制，让人才在一区十六园，甚至更广泛的范围内进行有效流通。并不是人员流动性小的集群才是优秀集群，要想促进整个人才培养链条的循环，让整个人才市场活起来，一定的人才流动也是必要的。

（二）完善人才培养体系

1. 健全法律制度

为深入贯彻落实党的十八大、十八届三中、四中全会精神和习近平总书记系列重要讲话精神，立足新时期首都城市战略定位，着眼于构建"高精尖"经济结构，进一步发挥中关村文化创意产业集群作为国家自主创新示范区和人才管理改革试验区的优势，推动将集群建设成为具有全球影响力的科技创新中心，"文化产业创业创意人才扶持计划"和"重点文化设施经营管理人才培养计划"应运而生。文化部和财政部联手打造出上述两个计划，通过政府的力量，培养文化产业高端人才。北京市委组织部、市公安局、市财政局、市人力社保局、中关村管委会联合发布《中关村高端领军人才聚集工程实施细则》，正式启动高聚工程申报、遴选工作，面向全球吸引、延揽高端领军人才，形成以政府为推手、以市场为主导、以法制为保障的可持续性人才发展机制，将人才引进的阳光、透明、诚信理念带入集群，为创意人才营造良好的发展环境。同时，注重提高支持政策实效，根据人才实际需求，在资金补助、居留与出入境、落户、进口税收、医疗、住房保障等方面提供差异化支持措施。

2. 构建创意人才产业链

中关村文化创意产业集群作为各类文化创意产业的集合体，构建完善的人才产业链对于促进其快速发展、完善其经营模式具有重大意义。中关村创意产业集群要立足打造"中国硅谷"、建设世界城市，以国际化的视野来进行人才引进、培养与管理工作，将产业链与人才链紧密结合，打造出一条具有中国特色、国际视野、符合市场经济规律的创意人才产业链，建设中关村人才高地。

首先，要找准定位。中关村文化创意产业集群的建设目标是成为具有全球影响力与国际知名度的科技创新中心。因此在人才引入机制建立初始，就要紧紧把握这个前提，在吸引人才时放眼全世界，吸纳全球顶尖人才，进行集群的科技创新，构建能够与国际接轨的、具有国际竞争力的人才链条，为真正将北京打造成为世界城市的"金质名片"打好基础。

其次，要借助市场。无论集群发展至何种规模，始终处于市场竞争的洪流之中，因此要想构建起完善的创意人才产业链，就必须依靠市场。要学会借助市场吸引、开发、评价、使用、检验与回报人才，让人才在市场的优胜劣汰机制中展现出自己的优势与特长，以跻身优秀行列。

再次，要依靠法律。市场是检验人才的重要标准，但前提是要以法律保障市场机制的顺利运行，只有法律机制健全了，才能在最大程度上保障人才的利益，也才能让人才放心地在集群中工作。

最后，借助社会力量。无论是社会组织还是第三方人才评价机构，它们在人才的发掘、培养过程中都发挥着重要的作用，只有充分利用这些机构在调动人才积极性、规范人才职业素养等方面的作用，才有可能在集群中营造更加良好的氛围。只有将上述各方面基础都打牢、打好，才能在不远的将来在中关村文化创意产业集群中展现英才竞相汇聚、人才蓬勃涌现的局面，才能为将集群建设成为全球最具创新力、影响力和产业活力的国际创新创业人才高地做好铺垫。

（三）进行企业管理机制革新

在党的十八届五中全会上，国家领导人提出"创新、协调、绿色、开放、共享"五大发展理念,其中开放理念主要强调要"不封闭、不僵化,打开大门搞建设、办事业",同样地,在文化创意产业企业中,依旧需要本着开放性原则进行管理。文化创意产业是一个注重个性化与创造力的产业类别,为激发创意灵感,文化创意产业从业人员更加倾向于原创性强、凝聚度高、富有激情和多样性的工作环境。如今被人们日益推崇的无领办公的核心原则与主要管理理念便是提供适合创意工作的更好的工作环境,调动工作人员积极性、激发其创意才能。这样的办公理念打造出的办公环境将不再是传统公司办公室或者工厂式的机械化模式,它能够为创意工作者提供一种柔和、灵动、开放、互动的工作氛围。对着装要求的放宽、更加灵活的工作安排、开放式的办公场所、更加人性化的福利制度等,都是新型企业管理机制的标志。这种新型管理机制更容易激发创意人才的创意灵感,营造融洽、愉悦的工作氛围。如今兴起的 SOHO 一族即是体现,当代的创意产业从业人员需要自治的可能性和灵活性,使其个人个性充分融入组织。他们拥有知识和创意,仅用监督和控制是不可能使其充分发挥作用的,必须让他们开始热爱自己的工作,包括工作环境。

  作为文化创意人才,原创思维与创新思想为其核心竞争力,这也就决定了其在工作中应摒弃故步自封的传统的发展体系。随着互联网技术的不断发展,创意企业越来越多地与互联网技术、云计算技术等现代高端科技融合,带动起一批全新的产业、创造出新型商业模式。现阶段,政府已发现融合发展体系的巨大潜力,正在不断引导企业将目光转向智能家居、远程机器人等融合发展领域。为促进更多产业的创新与融合,在企业科研项目方面,政府改变了原有的命题式立项模式,提出由企业自立题目、政府提供技术及资金等支持的模式,来促进企业创新型研究。在项目结束后,加速科研成果转化,将创意人才的研究结晶从纸上搬到实际应用中来,将前期投入的人力、物力等彻底转化成经济效益与生产力,并将成果是否转化作为课题评审的标准之一。为从根源上促进企业的创新与融合式发展,国家还鼓励已具备一定规模的企业设立研发平台或试验基地,发挥创新引领作用;对于一些规模尚小、还不具备自主研发能力的企业,可与相关科研院所、高等院校建立合作机制,共同进行项目研发,促进企业向融合发展方向转变。

（四）有的放矢进行资金投入

党的十八届三中全会提出"鼓励金融资本、社会资本、文化资源相结合"，标志着中央已将推进文化金融合作纳入全面深化改革全局。党的十八届五中全会提出，"十三五"时期要完善文化产业体系，推动文化产业成为国民经济支柱性产业，从宏观和微观两个层面明确了文化产业发展的目标、任务和要求。在中关村文化创意产业集群资金流动过程中，应从以下三方面着手提升。

1. 投资到位

在《新创意产业论》一书中，日本著名学者日下公人曾说："21世纪的经济学将由文化与产业两个部分构成"，"文化必将构成经济进步的新形象"。可见创意产业与经济的发展是相互联系、不可分割的。经济的发展直接影响着国家对创意产业的资金投入，从而影响到相关从业人员的福利待遇等一系列问题。要构建强有力的创意场，在保持对文化创意产业投资的开放性、拓展的多样性的同时，还应关注人们真正渴望与需求的各类设施。仅仅依靠国家财税优惠政策而修建起的大型商场、豪华体育场馆，入驻企业终究无法取得长足发展。为借助国家财税优惠政策东风而入驻的企业随时有可能离开，仅为占用豪华体育场馆而来的运动团队亦然。但投资建设市区公园等生活设施，却可以惠及数代人，自行车道以及用于跑步、骑车、轮滑或遛狗的越野路线也可以使更多人受益。

2. 政府引导

2015年年中，《2015年扶持成长型小微文化企业工作方案》正式出台，说明文化部乃至国家层面已经对小微文化企业的发展困境有了一定重视。《方案》颁布的主要目的就是解决小微文化企业当前面临的融资难问题，并提出了包括拓宽融资渠道、鼓励金融创新等多项措施。同年，《关于进一步推动知识产权金融服务工作的意见》出台，从根本上切实保护文化企业的原创性与创新性，同时为其提供一定层面的金融服务渠道，将50个中心城市和集群全部纳入覆盖范围。此外，可由政府资金牵头，鼓励和引导商业银行及社会资本进行早期项目投资和初始创新技术投资，并鼓励相关金融产品的研发与发行。把现行的政府资金扶持，逐渐转变为引导社会资本投资与管理。除引导社会资本与相关金融机构外，国家还可制定相关制度，鼓励大学内的孵化器、科技园等加大对人才、创新项目等的投入比例，将大学内的这些孵化器、科技园逐步引导上市场化运行的轨道，让其与校园外的相关机构互相补充、互相完善，共同营造出我国集群发展的新局面。

3. 打造文化创意产业集群"文化+"计划

自李克强总理在2015年政府工作报告中提出要在我国实行"互联网+"行动计划之后，跨界融合成为社会关注焦点，业界、学术界等对"互联网+"的各项话题进行了深入的探讨。互联网如何"+"文化，也成为文化产业领域的热点话题。在此基础上，衍生出"文化+"概念，它既不是传统运算概念上的加减乘除，也不是针对热点话题衍生出的夺人眼球的虚化概念，而是一种观念、理论和合理的构想与实际的结合。"文化+"的"+"，是文化与其他事物从不自觉到自觉的融合，是通过文化的渗透将其内涵深植于事物当中，为事物注入文化的血液。同时，它也承载着经济与政治的双重功能。

在文化创意产业集群中，实现文化资源、文化人才、文化元素等跨时空、跨领域、多样化重组，突破文化在地域、行业等方面的界限，努力发展文化与数字内容、建筑设计等多行业跨界融合，与科研院所、影视院线、创业公司等机构的智能交流互通。通过全方位、多角度、立体模型的构建，达到文化、科技、创意等多方面内容的完美融合。通过多方互动合作，重新开创文化发展新局面，打造文化经济可持续发展价值产业链条，助推相关集群以融合方式取得长效发展。

伴随高新技术的不断发展，各个国家都在不断提升自身竞争力以求在新技术革命浪潮中争得一席之地，世界知名发达城市之所以能够跻身前列，率先形成纵贯世界的高速信息、金融网络，这与及时推进技术转化，使高新技术很快转化为生产力是分不开的。文化创意产业集群实现"文化+"，正是顺应这种历史性的潮流。要进一步推进与文化产业发展密切相关的信息、数字、网络等核心关键技术突破，不断提升文化创造及转化能力，加速产业升级与融合，强化创意型、复合型等创意人才培养。使文化自觉主动地向其他行业渗透，使集群占领经济发展的舞台，使文化价值与文化精神占领意识形态主战场。这样的文化创意产业集群才有可能是一个可以提升"一个民族的重量、一个国家的分量、一个社会的体温、一个时代的发展力和竞争力"① 的好的创意产业集群。

恩格斯说:"文化上的每一个进步,都是迈向自由的一步。"② 在当前形势下,要想让我国文化创意产业集群实现真正意义上的自由,还需要我们付出巨大的努力。当前我国文化创意产业集群还存在诸如大而不强、多而不精、缺乏创新、模式单一等诸多问题,然而其不断向前发展的大趋势是不会变的。在当今条件下,国家高度重视文化创新,文化创意产业集群发展仍处于重要的战略机遇期。我们应该保持乐观心态,学习国外优秀文化创意产业集群的经验,打造出具有中国特色的强大的文化创意产业集群,搭建出真正意义上的中国硅谷。

(本章作者:韩晓庆,首都师范大学 2013 级文化产业专业硕士研究生,现为天津轻工职业技术学院助教)

---

① 参见郭永辉《"文化 +"与文化产业兴起》,《红旗文稿》2015 年第 22 期。
② 《马克思恩格斯选集》第 3 卷,人民出版社 2012 年版,第 492 页。

第六章

以数字化为核心的公共文化服务模式创新研究

随着国家对公共文化服务建设的重视程度与投入力度不断加大，公共文化服务存在的问题更多地体现为供需之间的矛盾，而非单纯的政府供给不足、设施建设落后。随着数字化浪潮的来临，公众拥有超越以往的媒介支配权、话语表达权、自主创造力，文化需求得到满足的途径和方式产生差异。数字化作为信息社会的技术基础，对公共文化服务的每个环节和要素的发展都影响巨大。因此，本章首要关注如何借助数字化的手段来实现供需的精准对接。本章主张借助数字化触达需求方的真实需求，促进供给方的标准制定、资源分配科学化、合理化，以满足公民日益增长的文化需求。

一 一组概念：数字化、公共文化服务、公共文化服务社会化

（一）数字化

以阿尔温·托夫勒在《第三次浪潮》中宣称的"人类已经全面进入数字时代"[1]为信号，人类社会生活的各领域正在逐步向数字化转型。各界关于"数字化"的概念已有多种阐述，但目前并未形成一个权威的定义。在《新词语大词典》[2]中，数字化是指"各种信息的数

---

[1] 参见［美］阿尔文·托夫勒《第三次浪潮》，黄明坚译，中信出版社2006年版。
[2] 参见亢世勇、刘海润《新词语大词典》，上海辞书出版社2018年版。

统一处理";《智慧城市辞典》① 中,数字化代表的是"使各种信息转化成计算机和通信网络能够识别、处理和传输的数字信号的过程"。有人则从数字化的形态出发,将数字化看作西方科技文化的再一次"西学东渐",不管是人类的生产、生活或是人类文化本身,"人—机—人"的新型关系就是数字化的全部过程。② 也有学者提出,"数字化"已渐渐替代了"信息化",依托人工智能、大数据、云计算一系列新兴技术,让业务和技术真正产生交互,而不仅限于借助互联网的平台。

笔者认为,数字化对人类社会的影响是全面而深刻的,不能停留在狭隘的数字化形态层面,剥离时代背景来谈数字化的含义是不现实的。随着数字化时代的来临,公众拥有超越以往的媒介支配权力、话语表达权、自主创造力,物质需求和精神需求得到满足的途径和方式也更为多样。在此语境下,"数字化"不再一味地强调技术本身,将原本线下的服务迁移到线上;也不是单单强调内容从"纸面"转入"云盘",剥离人的主体性;而应着重探讨如何恰如其分地使数字化技术为人所役,最终实现真正的个人化。因此,本章将数字化定义为将文字、图像、音频、视频及可视世界的各种信息纳入数据系统,便于人们借助互各类终端精准触达信息、处理事务进而创造价值的一个过程,它具有信息密度大、媒介使用便捷、选择自由度高等特征。

(二) 公共文化服务

1. 西方公共文化服务的基本理念

关于公共文化服务这一概念,目前国外相关研究还没有明确的界定,但根据一些著名学者的相关论述,我们大致可以归纳出一些基本认识。其一,根据哈贝马斯提出的现代公共性的问题以及对"公共领域"③ 的解读,可以认为公共文化服务的空间具备严格意义上的公共性。其二,参照萨缪尔森将"集体消费商品"(collective consumption good)即"公共物品"定义为"每个人对这种产品的消费并不减少其

---

① 参见上海社会科学院信息研究所《智慧城市词典》,上海辞书出版社2011年版。
② 闫贤良等:《文化产业专题研究报告》(下),社会科学文献出版社2014年版,第37页。
③ [德]哈贝马斯:《公共领域的结构转型》,曹卫东等译,学林出版社1999年版,第3页。

他任何人对这种产品的消费"①,即具有非竞争性和非排他性特征,可以认为提供这种"物品"的公共文化服务本质上是一种公共产品。公共文化服务的公共属性决定了市场无法全部提供这部分公共产品,必须由政府这只有形的手进行干预,由此推断得出第三点:公共文化服务主要由政府提供。

2. 我国学者对"公共文化服务"的理解

在我国,"公共文化服务"是一个在特定历史语境中产生的概念,伴随着政府职能转变的背景而提出。近些年来,国内学术界围绕公共文化服务,从不同角度展开了理论探讨,这为进一步厘清"什么是公共文化服务"这一根本性问题奠定了坚实的基础。

早在 2006 年便有学者从公共经济学的视角出发,将公共文化服务纳入文化事业与文化产业的二元框架内来理解②,认为它主要着眼于社会效益,为社会提供公益性的公共物品;王磊③从公共管理学的层面强调,公共文化服务是政府职能在文化领域的重要体现。发展至今,新的语境对构建现代公共文化服务体系提出了更高的要求,祁述裕教授④言明当下应处理好基本与非基本、共性与个性、管理与治理、政府与市场、事业与产业、网点与网络这六对关系;傅才武等⑤学者则指出当前公共文化服务体系的建设正指引公共文化机构和政府管理系统逐渐脱离事业体系的轨道,转入市场经济体制的轨道,从而实现文化管理领域的"现代性"建构。尽管学术界对公共文化服务的理解角度各不相同,但在基本内涵上趋于一致:认为它首先是一种公共物品,具有非排他性的特征;以政府为主要供给主体,具有公益性的

---

① [美]保罗·萨缪尔森、威廉·诺德豪斯:《经济学》(第 16 版),萧琛等译,华夏出版社 2003 年版,第 78 页。

② 参见张晓明《2006 年:中国文化产业发展报告》,社会科学文献出版社 2006 年版,第 78 页。

③ 王磊:《当前我国公共文化服务的理论基础、概念界定与价值取向》,《河南教育学院学报》(哲学社会科学版) 2014 年第 1 期。

④ 祁述裕、曹伟:《构建现代公共文化服务体系》,《中国社会科学报》国家社科基金专刊,2014 年 12 月 18 日。

⑤ 耿达、傅才武:《公共文化服务体系建构:内涵与模式》,《天津行政学院学报》2015 年第 6 期。

特征。

我国的公共文化服务作为政府公共服务的重要组成部分,自2016年起在政策文件中有了明确的概念界定。2016年12月25日正式发布的《中华人民共和国公共文化服务保障法》作为我国公共文化服务领域的第一部基本法,将公共文化服务定义为:"由政府主导、社会力量参与,以满足公民基本文化需求为主要目的而提供的公共文化设施、文化产品、文化活动以及其他相关服务。"① 从概念中可进一步归纳出公共文化服务的几个要素,即提供服务的主体、服务对象、内容形式、主要目的,《中华人民共和国公共文化服务保障法》对于获取服务的渠道也作了规定。

(三) 公共文化服务社会化

1. 公共文化服务社会化的理论基础

公共文化服务社会化这一概念并非我国独创,它有着深刻的理论基础。在公共管理与治道变革的视域下,美国著名学者埃莉诺·奥斯特罗姆致力于在政府与市场之外寻找其他道路,她的核心思想可以概括为:制度是多样性的。在《公共事务的治理之道》一书中,她搜集了全世界大约500个案例向我们证实自主治理的可行性,也从本质上肯定了政府以外的主体能够在提供公共物品的过程中发挥作用。

美国学者奥克森认为,公共服务应该区分"供应与生产"②,这两种角色并非不可分割,也并非附属于政府或市场某一方。任何社会问题都没有单一的解决方案,都是取决于现实条件并采取特定的制度安排:不是严格的政府管制,也不是盲目的靠市场经济,更不是简单的自主治理。上述观点对解决我国公共文化服务建设主体结构单一的问题富有启发性。在新时代语境下,提升我国公共文化服务社会化水平、完善社会参与机制是时代的必然要求。

---

① 中国人大网:《中华人民共和国公共文化服务保障法》,http://www.npc.gov.cn/zgrdw/npc/xinwen/2016-12/25/content_ 2004880.htm,2016-12-25。

② [美]奥克森:《治理地方公共经济》,万鹏飞译,北京大学出版社2005年版,第3—4页。

2. 公共文化服务社会化的基本内涵

改革开放以来，我国公共文化机构管理体制却依然存在着组织僵化、行政依附性强、监督缺位等诸多问题。为推动公共文化机构实现政事分开、管办分离，2017年中宣部、文化部等7部门明确提出"要以公共图书馆、博物馆、文化馆、科技馆、美术馆为重点领域，推动公共文化机构建立以理事会为主要形式的法人治理结构，吸纳有关方面代表、专业人士、各界群众参与管理"。上述法人治理制度是指由多元主体实现公共文化机构的管理与服务，代替政府机构更高效地行使决策、资源整合与监督等职能，这也成为我国公共服务社会化改革的重要内涵之一。

关于公共服务社会化，国外文献鲜见这种提法。国内学者普遍认可政府部分职能的转移，但是这些职能最终是转移给非营利性民间组织、营利性组织还是民间团体则成为争议的焦点。笔者认为，公共文化服务社会化的本质是政府、企业、社会三方角色博弈的问题。从某种程度上来说，动员社会力量参与公共文化服务比单纯政府拨款或外包服务更复杂，但也更为必要。因为这不仅能够保障公共文化机构运作的独立性，更有利于激发公共文化机构内部的活力。

公共文化服务社会化体现在资源配置和文化服务主体的多元化。早在2013年《中共中央关于全面深化改革若干重大问题的决定》就曾明确地指出，要加强各类公共服务提供，需要将竞争机制引入。[①] 社会力量参与公共文化服务的方式具体包括购买服务、设施捐赠、活动冠名、志愿者服务等。在多元互动的公共文化服务供给机制当中，按照政府的职能定位可分为以下三种情况：当政府同时作为安排者和生产者时，政府通过政府机构或公共企业直接向公众提供公共物品及服务，典型代表如各省市的公共图书馆、博物馆、文化馆等；当政府只是安排者，市场和社会组织作为生产者时，政府主要通过政策引导和专项资金扶持发挥主导作用，包括合同承包、特许经营、政府补助及政府采购等形式，具体如社区书屋、KTV老年卡等；还有一种情况则是政府仅作为监督者，

---

① 《中共中央关于全面深化改革若干重大问题的决定》，《人民日报》2013年11月16日。

为市场和社会组织制定供给、安全及其他标准。①

公共文化服务社会化也强调管理运作的社会化与政府的管控并行。一个常见的认知误区，就是将公共文化服务社会化简单等同于用社会力量来弥补政府财力、物力和人力投入的不足。创新公共文化服务社会化途径，必须重新界定政府与企业、社会之间的相互关系。首先，受体制藩篱所困而将文化产业跟文化事业完全割裂开来，这是对公共文化服务认知上的一个常见的误区。政府对于公共文化产品和服务的资源供给、设施运维、服务配备、人才培养等环节均可适当放权给社会力量，例如将部分公共文化体育设施的运营和管理工作外包给专门的民营公司，社区跟附近商户达成活动赞助的长期协议，专业机构为基层举办公益性文化活动输送人才等等。但与此同时，还须明确公共文化服务不同于一般经济学意义上的商品，它具有较强的公共性、思想性和福利性。如若完全依靠市场价格机制来推动公共文化服务社会化的运行，文化产品和服务的质量得不到强有力的保障，则极有可能陷入"劣币驱逐良币"之窠臼。因此，在公共文化服务社会化过程中，政府不缺位仍是核心保障，主要职责是对文化市场进行约束和把控，逐步建立起合理、长效的管理运作机制。

二 从需求侧分析公共文化服务数字化的实现方式

随着国家对公共文化服务建设的重视程度与投入力度不断加大，当前公共文化服务发展存在的问题更多地体现为供需之间的矛盾，而非单纯的政府供给不足、设施建设落后。

（一）公共文化服务中的供需矛盾

近年来，国家宏观政策不断向西部地区倾斜，对农村基层公共文化服务供给的投入力度也逐年加大，以弥补公共文化服务发展的不均衡性和差异性。尽管如此，由于文化供需结构不平衡，我国公共文化服务的供给与需求的对接仍存在诸多矛盾：其一，供给内容与城市居民文化需

---

① 闫贤良等：《文化产业专题研究报告》（下），社会科学文献出版社2014年版，第77页。

求错位。其二，供给内容与农村人群实际需求脱节，供给总量相对农村的实际需求过剩。此类问题在基层公共文化服务建设中尤其明显，例如城市社区周边区域的儿童图书馆人满为患，外借量太大；而城郊的部分博物馆、美术馆无人问津，造成文化资源浪费、设施利用率极低。再例如，农家书屋供应的图书定位高端，并非农民所需，普遍出现"只见房子不见读者"的现象。

上述矛盾集中反映了当前我国公共文化服务发展中面临的一个关键问题——供需不均衡，即公共文化产品与服务的供给水平与区域实际的文化需求难以匹配。结合实际加以分析，笔者认为可能归因于以下两点：首先，国内公共文化服务的内容生产总体上仍然局限于"政府的视角"，其传达的意义被受众消解或排除在外。诚然，公共文化产品或服务有别于市场化经济下一般消费品的概念，具有政治性、思想性、公共性等特征。因此，公共文化产品或服务必然同时承载着核心价值与文化需求①两种意义，理想的状态应该是这两者的有效"耦合"。但值得注意的是，实际情况下两种意义的满足程度是失衡的，如果受众不喜欢、不需要，就有可能造成供给不足、长期闲置或供大于求的情况。当前依照行政逻辑自上而下的公共文化服务供给并不匹配实际需求，另外一个原因就是公共文化服务这一"文本"缺乏与受众之间的对话，受众的真实需求未被公共文化服务的供给者、生产者接收到——这亦是本文关注并在下文进行探讨的一个重要的现实问题。

如何使需求者的真实需求被供给者更好地知晓、理解？在这个问题的探讨中，需求者——公民不仅是服务的对象，更是建设的主体。在奥斯特罗姆的"多中心治理"理论中，自主治理远比政府管理更有效。将视角转到公共文化服务领域，也就是公民从服务的客体角色转变为直接参与公共文化服务建设的主体角色。值得注意的是，这里所指的"公民"②不仅包括群众个体，也指各类社会组织。自 2015 年以

---

① "核心价值"即"传承中华优秀传统文化，弘扬社会主义核心价值观，增强文化自信，促进中国特色社会主义文化繁荣发展"。"文化需求"即"满足公民基本文化需求"，保障公民文化权利。详见《中华人民共和国公共文化服务保障法》对于公共文化服务的定义。——笔者注

② 参见［美］约翰·C. 托马斯《公共决策中的公民参与》，孙柏英等译，中国人民大学出版社 2010 年版。

来，随着政府鼓励多元主体参与基层公共文化服务建设，群体结构更加注重成员间的平等关系。因此，我们亟待公民主体性的回归，使公民自身更多地参与到公共文化服务建设的过程中来。

（二）公民参与公共文化服务的现状

北京作为首都，已在全国率先建成市、区（县）、街道（乡镇）、社区（村）四级公共文化服务体系，而朝阳区在全市率先提出打造"全要素小区"，注重从公共活动空间、功能设施、文化符号构建等多个方面进行创新治理，在公共文化服务建设方面取得了突出成果。为了更直观地感知社区居民与社会组织对公共文化服务的实际需求和参与度，笔者以北京朝阳区天福园、吉祥里、安贞西里、康都佳园、驼房营西里这五个已建成的"全要素小区"为研究对象进行实地调查，每个小区选择包括社区居民、管理人员在内的10人进行深度访谈①，访谈结果分析如下。

1. 社会组织的参与度有所提升

据"全要素小区"社区居委会工作者的说法，几乎每个社区都与企业达成长期协作机制。一方面，社区文体中心为企业提供活动空间、硬件设施；另一方面，企业为文体中心提供活动资金、内容资源、专业人才，实现互利共赢。另外，部分社区将基础设施维护、管理监督、民意调查等工作委托给专业的第三方机构负责，做到发现问题便适时进行动态调整。与此同时，社区还注重孵化内部组织，引导居民发挥"主人翁意识"并深入参与进来。例如，康都佳园小区在"全要素小区"建设中注重与居民互动，共同构建社区文化符号：先组织有绘画特长的居民根据井盖特点画出涂鸦轮廓，然后分发给小区各个家庭自行填色；从居民群体中招募规划师和志愿者参与楼门建设，打造独特的楼门微景观。

调研过程中，笔者还发现了一种值得探讨的特殊角色——社区义工组织。以调研小组访谈过的安贞西里社区的一名义工为例，这位年近花甲的志愿者所在的十方缘老人心灵呵护义工组织目前遍布全国多个城市，每位义工成员既是志愿者，亦是服务对象，居住在所服务社区内或

---

① 访谈提纲、过程省略。——编者注

附近。她不仅向我们展示了作为社区义工的服务态度,更是高度认可组织文化与激励机制。据笔者进一步了解,目前全国各地类似十方缘的义工团队不在少数,有的已形成系统的服务体系,类似于酒仙桥"小红帽"志愿者协会;而有的仍处于不断成长、逐步被接纳的过程,如十方缘义工组织。服务对象与功能多样、运营机制各异的义工组织共同组建为公共文化服务建设的人才储备。

2. 居民参与意识薄弱

在公共文化服务建设过程中,社区居民不只是服务对象,更是重要参与者。然而,"只发表批评性意见,建设性建议全无""有礼品趋之若鹜,反之事不关己"等问题却是社区文化建设当中长期存在的。通过对朝阳区"全要素小区"居民的访谈及对街道办事处、居委会相关人员的了解,笔者发现社区居民个人自发参与公共文化服务的意识还较为薄弱(见表6-1)。

表6-1　　　　　　　　　访谈记录(部分)

社区	摘　要	人员类别
康都佳园	不带孩子时间充裕,参加过很多次活动了,每次都是免费的,要花钱就不会去的	社区居民
天福园	平时有些活动如果拉到赞助有好的礼品的话,参加的人挺多,不然的话就很难拉到人	街道办事处
安贞西里	平时上班没时间,周末根本不想出门,而且感觉活动都挺没意思的	社区居民

整体而言,主动加入社区文化空间、参与文化活动、监督文化建设过程的居民覆盖面小,有效参与率不足;特别是在一些新建小区,处于"陌生人氛围"的居民在很长一段时间里对于社区建设会呈观望态度,主动参与社区公共文化服务的热情未被激发出来。要达到从设施到服务、从硬件配套到人文情怀的全面突破,"全要素小区"的文化建设终须呼唤居民个体意识的觉醒。

3. 文化需求表达机制不健全

公民有效参与公共文化服务各个领域,除了公民自身拥有参与意识与基本能力之外,还需要稳定健全的参与机制配合。不同区域甚至同一区域的不同社区当中，不同个体或不同群体对公共文化服务的实际需求都不尽相同，往往会出现诉求表达渠道不畅通的情况（见表6-2）。

表6-2 访谈记录（部分）

社区	摘　要	人员类别
安贞西里	觉得很多活动都是给老人和小孩准备的吧，年轻人一般不感兴趣。提过一次没有回应也没改变呀，那就算了	社区居民（"30+"上班族）
天福园	有时候老人家来参加活动玩一玩，就算是捧个人场也很好，因为感觉年轻人也不太爱来	街道办事处

据笔者了解，社区一直为居民提供一些正规的诉求表达渠道，例如设置群众留言板、公开热线电话等。但有些社区管理者可能并没有将其规范化和制度化，没能及时回应群众的意见和建议并及时解决问题，陷入"走走过场"的局面，或者是缺少必要的宣传，许多居民根本无从得知那些有效的反馈渠道，久而久之这些渠道也就形同虚设了。

通过调研，笔者认为，当前公共文化服务中出现的供需矛盾、公民参与公共文化服务主体性缺失，问题的根源是公共文化服务的供给者缺少换位思考，没有深入体察居民的真实诉求。在数字化语境下，引导公民参与公共文化服务的途径已经有了新的选择，公民可以同时扮演公共文化服务的服务对象和参与主体两种角色。

（三）公民作为公共文化服务的受众

公民作为公共文化服务的受众，在服务内容、获取服务渠道的选择上受到数字化趋势的影响。为了吸引不同年龄段的人群更多地关注公共文化服务的价值，必然要借助数字技术，在"内容"和"渠道"上塑造亮点。

1. 基于数字技术丰富服务内容和形式

随着人们文化需求和欣赏习惯的改变，公共文化服务要快速适应这些变化，离不开数字技术的广泛应用。

一方面是基础资源数字化，也就是将传统的实体产品和服务项目（例如图书馆的纸质图书、博物馆的馆藏展品等），转换为可以利用现代信息技术加以使用的产品和服务，以不断丰富公共文化服务内容。以图书馆为例，数字图书馆的资源作为传统纸质图书的重要补充，已逐步得到整合并发展成为图书馆的核心资源。人们由传统的"读者"化身为虚拟世界的一个个IP，通过查阅期刊数据库、馆际互借、文献传递等新途径，享用着电子书籍、电子报刊、有声书等数字形态的图书资源。提及博物馆建设，宏大的"数字敦煌"项目亦是富有前瞻性的例子，将敦煌石窟文物拍摄、扫描、存储为可视化信息，并建立集成化的数据库用以永久保存。类似诸多数字系统的使用，成为复原与保护中国传统文化的关键途径。

另一方面，数字技术也会带来用户体验的极大提升，这着重体现在公共文化服务的展现形式上。在数字博物馆建设上，可加强智能科学、体验科学等基础研究，开展人机交互、混合现实等关键技术开发。例如2018年底于北京五棵松举办的"创忆·三山五园"数字文化体验展，将畅春园、圆明园、万寿山清漪园、玉泉山静明园、香山静宜园的历史文化与空间艺术装置、多媒体数字影像以及VR沉浸空间等先进的科技手段相结合，使观众在科技打造的"幻境"中更直观地感知其深厚的人文历史内涵。人们也能够通过数字平台与文化艺术瑰宝产生共鸣和交流。以敦煌石窟为例，网友可通过登录"数字敦煌"平台，高速浏览超大分辨率图像，进行图像、视频、音频、三维数据和文献数据的智能关联，也可在电脑上对30个洞窟进行720°全景漫游，界面简洁、操作简单且富有探索的趣味性，也大大节省了人们欣赏敦煌石窟文化的时间成本与经济成本。

2. 基于数字终端提供便捷、差异化服务

数字终端系统的优势之一在于其便捷性，能够打通公共文化服务"最后一公里"。将线上线下资源予以整合，可以构成互补关系，为传统意义上的馆藏资源开启互联互通的新空间。对于完全不具有排他性的公共文化资源，已有诸多公共文化机构开始尝试利用数字技术进行整合，降低人们对公共文化服务的使用成本。例如在图书馆大厅配备触屏导读设备，在区隔开的空间建立公共电子阅览室，并与新华网、《人民日报》以及移动、联通等运营商合作开通手机阅读专区，开发"移动图书馆"手机App、微信小程序等终端，做到多屏同步配置数字资源。

同时，街道或社区可利用互联网平台和移动终端为居民提供个性化的线上服务，例如在街道或社区文化中心设置电子导航图、数字图书墙，或者借助类似"社区通"等平台，使人们闲暇时自由报名参加社区活动、文体比赛、培训课程等。

诚然，公共文化服务的特征之一是公益性，但是公益性并不意味着免费。在社区的访谈中，当笔者问到居民是否愿意为社区提供的公共文化服务付费，以及能够接受的付费范围时，除了两位老人停留在"公共文化服务就应该由政府免费提供"的认识误区以外，其余居民几乎都表示可以接受 100 元以上的付费——从中可以看出群众对于公共文化服务的付费意愿。因此，借着数字化这一东风，各地公共文化机构也开始尝试与企业合作打造精品栏目或文化产品，并根据不同人群、不同层次的需要进行差异化生产和定价，做到线上与线下资源联动产生效益。故宫博物院 IP 开发就是一个很成功的案例：故宫不仅充分理解年轻群体的购买诉求，利用电商平台将故宫元素的文创产品推向市场；同时也以纪录片、网络综艺、短视频等新型媒介为文化载体，对故宫文化作广泛传播。此外，故宫博物院与腾讯已于 2019 年 9 月达成战略合作，通过"数字化 + 云化 + AI 化"打造"智慧故宫"，助力故宫弘扬传统文化并进行全产业链 IP 开发。在未来，借助数字技术开发公共文化服务项目并进行差异化定价、产业化运营将成为一大突破点。

3. 基于社交网络创新品牌营销方式

推动社交网络应用，面向公共文化服务个性化消费构建新空间。例如，北京针对故宫博物院、颐和园、国家博物馆、国家大剧院等各个文化景点，开发专属的旅游社交软件或社交网站。一方面，社交网络可以为游客之间制订旅游计划、交流游后感、评价旅游产品和服务提供平台；另一方面，可针对游客进行满意度调查，提供坚实的数据支持，亦能推动社交网络通过新型广告的方式进行营销传播，提升各大景点的品牌效应。

利用短视频，塑造品牌文化服务新优势。当前，以抖音、快手、火山、西瓜视频为代表的短视频、网络直播业务快速发展，在文化旅游领域已经突破了工具价值，进入实质内容创新、新型业态培育和价值增值开发等阶段。以此为契机，公共文化服务的发展也可破除传统媒体宣传的限制，将社区化、情感化、分众化的短视频营销作为刺激公共文化服务传播和发展的新支点。二是利用短视频发布平台构建本土文化品牌体系。例如各文化大景点与抖音、快手等短视频直播平台合作，打造譬如"抖音打卡地""快手一游"等文旅认证品牌活动；再结合线上数据评估、线下专业评审评分等方式，每月推出文化旅游产业内的"网红打卡地"榜单。同时，利用算法推荐、定向分发和圈层营销等手段，可增强具有地域特色的传统村落、民俗村镇、民族艺术之乡在公共文化服务高层次消费上的吸引力。

4. 基于数字平台建立激励机制

与奥斯特罗姆所指的"公共池塘资源"不尽相同，我国公共文化服务提供的服务内容基本上不具有"排他性"。当稀缺性不再，那么公共文化服务领域对于社区居民很难总是做到"引导式参与"，稍不留意可能就会倒退到"动员式参与"的状态。为了调动公众参与的积极性，可以有意识地制造公共文化资源的"稀缺性"。借鉴深圳福田文体中心的数字平台——"福田文体通"的做法，可定期发售免费或低价的电影票、歌舞剧票、文艺演出票；也可引导公众通过做义工、志愿者的形式积攒积分，累积到一定数额以后可提现，或者用积分兑换特价票、优先预约活动设施。借助数字平台建立激励机制，既促进了文化消费，一定程度上也缓解了公民参与意识薄弱的困境。

（四）公民作为公共文化服务的参与主体

随着互联网与大数据时代的到来，网络社会的崛起不断形塑着社会关系结构；公民开始更多关注自身的权益，希望通过多元渠道来争取更大话语权。以数字化为契机引导公民自主加入公共文化服务的建设过程，也许能更有效地评判公共文化服务供给内容是否全面，供给质量是否符合要求，是否真正契合相应人群的基本文化诉求，有利于提升公共文化服务水平。

1. 构建社区自治的垂类社群

公共文化服务建设单靠政府的力量是不够的，必须发挥社会组织的动员和协调组织能力、集结群众的力量，走内生与外供相统一的路子。以社区为例，如今大部分城市社区属于陌生人社会，居民之间缺乏交流，相互不熟识，人际关系越来越弱，居民集体共同参与社区治理的意识淡薄。因此，能够形成新型社区自治结构，加入社区共同文化的建设显得格外重要。

笔者认为，可尝试以虚拟社群的形式，组建以志愿参与为驱动的内部组织。此类社群的形成具有较大灵活性、阶段性，可根据临时活动、兴趣爱好等随时组建或退出。除此以外，其可行性还体现在以下两个层面。一方面，科技的发展加速信息的传递，以前普遍存在的信息不对称现象逐渐消失。人们可以通过微信群、QQ群或者社区内网等多种渠道获取即时信息，增强了公共文化服务建设过程的公共性、透明性。另一方面，也是更重要的一点，它能够激发社区居民的主人翁意识，促使更多人以主体角色参与公共文化服务的建设。由社会工作者引导，由个人到群体，由点及面，将虚拟社群运营发展成为社区公认的文化建设"后备军"。在具体实施上，可由社区居委会、妇联等组织人员策划社区品牌活动，在线上多加互动、维护社群活跃度；并根据居民参与情况，适时给予物质奖励或设立社群积分排名制度。

2. 完善文化需求表达与意见反馈渠道

如今，部分地区的公共文化服务效能低的一个重要原因，在于忽视了公共文化服务的可及性，即受众群体与公共文化服务之间的"匹配程度"，包括服务的距离、时间、内容及形式是否便于服务对象享受应有的服务。例如，一些社区书屋免费向农民工开放借阅的书大多是专业书籍或时尚杂志等，但真正有阅读需求、有时间去看、能看懂的农民工很少；很多社区的文化服务场馆开放时间与大部分人的上班时间重叠，很多人无法享受到服务。

那么，公共文化服务的供给者应如何精准获知上述信息？以社区为例，如今大部分城市社区居民业缘、地缘分离，存在受教育程度、经济收入、社会阶层异质性，要想覆盖多样人群的差异化需求，最好的办法便是由需求方主动发声，完善公众文化需求表达与意见反馈渠道。随着产业互联网的发展，在智能化供需配置器的支持之下，产品、金融、劳动力等不同市场之间的隔阂首次被打破，刺激供求信息的传导过程变得尤为迅速。

首先，注重线上与线下一站式的利益表达，拓宽微信群、小程序、微博、社区内网等线上需求反馈渠道。同时，保持这些数字化渠道的规范化、高效率运行，而绝不是"走走过场"。一是指在治理过程中，评估公众需求的合理性并尽量予以满足，以此激发公民再次参与公共事务的积极性；二是及时对公众的反馈意见作出回应，因客观条件限制暂不能解决的事务也应给予解释，获取公众谅解。笔者注意到，包括"数字东城""文旅@海淀"在内的许多公共文化服务线上平台都存在供给信息不明确、反馈意见处理不及时的弊端，例如"文旅@海淀"平台的"场馆预订"栏目里，发布的部分活动场地早已被预订或因装修不再外借，但平台信息并未更新；用户评论里提及的问题，历时许久也未得到解决。因此，拓宽反馈渠道仅仅是第一步，如何采纳群众意见完善公共文化服务才是更为关键的。

3. 推动政府与社会大数据建设

无论是从群众个体、社区网络，还是从公共文化机构系统征集的数据和反馈意见，最终需要适时、适当地转变为指导公共文化服务建设的依据，供供给方参考。因此，可由文化和旅游部与各级文化厅指导各城市加强大数据技术应用，建立文化消费数据监测体系。此类大数据存在的价值不容小觑，既可发掘潜在的群众需求，也可为促进文化消费提供决策依据。

首先，打通政府部门、企事业单位之间的数据壁垒。鼓励政府和企业合作建立数据信息整合收集平台，促进跨部门数据资源分享交换，在此基础上加强趋势分析与研判。例如，支持骨干文化企业和互联网企业利用技术优势和产业整合优势，针对不同文化领域，构建专业化协同式创新云服务平台，进一步开放技术、开发、营销、推广等资源。同时，也需完善大数据应用政策和规范，培育建立第三方数据挖掘、分析和应用服务商，提升数据资源在公众需求诉求发现方面的作用。

三　数字化推动公共文化服务的社会化探索

上面笔者重点从需求侧论述了公共文化服务数字化可能的表现形式，认为数字化将会加速公共文化服务需求的表达。那么，对于公共文化服务的供给方而言，数字化是否也能在社会化运营方面有所突破？这是下面要探讨的问题。

（一）我国公共文化服务社会化发展的实践探索

从国内实践来看，如今公共文化服务社会化运营成效比较好的案例大多是引入产业运营思维，或者委托给社会组织或企业运营。近两年来，各类公共文化服务机构以及基层街道、社区都对此做了一定范围的探索，不少成功案例证明公共文化服务社会化有利于解决机构运行中的管理难题。其中，北京市东城区积极探索"政府+社会"模式，推动公共图书馆、街道综合文化中心等多场景形成社会化运营的新机制，为北京市乃至全国提供了可借鉴、可复制的方案。

1. 角楼图书馆的运营经验分析

2017年11月初，国家颁布实施《中华人民共和国公共图书馆法》，这是公共文化领域继《公共文化服务保障法》之后的又一部重要法律，首次言明了我国公共图书馆事业的新格局以及政府、社会力量和其他多种主体参与建设的重要意义。据此，角楼图书馆应运而生，自开馆运行以来产生了良好的品牌效应。通过对角楼图书馆实地调查、与运营团队交流探讨，笔者对角楼图书馆社会化运营经验作出如下归纳。

（1）体制机制创新是突出优势

作为复建场馆，角楼图书馆没有历史包袱，打破了以往公共文化服务机构包办垄断、效能低下的尴尬格局。自2014年初，东城区委区政府采取向社会力量购买服务的方式，指导实施北京外城东南角楼的复建工程；直到2017年10月开馆运行，历时近四年时间终将其打造成了具有北京历史文化特色的公共图书馆。据角楼图书馆运营负责人卢秋平介绍，在图书馆的整个运营过程中，东城区人民政府给予了极大的发展空间。"并不是说政府设置了多少项目启动资金，最值得我们感激的是，政府在公共文化服务领域有了运营先行思维，而不是把规划当作顶层设计。"这体现出政府给予社会运营主体的支持不仅仅指财力、物力方面，更体现在体制机制上的创新。

首先，东城区人民政府把握总体方向、制定公共文化服务标准，并授权给企业自主运营，由运营团队完成指标。"由有金刚钻的人去揽瓷器活",这种分工是简单而又高效的。同时,运用市场机制、合同约定条款,政府部门按期对运营主体进行履约考核,包括在人才制度方面,针对运营主体的准入条件、各类岗位职责、业务考核标准都进行了详尽描述。实现了从"办"到"管",再到初步实现"管得好"。角楼图书馆运营模式的价值还在于它的可复制性,对于全国公共文化服务建设起到了示范作用。

(2)承接主体的专业性是基本要求

由于公共文化服务具有不同于一般商品的公共性和思想性,为避免跌入"劣币驱除良币"的新窠臼,运营主体在内容的把控上还须秉持专业性这一基本要求。角楼图书馆受东城区第二图书馆直接管理,经过严格的招投标程序,选定优和时光(北京)文化中心有限公司的专业团队作为项目运维主体,具体承接角楼图书馆日常的品牌传播及活动运营工作。据笔者了解,东城区政府主要以短期合同的形式将角楼图书馆委托给企业运营,每次招标可签约承运期限为三年,若本期表现不佳则下一期不再有资格承运,由政府掌握主动权。如此一来,运营企业就有了危机感,有利于督促运营企业遵守规章制度、保持专业水平。

对于公共文化服务"专业性"的定义,还需进行多方面审视。先举一个曾经在大众看来是公共图书馆社会化运营的成功案例——北京海淀北部文化中心图书馆,它是由台湾艾迪讯电子科技有限公司负责运营。这家公司为国内外多家图书馆提供知识信息服务,有"亚洲最大的图书馆系统公司"之称。但据笔者实地调查走访发现,尤其是2018年以来,北京海淀区北部文化中心图书馆经常是门庭冷落,甚至场馆工作人员也流失严重。究其原因,虽然艾迪讯公司在三年运营的合同期内基本完成公共图书馆的验收标准,但似乎更多是将图书馆的文献储存、读者阅读、基础设施的功能放大,没能构建起运营品牌,难以塑造亮点。

笔者认为,比起提供有限的场地租赁、系统维护、知识信息服务等,专业性更体现在深入挖掘本土文化和群众需求上,这才能够为公共文化服务机构的运营带来源源不断的内生动力。在专业化运营上,优和时光不仅拥有丰厚的服务、资本、产业资源,在盘活文化资源、打造特色品牌活动方面更具有优势。自角楼图书馆开馆以来，开办了"角图夜读""北京会客厅""非遗52日""老外爱北京"等一系列品牌活动，基本覆盖了中老年、青年群体的优质阅读及体验需求，把图书馆这一传统意义上的阅读空间变成了有温度的公共空间。

（3）先进的数字化技术成为潜在动力

目前，角楼在保持老北京地标性建筑原有风貌的前提下，主要承载着公共图书馆和展览展示馆两种功能定位，以此落实设施铺陈和开展文化活动。角楼图书馆按照功能内设三层：一层为展览区域，主要举办老北京文化主题的各类展览；二层为图书阅览区，为读者提供具有老北京历史文化特色的地方文献图书7000册、纸质报纸30余种、期刊100余种，甚至有些是已绝版的地方典籍，同时也用来定期举办小型读书会等活动；三层是开敞的屋顶平台，作为辅助文化活动区。

在参观调研过程中，笔者注意到角楼图书馆的门口摆放着几块小黑板，用以标注每日的活动预告和可容纳人数，于是便与运营负责人卢秋平老师就文化活动的报名方式、传播方式及其效果展开交谈。据卢老师介绍："我们最初主要是通过媒体报道，但真正引起更多人关注的转折点是发布微信文章推送、随后被粉丝基础庞大的公众号转载，逐渐打造出'最北京的图书馆'的品牌，大家才慕名而来。"

不仅仅是在传播方面依托于互联网，角楼图书馆同样也在寻求以智能系统来合理调配馆内资源或活动名额，使占地面积较小的图书馆能为更多读者提供服务；将志愿者、民营文化企业、普通读者多方纳入数字系统，建立培训、申请、互动机制。通过对馆内陈设和阅读终端的观察，笔者认为，角楼图书馆目前已基本符合阅读、展览、人际交流多种功能定位。卢老师指出，在日后的运营过程中，尤其是在数字资源整合与分配等方面，将继续尝试借助数字化优势，将图书馆打造成一个兼具传统文化特色与现代化特征的文化空间。

2. 景山街道公共文化服务中心建设的数字化构想与实施

为进一步落实《北京城市总体规划（2016—2035年）》，完善现代公共文化服务体系，北京市东城区政府及景山街道拟打造一个兼具文化内涵和普惠性、互动性、体验性的公共文化服务中心，并于2019年6月同样交予角楼图书馆的运营团队——优和时光（北京）文化中心有限公司负责落地实施与运营，选址为美术馆后街40号。依托着独特的历史底蕴、区位优势和文化资源，运营团队计划打造首个场景式基层文化中心，将阅读、戏剧、国学、艺术、文创、园艺等多项内容融入人们的生活。为了打造"没有围墙的公共文化服务"，数字化技术的作用尤其突出。

只有从服务配给与管理模式、运营策略到文化设施、基础服务，再到内容呈现形式、传播方式、终端设备都注重营造新的用户体验，才能实现真正意义上的数字化。笔者根据负责人卢老师对于市民文化中心的空间规划、空间管理、活动组织与品牌建设的全方位介绍，提炼出景山街道公共文化服务中心在建设过程中的数字化构想（见图6-1），主要体现在供给机制、管理运作机制和监督评估机制三个关键部分。

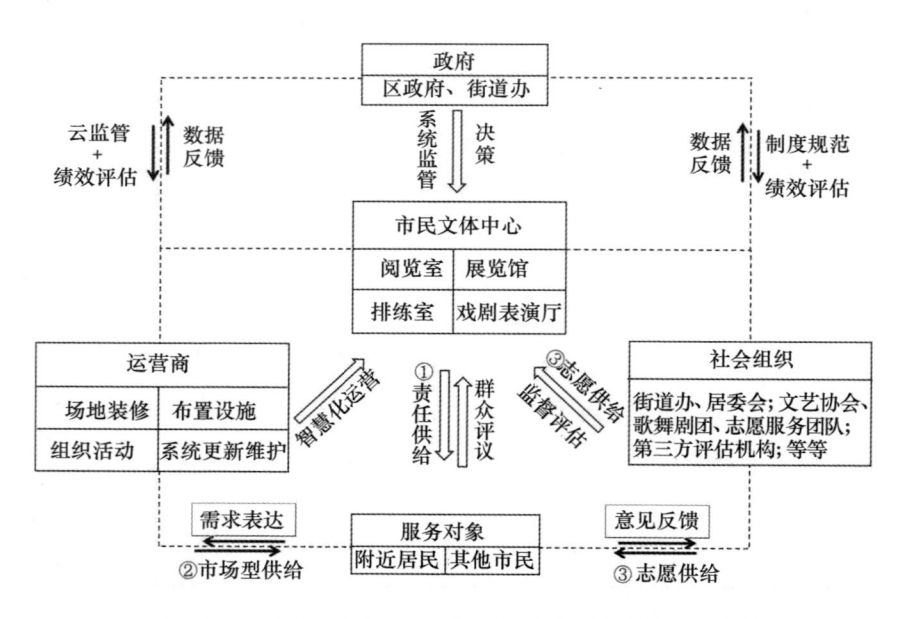

图6-1 数字化语境下的公共文化服务中心社会化运营构想图

（1）供给机制

市民文体中心公共文化服务的供给环节主要涉及供给方（政府、运营商、市民文体中心、社会组织）以及服务对象共五种角色，供给方式根据供给主体的类型可划分为责任供给、市场型供给和志愿供给三类。一是以东城区政府为主导，面向文体中心的直接提供阅览室、展览厅、排练室、戏剧表演厅、社会组织孵化器等场馆的责任供给；二是以运营商为主体、以供应方和合作方为支撑资源的市场型供给，例如健身房、时尚互动体验、工位租赁服务等，其优势在于专业机构或文化企业可根据市场需求丰富文化产品和服务的新品类，同时提高运营活力；三是以志愿参与为驱动的志愿供给，其主体是居委会、妇联、社区工会、文艺协会、志愿者团队等民间组织或第三方机构，例如为文体中心的美食工作坊、民俗节、北京影像展、亲子阅读等活动提供基础资源与义工服务。上述三种供给方式所提供的文化产品和服务形成互补，基本覆盖了居民们对馆类文化、演出展览、广场文化、才能展示等多方面的需求。

在供给机制中，数字化的痕迹正在逐渐显现。首先，政府主导的责任供给不再局限于图书、展品等传统场馆物资输送，实行总分馆制的同时，数字图书资源也被纳入供给清单中；文体中心在直接面向群众服务时，营造开放式、场景式、沉浸式文化氛围，即借助 AR、VR、遥感、语音识别、人工智能等技术增强用户体验。其次，运营商实行"智慧化运营"模式：引入"云服务"系统对文化资源加以统筹，建立区域间资源共享关系；全面实行 IC 卡身份识别，划分服务人群并提供个性化服务；每周定期在馆内数字屏及线上平台公开活动目录，综合用户历史数据及潜在需求增减或拓展活动项目。此外，依托数字平台，文体中心与京城非遗人才创新发展联盟、中国京剧程派艺术研究会、北京插花协会等专业性社会组织保持密切联系，并根据系统采集到的师资力量、业界口碑、群众评价等因素，适时引进合作资源或终止伙伴关系。

（2）管理运作机制

第一，品牌运营。与众多公共文化服务机构不同的是，景山街道公共文化服务中心在提供基础服务的同时，也在寻求自我品牌的永续发展。前文已提及，通过对社区公共文化服务现状的调查，笔者发现几乎每个街道的基层文化活动中心都尚未脱掉"老年活动中心"的帽子，这是当前我国基层公共文化服务的一个普遍现象。景山街道公共文化服务中心的运营者直面目标人群单一、缺乏新意的痛点问题，将其定位成"首个场景式基层文化中心"，即强调文化的体验、交流与传播的平台。

第一，在品牌建设初期就明确划分其目标群体，主要包括日常中老年、周末中青年、创业人群、属地单位，针对不同人群设立不同的功能板块；在云平台上，各项功能则对应不同的菜单栏和 banner，供用户挑选。以此为基础，运营方通过云服务系统、机构官网、微信小程序多个端口进行社群维护，提升用户黏度。同时加强媒体维护，满足中青年人群对头条号、抖音号、豆瓣、微博等社交平台的阅读习惯，制造话题以提高关注度，形成矩阵式传播渠道及内容。当然，在运营期间还将结合实际情况对接新的合作资源，把品牌形象管理与价值提升当作一个永不间断的过程，像故宫博物院 IP 与电商、影视等多个领域的跨界融合便是很好的范例。

第二，空间管理。空间的智能化管理也是景山街道公共文化服务中心在规划中的一个突破点。一是空间共享便捷化。运营者将各个场馆的面积、基本信息发布于线上平台并及时更新闲置情况，使用者可以便捷地租借场地用于举办文化活动，大大提高了场地和设施的使用率。由于景山街道公共文化服务中心在规划上基本遵循"一室多用"原则，也可为用户进一步缩减布置场地的经济成本和时间周期。二是数据集成并建设数字化系统，记录用户属性、标签、群组、喜好以及空间在线预约及到场率、空间利用率等数据，为公共文化服务中心的管理者和运营者作进一步的空间规划提供决策分析和运营支持。

第三，用户管理。景山街道公共文化服务中心的用户管理主要基于小程序的用户端实现，其用户包括普通游客、会员以及义工团队。据运营团队负责人卢老师说明，此项目建成达标后拟定全年接待客流量30万人次。对于这样一个较为庞大的游客群体的管控，公共文化服务中心将会全面开放线上预订服务，按照闲时和节假日、工作日和双休日等标准限定免费入场券名额，根据散客和团队、附近居民和其他公民等标准进行差异化定价；用户实名认证并登录、线上预约成功后，将自动生成二维码并发送到用户绑定的手机号或电子邮箱，相应地场馆内实行智能门禁，人们入场时只需扫码通行，便捷又安全。

同时，用户每次预约参观、租借场地或参加活动，都会形成电子订单。因此，系统对这些用户行为数据加以分析，可以从中发掘高黏度用户并寻求提升服务层次的可能，也就是建立起会员制度。此外，线上平台专设"志愿服务"板块，用以招募社会组织、学生志愿者、社区义工人员等。一方面提供志愿者认定入口和管理办法，建立积分和等级制度；另一方面也针对公共文化服务的不同领域开发线上培训课程，助力志愿团队的建设与人才培养。

（3）监督评估机制

公共文化服务社会化同样需要建立起社会化的监督评估机制。景山街道公共文化服务中心将采取数字化技术，形成精准化的管理流程。

一方面，强调过程监管的公开透明化。对于运营者落实公共文化服务项目的每一步，都给出明确的规范和纠偏措施，并即时向参与运营的合作方和供应方发布通知，向群众公布项目规划的详细信息。同时，政府主管部门通过中期考核、不定期抽查、事后评估和反馈等手段，对公共文化服务中心的财务支出和收入、设施配备和文化活动开展情况进行评估，定期给予奖惩、进行业务调整，并第一时间公布评估结果，接受群众监督。

另一方面，景山街道公共文化服务中心的评估正在由政府评估向多元评价转变。根据实际需求，将群众评议、第三方评估机构纳入公共文化服务评估体系。例如，开通群众线上点赞、评价和来信通道，运营者可直接获取群众满意度的相关数据；由专业性强的第三方评估机构建立合理的评估指标体系，对公共文化服务中心的现场群众及周边居民进行随机访谈，了解评估对象的实际服务情况。基于大数据和云服务系统，上述信息全部作为资质认定、绩效跟踪、支付结算和评定等级的依据；反过来，也可将考评结果应用到新的公共文化服务项目中，这样既有专业性保障，也提高了监督评估的效率。

（二）数字化与公共文化服务社会化的双向联系

我国公共文化服务的社会化运营为数字化建设提供了哪些便利，而数字化技术又能为社会化运营带来哪些新的契机？综合以上社会化运营的两个实践案例，笔者进一步分析公共文化服务的社会化与数字化之间相辅相成、密不可分的联系。

1. 社会化为数字化提供资本基础

（1）物质资本

以国家数字图书馆、敦煌艺术数字化保护、故宫博物院数字化、兵马俑数字化等工程为例，政府在文化战略制定、财政支出上越来越重视公共文化数字化建设,同时也鼓励更多的社会力量加入数字化建设的阵营。早在 2011 年发布的《文化部财政部关于进一步加强公共数字文化建设的指导意见》中就提出,"要吸引群众、探索引导社会力量参与公共数字文化建设;鼓励企业以优惠条件参与公共数字文化建设,通过与电视媒体、网络媒体和通讯运营商的合作,拓展公共数字文化的服务渠道。"①

近年来,各地政府利用财政资金撬动民营资本,事实证明这个做法是可取的。一方面,越来越多的民营企业乐于为公共文化服务贡献数字化机器、设备、场地、建筑物、交通运输设施等物质资本。这在社区公共文化建设中较为常见:通常是由附近商户为社区提供活动资金、场地和基础设施,也有喜马拉雅、网易等企业提供的垂直类产品(包括音频类 App、电子阅读器等)。北京许多社区已配备了辰邦急救提供的智能"24 小时自助急救站"专业化设备和基于 LBS 的 App。

当然,也不乏资本实力雄厚、市场影响力强的互联网企业向公益性文化机构靠拢,通过合作、授权、独立开发等途径达成"双赢模式"。其中,腾讯和故宫博物院于 2016 年已达成战略合作,双方在文物数字化采集与文化研究等领域合作助力"数字故宫"建设,为消费者提供更为优质的数字资源开放服务;依托腾讯的流量和资本优势,运用创意和科技手段对故宫博物院的 IP 进行开发,助力传统文化传承和创新。

(2) 人力资本

长久以来,我国公共文化服务"最后一公里"问题难在缺乏专业性人才。尤其是在许多信息建设不发达的偏远乡村,文化数字化建设领域的基层工作者几乎是空白。如何摆脱基层缺乏人才或是难以留住人才的困境?公共文化服务社会化可以给出应对之策。

其一,公共财政以财政补贴的方式给予适当支持,例如鼓励离退休文艺工作者、文化志愿者在基层担任文化指导员或文化管理员,逐步建立一支来自本土的、高素质的基层公共文化队伍。其二,制订创新型企业人才引进专项计划,或鼓励本土企业加强信息技术相关的专职人才的

---

① 文化部、财政部:《关于进一步加强公共数字文化建设的指导意见》,中国经济网,2011 年 12 月 21 日。

培养输送。其三，面向全国广泛招募基层公共文化服务志愿者，分派到各级数字图书馆、数字博物馆、科技馆等文化机构，对基层群众普及数字化基础知识、指导数字化设备的操作方法。

2. 数字化为社会化运营提供内生动力

在公共文化服务视域内，数字化范畴正在扩大——从起初简单所指的馆内文化资源数字化，到文化生产、文化传播的数字化，再到如今虚拟现实技术加持的文化呈现数字化、大数据分析为基础的终端智能化，甚至逐渐渗透到公共文化服务的社会化运作和管理模式上。

(1) 提供数字增值服务以拉动消费

事实上，公益性不必总和免费画等号，公共文化服务也从来不是一个限定"免费"的范畴。在数字化的背景之下，公共文化机构的社会化运营客观上也存在着带动相关产业发展、促进文化消费的内在属性和现实可能。

在保障基本服务的情况下，公共图书馆可整合数字资源，利用商业综合体拓展文化空间，再引导鼓励商业网点布局建设实体书店。各地的文化馆、博物馆和美术馆可针对不同群体的文化需求，与民营企业或社会组织合作打造具有本土特色的公共文化品牌，后期可采取部分免费和部分公益性收费相结合、差异化定价的方式提供数字增值服务，例如开发公共文化机构的官方票务系统，由运营商定期发布优惠价格的电影票、各类文艺演出票、数字展览等。笔者认为，若能形成长效、成熟的模式，社会化运营所提供的数字增值服务既可作为公共文化服务内容的有益补充，也可促进文化消费，从而激发公益性文化机构的内在活力。

(2) 借助数字平台优化资源配置方式

可以看到，公共文化数字平台在整合社会资源方面正在发挥着系统而全面的作用。以"文化@海淀"平台为例，该平台设置了活动报名、场馆预定、文化遗产、在线讲堂、文化图库、文化@AR、特色品牌、畅游海淀等多个栏目，还配有公共文化云系统的直达链接。用户可通过 PC 端门户网站、移动端的微信公众号和 App 等多个终端进入，快速检索并获取所需的内容。综合分析，包括"文化@海淀"在内的一系列公共文化数字平台发挥的一个关键作用就是整合。

一是可分设多个栏目，把基础文化设施、公共图书资源、文化旅游资源、特色品牌活动等优质文化资源整合起来，实现对一定区域内公共文化资源的动态调配，一定程度上节省了社会化运营花费在资源配置上的时间和财力、物力等成本。二是把供给方和需求方紧密联系起来，以便更合理地将就近区域内富余的公共文化设施分配给有需求的人群，文化机构或企业、社会组织也能有的放矢地提供缺位的服务。例如，登录并且实名认证的团体可线上预订活动室，提高公共文化基础设施的使用率的同时，一定程度上也调动了人们参与或组织公共文化活动的积极性。三是把专业人才与实际的文化服务匹配起来。社会化运营的一个最大优势是人才队伍更庞大、可选范围更广，而数字化能够为整合社会人才提供更合理、更多元的渠道，例如基层社区一年一度或每月一次举办的民俗交流会、趣味运动会、社区戏曲节等文化活动，往往不是受限于场地设施而是人员配备不足的问题。因此，可通过建立人才数据库或开通紧急征集志愿者的网络通道等形式，缓解人才培养方面的压力。

（3）新技术加大公共文化效能监管力度

公共文化服务社会化的基本内涵之一在于其监管评估过程的社会化。由政府评估向多元评价转变，这一过程除了带来评估工作的高效率，势必也对评估体系的科学性和系统性提出更高的要求。在此前提下，数字化技术可帮助克服政府部门不公开不透明、第三方社会机构评估的公信力不足等潜在问题。

一是保持公共文化服务信息、效果评估结果的公示，提高公民的认可度和"主人翁意识"。例如，公共文化服务机构可基于大数据分析建立公共文化效能监控机制，形成效能积分排行榜周报制度。二是开拓群众评议渠道，加强公共文化服务过程监管的事中、事后反馈。例如，在区域公共文化服务的数字平台上常设评价反馈区或意见邮箱、机构联系方式等，做到发现问题及时调整。三是基于大数据采集用户信息，更好地匹配用户需求。可根据用户的浏览记录或订单信息进行个性化推荐；同时，分析用户消费行为所获数据可作为政府或第三方机构统筹分配新的公共文化服务资源的重要依据，进一步提升公共文化服务的效率和质量。

四 以数字化促进公共文化服务的标准化

当公共文化服务供给侧根据需求侧信息制定了供给方案,下一步最关键的是如何实施。笔者认为,在公共文化服务标准的实施过程中,数字化技术可以帮助实现智能评估,也能使社会组织和广大民众完成管理监督和绩效评估的工作,进一步实现标准化。

(一) 公共文化服务标准化的基本内涵

1. 公共文化服务标准化概念的提出

2013年11月党的十八届三中全会首先提出,要"统筹服务设施网络建设,促进基本公共文化服务标准化、均等化"。其中,公共文化服务的"标准化"是指遵循基本性、普惠性和公益性等原则,首先明确政府所要提供的基本公共文化服务的具体范围、项目与标准,此外需明确中央与各级政府的事权责任,再根据各地经济文化特征建立地方范围内科学合理的基本公共文化服务标准;公共文化服务的"均等化"则是指通过有效的制度安排,使全体公民不论其种族、地位与收入等级如何,都能公平可及地获得相应的基本公共文化服务。公共文化服务的标准化与均等化之间相互联系——均等化是最终目标,而标准化是衡量是否实现均等化的标尺。

2. 学界对"标准化"的不同解读

在新时代语境下,对于"标准化"这一概念的理解尤其重要,也呼唤学者们从不同的立场与视角加以解读。从政府决策看,标准化集中体现在政府围绕着向人民群众提供的基本公共文化服务项目、硬件设施及其人员配备[①]等作出明确规定;在国家制定标准的基础上,各地再从实际出发,制定适合本区域的实施标准。若是结合文化权利的角度剖析,标准化其实强调了在公共文化服务领域形成对政府的刚性约束,与其补齐短板、兜住底线、促进平等的要求高度重合。从公共管理的角度来

---

① 中央政府门户网站:《国家基本公共文化服务指导标准(2015—2020年)》,http://www.gov.cn/xinwen/2015-01/14/content_2804250.htm,2015年1月14日。

看，有学者分析认为自上而下的"无差别"式标准化会吞噬自下而上的个体性，上下脱轨就会发生；因此，服务逻辑应代替行政逻辑，从脱轨走向耦合①是公共文化服务标准化供给的价值诉求，把契合公民基本文化需求作为唯一标准。

3. 数字化背景下对"标准化"概念的重新界定

数字化技术的普及催生了新的"标准化"。笔者认为，数字化语境下的"标准化"范畴是指制定标准的科学性与实行标准的规范化的有机统一，或者说处于这样一个演变进程之中：一方面，须明确标准化不可简单等同于程序化。公共文化服务标准的制定不能在文化内容供给上"一刀切"，要充分借助互联网平台与用户大数据探索用户"点单"模式，尊重和统筹不同群体的文化口味和文化选择。另一方面，公共文化服务的标准化包容了自下而上地监督公共文化服务单位落实标准的可能性，克服以往政府主导的绩效评估机制的不公开透明之弊端，也进一步提高了公共文化服务的效能。

（二）基于公共文化数字平台的线上"订制服务"模式

在本小节，笔者更多是从需求侧的角度，探索基于公共文化数字平台实现"订制服务"模式的可能性。按步骤来看，公共数字平台"订制服务"模式的建立离不开功能布局、需求匹配、数据搜集与分析这三个方面的统筹协调。在我国范围内，目前已有"福田文体通""文化上海云"等诸多优质的公共文化数字平台支持数字资源共享，以及多样化的在线预订服务，但仍存在较大提升的空间。因此，笔者将结合各平台当前取得的建设成果以及存在的制约因素，提出更为科学合理的"订制服务"模式。

1. 功能布局

如果需要构建一个面向全民的公共文化数字平台，其基础功能布局产生的影响最明显。笔者所指的功能布局不仅指用户界面的导航窗口、信息公告栏、标签设计，更包含用户权益、违规约束、奖励方式等隐性设置。其功能布局是否合理，评判标准有四：用户登录后和操作是否便

---

① 王杨：《从脱轨到耦合——公共文化服务供给的价值诉求》，《求实》2019年第6期。

捷、用户隐私是否得到保障、服务内容和对象覆盖范围如何、是否取得良好的点击率和转化率。

深圳市福田区在公共文化数字平台建设的探索上走在全国前列，区文体局自 2014 年开始运营"福田文体通"微信公众号，平台上各项服务的开发和上线都遵循用户主动选择的原则，面向个人与团体两种用户。平台主界面分为"文化功能区""福田健身房""福利来了""用户中心"四个板块："文化功能区"整合福田区的图书馆、博物馆、文化馆、戏剧院、文化广场等多种场馆与品牌活动介绍；"福田健身房"则公布了福田区的公共体育场的基本设施及其品牌赛事、体育组织；"福利来了"板块则供市民线上报名参加文体活动、抢购各类演出和活动的低价门票、预约场地，以及定期提供"10 元 K 歌 6 小时"等福利；"用户中心"的设计则契合大部分用户对 App 的使用习惯，除个人活动信息以外，其特色在于增设了积分制度——用户可通过每日签到、参与活动、预约场地等多种方式获取积分。

总体而言，"福田文体通"作为一个面向全体网民的公共文化数字平台，称得上是功能齐全且人性化的。在此基础上，笔者仍发现这个平台的功能布局方面尚存不足之处，需要在后续的数字平台建设中予以注意。第一，平台功能过于集中在"福利来了"板块，但排名第一的"文化功能区"板块信息量较小（只有各场馆的基本信息介绍，鲜有更新）。因此，可尝试将人们最常用的报名参与文体活动的相关功能迁移至"文化功能区"。第二，应警惕场地或服务的线上、线下状态存在时效性问题，及时核对并更新。第三，"福田文体通"平台注册账号暂不要求验证身份证号码，非实名制登录易诱发越轨行为，进而导致文化资源或场地设施的浪费。建议实行实名制申请和预约，或针对用户不诚信行为采取扣除积分、限制预约次数甚至停用账号等制约办法。

2. 需求匹配

基于日趋完善的公共文化数字平台功能布局，如何将丰富多元的服务内容与目标人群精准匹配，是下一步应该考虑的问题。以 2016 年上线的"文化上海云"平台为例，它作为国内首个实现省级区域全覆盖的公共文化数字平台，已基本整合全市的场馆资源、活动资源、内容资源。截至 2018 年末，"文化上海云"App 注册用户已达 342 万人；平台整合的活动信息覆盖上海的 2040 个文化场馆，全年服务人次高达 3180 万人次。① 该平台现已基本实现了制定服务"菜单"的初步构想，利用大数据实现精准点单、配送。

笔者认为，区别于刻板地遵从政府制定的统一标准，公共文化数字平台应更多地从需求方出发，使公共文化服务转向"定制化"的方向。在"文化上海云"建设的经验基础上，还可建立大数据支撑的智能分发机制。首先，公共文化机构或文化企业以官方立场向平台植入专属二维码，市民可扫码提交个人需求信息，随后将海量需求数据汇聚到市级、省级乃至全国范围内的配送平台。同时，根据用户参与活动记录、购买产品的订单以及预约场地等行为，系统可自动评估后续面向该用户继续投放某项公共文化服务的可行性。不仅如此，相信在公共文化数字平台建设不断趋于完善的未来，用户在各个子平台上点赞、转发、评论的痕迹也可纳为个性化推送的依据。

3. 数据搜集与分析

综合"福田文体通""文化上海云"两个案例，笔者认为，当前公共文化数字平台在数据搜集与分析能力上仍有很大提升空间。一方面，依托一站式的公共文化数字平台，整个城市甚至全国公共文化活动的大数据得以被搜集和分析，可运用平台大数据倒逼政府职能转变。这里所指的数据不单单包括用户行为数据，而是贯穿于文化活动的整个环节，形成公共文化服务标准化流程。每条数据后面都有更多的数据和浏览轨迹，每个用户都与数据后面的活动相关联；而通过对大数据的挖掘和发现，就能为未来的个性化服务带来无限的可能。例如，服务人群的年龄段分布、各项活动的订票高峰期、回购率等数据都可作为政府部门采购公共文化服务的参照。

另一方面，用户数据的广泛搜集对公共文化机构的运营也大有裨益。其中，最常见的是引进高精度定位技术实现场馆人流数据采集，帮助公共文化机构即时调整文化活动的配置。再者，对各个区域的各类演出的上座率、各项活动的参与人数进行分析，更科学地在合适的时间、

---

① 参见《从"在场"到"在线"——"互联网+"为公共文化服务插上翅膀》，中国文化传媒网，2018 年 11 月 23 日。

地点安排合适的活动。例如某个社区文化中心设置了多种不同类型的活动室，可以通过实时数据的分析看出哪些活动室利用率更高、哪些活动室短期内不受欢迎，以此形成直观的"需求分布地图"，加速在一定区域内公共文化服务智能化标准的形成。

（三）公共文化服务监督和评估机制的数字化

综合分析《国家基本公共文化服务指导标准（2015—2020年）》与2018年出台的《公共文化服务保障法》的有关规定，笔者认为，当前我国基本公共文化服务标准化建设遵循以下逻辑：由国家先对标准的建立提出整体原则性要求，承担"底线标准"；然后面向全社会公开，地方据此提出细则性要求和具体实行方案，承担的更多则是"弹性标准"。在标准的落地实施过程中，知晓率、参与率、设施利用率等指标常常被用以描述公共文化服务的成效，但当前针对地方众多公共文化机构的监督和评估机制尚未取得突破性进展。笔者认为，数字化思维在探讨促进公共文化服务监督和评估机制建构方面具有积极的建设性的意义。

1. 我国公共文化服务绩效评估研究的现状

根据文献检索发现，当前我国学者有关公共文化服务绩效评估的研究并不算多。笔者基于中国知网数据库以"公共文化服务"+"绩效"或"评价"或"评估"为关键词，将发表时间限定为"2010年1月"至"2020年1月"进行篇名搜索，结果仅有150篇学术文献。通过分析，内容大致分为两类：大多数文献仍是在政府绩效评价研究的总体框架下进行，从财政支出、工作目标责任管理制度、基层公共文化服务工作考核等多个角度进行宏观论述；也有一部分是针对博物馆、图书馆等某一领域的公共文化机构进行实证研究，从微观的角度给予评判。而探讨数字化技术对公共文化服务绩效评估影响力的文章寥寥无几，也不够全面深刻。面对数字化浪潮与人们媒介使用能力的大幅度提升，笔者认为，当前公共文化服务领域亟须建立起合理且长效的评估指标体系，与数字化技术相融合，大幅提升绩效评估的效能。

2. 公共文化服务绩效评估的指标体系重构

随着公共文化服务体系建设进程的不断深入，"服务效能"评估的说法相继出现在文化部《2016 年度公共数字文化工程年度考核内容》、第六次公共图书馆评估定级系列评估标准中。① 但在实践层面上，所谓"服务效能"评估总体呈现出分散和单一化的缺陷，并且往往是一种短期行为。在有的情况下，公共文化服务绩效评估的指标并不合理，评估过程不当导致偏差。在笔者看来，形成既有共性又有个性、上下衔接的标准指标体系，其本质是达到公共文化资源系统与治理系统的协调统一（见表 6-3）。

表 6-3　　　　　公共文化服务绩效评估的指标体系

公共文化资源系统 VS 治理系统			
A 文化机构门类	A1 图书馆 A2 博物馆 A3 文化馆 A4 社区服务中心 A5 其他	a. 供给主体	a1 政府部门 a2 非政府组织 a3 企业
B 公共文化设施完备程度	B1 数目 B2 功能	b. 服务对象的特征	b1 人口统计学特征 b2 社会经济属性 b3 行为偏好
C 文化资源系统潜在容量	C1 线上 C2 线下	c 配置结构	c1 线上 c2 线下
D 文化资源系统现有规模	D1 线上 D2 线下	d 操作流程	d1 购买服务 d2 配送服务 d3 用户反馈
E 系统的活跃程度	E1 人流量 E2 举办活动的频次 E3 公众满意度	e 信息传播方式	e1 人际传播 e2 大众传播 e3 互联网传播
F 系统的稳定性	F1 资源的更新速度 F2 品牌活动的生命周期	f 监督和管理机制	f1 奖惩制度 f2 管理制度 f3 社会参与程度

在这个评估体系当中，公共文化资源系统与治理系统分别代表的是公共文化机构的承载力和治理能力。笔者通过对公共文化服务标准的分析，分别选取了六个一级指标以及若干二级指标来建构绩效评估体系。值得注意的是，目前国内已经出台的各种评估指标大多采用定性分析方

---

① 参见《文汇报》2017 年 7 月 1 日报道《全国大部分地区已将公共文化服务纳入政府绩效考核指标》。

法，或者偏重于对资源总量、设备设施、场地面积等一系列"硬指标"的等级评价。因此，笔者将服务质量和服务效果等"软指标"也纳入考量，例如增加了公众满意度、社会参与程度、行为偏好、品牌活动的生命周期等各项指标。

以往对公共文化机构的绩效考核基本上集中于对馆内资源的评估，例如图书馆的藏书量、博物馆的展品数和展览频次等。随着公共文化服务数字化建设逐步取得成果，公共文化资源系统还须将线上资源纳入体系中，例如电子书数量、有声书收听量、数字博物馆点击率等。相应地，在治理系统中同样需要调整配置结构，区分线上、线下资源配给比例以及配给方式，达到更精准、更高效。此外，人们对于不同文化机构、不同文化活动的选择规则是不一致的，因此是否采取契合的信息传播方式也是治理能力的一种体现，有必要作为其中一项指标。

3. 完善公共文化服务监督评估机制的新思路

笔者认为，一定区域内公共文化服务的监督与评估是同一系统里相互促进、不可分割的两个组成部分，其出发点都是为了保障公共文化服务标准化的实施。若要完成这种监督评估功能，笔者认为应基于前文所提出的公共文化服务绩效评估指标体系，设计一个由政府主导、第三方机构负责运营的"云平台"，该平台主要分为以下两个基础部分，使公共文化服务朝着评估指标定量与定性相结合、评估实施常态化的方向发展。

（1）智能评估

智能评估部分，主要依据是前文构建的公共文化服务绩效评估指标体系，将各项指标转换为不同选项卡嵌入"云平台"的整体布局，全面实现智能评估。由于公共文化服务的评估主体正在由政府评估向多元评价转变，因此"云平台"按照适用对象应划分为政府文化及相关部门、公共文化机构、社会组织、企业、普通市民这五类。其中，政府文化及相关部门、社会组织、普通市民是主要的评估者，公共文化机构和企业是重点评估对象；且根据历史等级的不同，不同的评估者能够填写的项数也不同。例如，政府部门可以通过暗访、实地调查等多种方式直接获取公共文化机构的运营数据，对宏观指标拥有最大权限；而普通市民由于信息来源有限，基本上只需要集中填写主观类指标。随后，系统会根据用户类别的不同展示相应的功能界面，但评估同一对象的数据会被系统自动整合、加以分析，并定期公布评估结果（包括评分、指数、排名等形式）。

（2）全民监督

通过制度规范及数字化优势，政府对公共文化机构的监督力度和渗透面只会越来越大。因此，笔者设想中的监督评估"云平台"的建设将突破简单的数字平台搭建，借助开放透明的信息转变政府以往的公共文化管理思路，使"全民监督"有实现的可能性。例如，公共文化机构及社会组织、文化企业必须确保每个活动都要提前确定方案，并提前取得文化资源网络发布权；在此基础上，按照场馆及活动规模拟定发布预告和领票信息；活动当天进行数字化录制，按规定活动结束后一周内上传文化资源网络版——以此使每个环节都有规可循，每个活动都有据可查。

此外，借助多元化平台，公民监督公共文化服务建设的主体性与可行性逐渐提高。面对公共文化服务建设过程中出现的问题，网民可借助诸多社交平台、自媒体发声，全面参与公共文化服务的议程设置、制定、执行与评估等多个环节，通过制造热点话题的形式引起相关部门的关注。例如故宫文创的话题营销、抖音打造重庆"网红"美食店等，皆为可供借鉴的例子。公民充当公共文化服务标准实施过程中的网络监督者，进行公正客观地评估，反过来也能为管理者制定公共文化政策和标准提出有价值的建议。

五 以数字化促进公共文化服务均等化的现实与前景

公共文化服务均等化，顾名思义，是指政府及公共文化机构要使全体公民享受到公平均等的基本文化服务。笔者认为，数字化在促进公共文化服务实现均等化目标的过程中也将发挥重要作用。

（一）公共文化服务均等化建设中的短板

我国公共文化服务存在明显的差异关系。而所谓"均等化"的目标取向，就是要缩小基本公共文化服务的城乡差距、区域差距和群体差距，令每个个体都能机会平等地享受服务。然而，这种美好愿景在实践中并不能够轻易实现，因为当前的公共文化服务主要仍是依托于物理场所和实体资源，这一方面导致流动性弱；另一方面难以跟上瞬息万变的群众需求。

1. 公共文化资源结构不合理

资源配给均等是实现基本公共文化服务均等化目标的重要方面。由于历史、社会、文化积淀等原因，我国东部、中部、西部地区的公共文化服务呈现不均衡发展态势。首先，边疆民族地区、革命老区、贫困地区人民所能享受到的产品服务有限，是我国公共文化服务均等化建设的薄弱环节；另外，同一省份的城市与城市之间、城市与农村之间的公共文化服务发展水平也存在巨大差异。在此背景下，同类型公共文化服务机构之间还存在重复建设、分配不合理等问题。因此，我国亟待统筹协调各地资源的合作共建——以国家层面建设的普适资源为基础，在地方中心建设特色资源——以此避免基层各文化机构的资源浪费。当然，从现阶段情况来看，缩小公共文化资源的区域差距不能一蹴而就，中央及各级机关在经费支持、配套政策、基础设施建设等各方面都应长期有所倾斜，这仍是一个漫长的过程。

2. 基层公共文化服务机构被区隔为"信息孤岛"

当前许多基层公共文化服务机构，尤其是处于偏僻地区的乡村场馆设施，仍是以馆内实体资源为主要供应资源；与此同时，交通不便、开馆时间不适宜等因素导致这部分资源的利用率也不理想，事实上存在大量的资源浪费。即使部分机构已将本馆资源进行数字化处理，建成网络平台或借助馆内数字终端提供服务，但往往仅限于部分人群享用。此类"孤岛"式的平台不利于资源获取，唯有使资源与服务的获取互融互通，才能真正促进公共文化服务均等化。例如，以国家博物馆的资源作为支撑，通过建立虚拟传输网络，连接全国范围内各省、市级博物馆，实现"类公共图书馆网络体系"的纵向贯通，使人们可以远程访问和异地共享系统内的所有数字资源，具体从文化文物基本信息、语音讲解、图像信息、互动功能等多个角度加以完善。

3. 城乡之间数字鸿沟产生与不断扩大

目前，我国城市的大部分群体已具备获取公共文化服务的便利条件

（包括基础设备设施与媒介环境），但部分偏远地区农民、城市的外来务工人员等缺乏相应的设备条件，或者从根源上缺少相应的文化需求。一方面，中国是农业大国，农民人口占国民人口的大多数；与城市居民相比，这个基数庞大的人群对于新兴媒介的接受意识与使用能力要弱许多。另一方面，大部分农村地区的公共文化建设仍是"自上而下"的方式，缺乏对农村群众现实需求的调研，"精英主义"的资源供给并非他们所需。以上两种原因导致城乡之间的差距随着数字化技术的更新迭代而不断扩大。因此，当前公共文化服务均等化的重点集中在基层的弱势群体上，面向农村的文化资源建设无疑是需要关注的难点。现阶段我国公共文化服务建设需要关注的不应只是资源的数量，还应重点考虑资源的针对性与实用性，做到有的放矢。

（二）以数字化促进公共文化服务均等化的若干原则

当我们的社会生产与生活已全面呈现数字化趋势，以数字化促进基本公共文化服务均等化亦成为可能。笔者认为，数字化技术本质上仍是一种工具，借助这一工具能够加速实现公共文化服务均等化，但在实践中仍需遵循如下若干原则。

1. 删繁就简，降低数字化服务门槛

公共文化服务的数字化程度并非越高越好，"物为人所役"才是最佳准则。人们使用数字化技术的目的是获得便利，节省时间成本或人力成本；若技术本身对使用者造成了困扰甚至负担，那么技术的先进于他而言便毫无意义。笔者在调研朝阳区"全要素小区"时，有老人反映，他们不懂如何使用急救服务的 App，或者不用微信和 QQ 等社交平台，所以干脆直接放弃需要线上操作才能享受的公共文化服务项目。诚然，中老年群体接受新技术方面能力偏弱。尼葛洛庞蒂在《数字化生存》中指出："在我们的社会里，无论是互联网用户结构，或是家用电脑、手机的普及，社会的、种族的或经济的力量都不是最重要的影响力，代际差异才真正举足轻重。"[①] 从整体来看，年轻人是信息"富有者"，而老年人是信息"匮乏者"，这一事实对数字化服务的完善与普及具有一

---

① ［美］尼葛洛庞蒂：《数字化生存》，胡泳、范海燕译，海南出版社1996年版，第214页。

定启发性。

"老年人群体其实更倾向于接受传统形式的文化传播。"——带着这一假设，笔者对北京西城区白塔寺社区进行调研。踏入白塔寺社区会客厅，笔者深刻感受到专属于老北京胡同的慢节奏生活与浓厚的文化氛围。通过与白塔寺社区会客厅运营者交谈，笔者了解到会客厅所设老物件、老茶馆、灶台以及不定期举办的相声表演、手工艺培训活动等等，项目团队都充分咨询了居民意见；并征集居民意愿，采取小黑板通知而非公众号、微信群的形式组织群众。对于老龄化社区来说，需要考虑适当减少公共文化服务数字化建设的程度，或者用社区小黑板、口口相传等形式代替；尽量开发功能简单的客户端，或者适当安排志愿者指导操作。在这种情况下，删繁就简、适当降低数字化服务的门槛显然是更明智的做法。

2. 构建网络社群，延伸线下互动之渠道

奥斯特罗姆曾断言"互联网用户构成的虚拟社区将成为日常生活的主流，其人口结构将越来越接近世界本身的人口结构"，这向我们传达了一种隐性观点：网络真正的价值正越来越和信息无关，而和社群相关。诚然，如今几乎每个人在虚拟社区中都拥有多个"面孔"；而这些网络账号与现实中的人一一对应，呈现出错综复杂的人际关系网。在公民参与公共文化服务的过程中，组建不同的虚拟社群是为了更好地进行双向互动，以参与主体的身份履行职责。此外，考虑到老人、留守儿童和妇女、残障人士等特殊群体的需求，数字平台能够提供代取信件、洗衣、叫餐等人性化服务；面向有视力障碍的部分读者，图书馆、社区书屋等与喜马拉雅、蜻蜓 FM 等企业达成合作，在社区内设立"有声书"阅读端，并定期购买、更新资源。但是，应该认识到，网络社群仍然仅仅是延伸线下互动的渠道，并不能代替现实空间里人与人的正常交往。任何一项数字化服务都不可能惠及所有人，总会有盲人、失聪者、腿疾患者等弱势群体的需求成为服务盲区。因此，公共文化服务效能的不断提升，更多地需要各方人员协调合作，不断地试错、改进，在实践中不断发展。

3. 创意回归，技术为内容服务

在数字化重构的过程中，创意的价值得到凸显，原来公共文化服务中数字产品生产、传播渠道的价值在不断地减弱甚至被技术所消解，而内容在公共文化服务领域的地位得到巨大的提升。因此，公共文化服务中的创意越来越成为发掘文化真正内涵，使数字化技术更多地成为优质内容的"点睛之笔"。

（1）供给方：按需购买，优化服务

根据"公共文化服务绩效评估的指标体系"（见表6-3）中的不同文化机构门类、供给主体、服务对象的特征不同，制定相应的生产标准、购买标准、配送标准。借助数字化技术，这一系列过程将更为可控与精确。以文化旅游业为例，当前全国范围内已有许多文化景点通过利用信息技术，在传统旅游业产出的物理产品中嵌入多元化的数字功能，使硬件产品逐步向软件化、信息化的方向发展；进而使用户数据和公共文化服务机构、文化企业数据保持连接交互，逐渐普及按照使用状况购买服务、智能分配的方式。在内容层面，产品与服务形式得到优化、与时俱进。正如包晓光曾指出的，"中华传统文化在现当代社会依然葆有其强大生命力，因此任何对它的转化和创新都是一个有难度的课题。"[1]基于不同的文化视角，已有诸多国际品牌使用中国传统文化元素进行创作，却往往不得其法，在内容表达上存在着不可避免的误读现象。为破除这一困境，包括陕西历史博物馆的数字展厅、"数字敦煌"沉浸式演出、故宫博物院的联合电商平台开发文创等在内，我国博物馆所做的有益尝试，越来越多地体现出数字化技术助力于传统文化"创造性转化与创新性发展"的努力。

（2）需求方：智能分发，个性推送

随着云时代的来临，大数据的作用越来越凸显，其特色在于"依托云计算对海量数据进行分布式数据挖掘"[2]。在公共文化服务领域，如何让"智能推送"区别于技术层面的强化，而使服务更加个性鲜明？譬如，对于基层而言，电子阅览室、数字阅读器、有声书移动端等数字文化资源的输送并不构成技术难题，关键在于输送的内容是否"诱

---

[1] 包晓光：《新时代语境下传统文化创造性转化创新性发展的几个问题》，《湖南社会科学》2018年第3期。

[2] 赵嘉凌：《针对公共文化共享服务的大数据采集和分析平台研究》，《四川图书馆学报》2018年第1期。

人"。公共文化服务效能低下的关键原因在于供给资源的针对性不强，难以满足各类人群的实际需求。

通过对公共文化资源的大数据采集、数字平台用户行为画像及偏好的分析，将内容或服务精准推送至潜在受众，优势在于两个方面：一是能够降低传统公共文化服务机构的信息传播或营销推广成本；二是提高公共文化服务供给与需求的匹配程度。

目前，在线上资源个性化推荐方面，公共文化服务还有较大的挖掘潜力。笔者认为，如果以我国的公共图书馆、公共博物馆、美术馆等公共文化服务机构为服务主体，根据这些主体的服务内容类型和功能，可以分类设计专属的"云服务"平台。首先采集公共文化资源基础数据、平台运行数据、用户数据三个主要来源的数据；然后依据不同地域、不同特征人群的公共文化服务水平，建立相应的大数据分析模型；最后进行大数据分析，将特定的服务定向推送给匹配的用户群体，规避用户不满意的选项，具体可设置"查看同类项""dislike"等功能键，精准触达目标受众。为进一步实现供需的精准对接，全网应整合多方资源，打通全国各省市旅游景点、科研院所、金融投资等产业链各个环节之间的区隔。通过对公共文化服务领域内创新资源的优化组合，形成技术、人才、平台高度融合的协同系统，打造产业与产业之间跨界协同的创新生态圈——这或许有助于突破以往公共文化服务行政层面的供给局限，为真正实现基本文化权利的"人人平等"提供更大可能。

综上所述，本章主要从需求侧出发，力求解决公共文化服务供需不匹配这一难题。笔者主张寻求一种数字化转型的全新模式，以数字化为抓手，促进公共文化服务的社会化、标准化建设，最终实现均等化的目标。笔者认为，以需求侧为出发点，对于既是服务对象又是参与主体的公民来说，有诸多数字化策略可以引导公民参与公共文化服务，使供需趋于精准匹配。由需求侧转到供给侧，数字化与公共文化服务社会化构成双向促进联系——社会化为数字化提供资本基础，数字化则为社会化运营提供内生动力。在实施层面，数字化对公共文化服务标准化的促进作用也有所体现：首先，通过数字化渠道接收公众的文化需求，完成"文化定制"；在公共文化服务标准的实施过程中，数字化技术可以帮助社会组织和广大民众完成管理监督和绩效评估的工作，进一步实现标准化。最后，借助数字化渠道提供标准化服务，可以保障弱势群体的媒介近用权，最大限度地实现公共文化服务均等化。当然，无论是人类的生产生活，还是人类文化本身，"人—机"的新型关系建构基本上就是数字化的全部过程，而这一关系的核心仍是"人"。因此，在充分发掘利用数字化技术的便利之时，笔者并不想过分夸大它的作用。我们要警惕"技术决定论"倾向，也不能忽略原本便存在的数字鸿沟正在变大的事实。无论AI、人工智能等科技如何进步，文化都是无法替代的。

（本章作者：裴华秀，首都师范大学2017级文化产业专业硕士研究生，现为北京市平谷区财政局四级主任科员）

第七章

艺术类博物馆审美教育经验探究
——以美国纽约大都会艺术博物馆为例

审美的本质是一种创造性的活动。这种创造性活动，主要来自审美主体对审美对象的观察与欣赏。审美教育与其他形式教育的不同在于，审美教育所强调的不仅仅是对理性知识的学习，更是通过一定的引导，使受教育者实现一种感性的自主的体验。在这个过程中，审美对象的实物性必不可少，艺术实体为审美者带来的直接感官刺激成为审美情感产生的重要基础。博物馆审美教育与其他教育机构所能提供的审美教育最根本的不同，就在于博物馆审美教育可为观众提供实实在在的艺术作品，其审美对象拥有真实性。本雅明在《机械复制时代的艺术作品》中指出，艺术作品中蕴含着"灵韵"，是观众"处于一定距离之外，感觉与物之间彼此贴近的独一无二的显现"[①]。本雅明认为，只有通过对艺术作品的直接感知，才能感受到其中蕴含的神秘感，从而引发心灵的沉思。因此，博物馆作为保存和展示丰富艺术作品的殿堂，有着其他审美教育机构所不能与之匹敌的优势。而博物馆在开展审美教育的活动中，也不能一味地讲解艺术作品相关的历史背景、艺术手法、民间传说等纯知识性内容，更应当以形式多样的活动，引导和启发普通观众对审美对象进行自主的感受和体验，使审美主体将自己的审美经验与活动体验相结合，逐渐提升审美能力，以达到审美教育的目的。

---

① ［德］本雅明：《机械复制时代的艺术作品》，王才勇译，浙江摄影出版社1993年版，第87页。

一 纽约大都会艺术博物馆的审美教育活动现状

本节通过对纽约大都会艺术博物馆①进行实地探访以及对大都会博物馆相关资料的查阅,从其审美教育的管理模式、活动策划、实施效果三个方面对大都会博物馆审美教育活动现状进行分析,并总结出值得国内艺术类博物馆借鉴的审美教育活动经验。

(一)美国博物馆教育的使命

19世纪后期,美国在废除奴隶制后,社会生产力得到了极大的解放,工业生产迅速获得了飞跃式的发展。现代工业大生产所带来的人口聚集加速了都市化进程,同时也催生了工业文明、城市文明,美国包括博物馆在内的文化事业得到了发展的契机。除此之外,现代工业和科学技术的发展,使人们学习科学技术知识的要求日益迫切,教育在当时美国社会得到了极大的重视与扶持。也是从这一时期开始,美国联邦政府开始为各州下拨办学补助金,建立师范学校,发展义务教育与高等教育。因此,作为重要文化事业单位的博物馆,也自然担负起教育的重任。这一时期,美国博物馆在建立之初都有一个明确的教育目标。美国博物馆人从一开始就已经认清了博物馆承担的"增进和传播知识"的社会责任,并有意识地为实现博物馆教育公众的使命而努力。史密森尼研究院和大都会艺术博物馆是这一时期博物馆建设的代表。19世纪的美国博物馆,其建馆之初的目的,就是增进教育。史密森尼研究院的发起人——英国化学家、矿物学家詹姆斯·史密森在临终之时将他手中的十万英镑捐赠给美国,要求以"促进人类增长和传播知识"为目的在华盛顿建立史密森尼研究院②;1870年,纽约大都会艺术博物馆建立,在建馆之初,就将"国民教育"写进办馆宗旨。美国大都会艺术博物馆第一任馆长鲁伊吉·帕尔玛·迪·切斯诺拉(Luigi Palma Di Cesnola)

---

① 纽约大都会艺术博物馆是美国最大的艺术博物馆,位于纽约市第五大道,与法国卢浮宫、英国大英博物馆并称世界三大博物馆。本文简称为"大都会博物馆"。——编者注
② 段炼:《从二十世纪美国博物馆教育理念看博物馆教育角色的演变》,硕士学位论文,中南大学,2012年。

曾从博物馆藏品的实物性方面肯定了博物馆在教育上的价值,并提出博物馆的教育地位并不亚于学校或者图书馆。他曾说道:"在今天,人们已经认识到更好的教学效果来自实物而不是文字,研究某个物件本身要比阅读或牢记对这个物件的描述文字更能掌握其中的知识,因此博物馆在某种程度上具有无可替代的作用……因此博物馆的任何一个部门都是实物教学的一个了不起的、无与伦比的图书馆和学校。"[1]

(二) 纽约大都会艺术博物馆审美教育管理模式

1. 组织架构管理

在我国,博物馆作为文化事业单位,由国家政府部门进行管理。而美国博物馆在组织架构上,则与我国有很大不同。美国的博物馆都设有董事会,负责博物馆的建设、筹款等关乎博物馆发展的一系列重大决策,大都会艺术博物馆也是其中的代表之一。从图7-1中我们可以看到,大都会艺术博物馆最高机构为董事会,下设馆长及总经理。董事会的设立,一方面为了博物馆重大事务的民主决策;另一方面则考虑到董事会成员为博物馆带来的财力支持。大都会艺术博物馆董事会的公开招募条件中规定,入选董事会的成员应"对非营利性公共机构感兴趣,愿意并有能力帮助博物馆正常运作及实现其宗旨"[2]。因此,大都会艺术博物馆董事会成员的背景,多为拥有较高社会地位、雄厚经济实力的商界人士。如20世纪初加入大都会艺术博物馆董事会的著名投资银行家约翰·皮尔彭特·摩根、美国大通银行总裁乔治·贝克等。董事会之下则设有馆长和总经理,负责博物馆的日常工作。馆长一职负责馆内的业务部、展览及国际事务部以及教育部,简单来说,是负责大都会艺术博物馆展览、收藏、研究、教育等核心业务以及各个展厅的业务。而总经理则负责馆内的财政、人事、法律咨询等行政业务。馆长与总经理都是由董事会聘请的专业人士,根据董事会的要求负责日常相关事务的处理,对董事会负责。

---

[1] 段勇:《当代美国博物馆》,科学出版社2003年版,第31页。
[2] 段勇:《当代美国博物馆》,科学出版社2003年版,第31页。

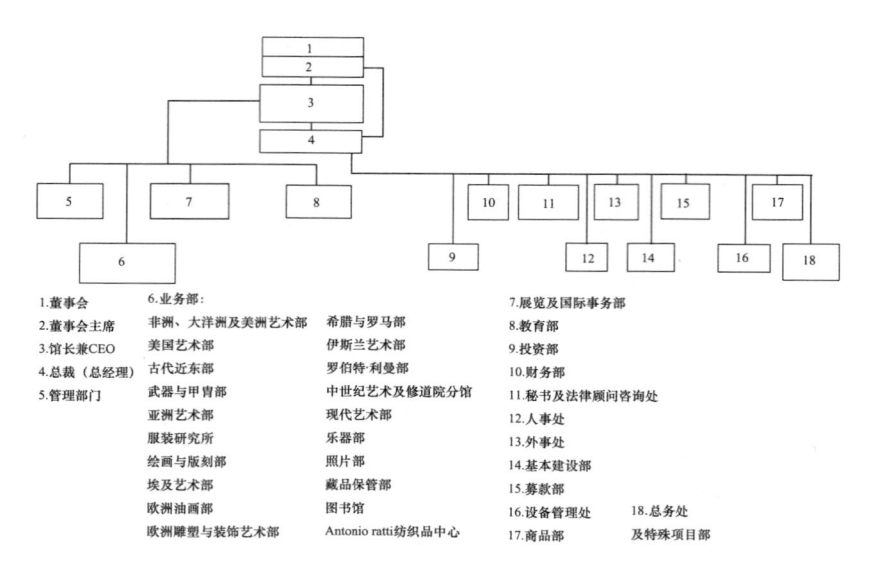

图7-1 大都会艺术博物馆组织结构图①

1. 董事会
2. 董事会主席
3. 馆长兼CEO
4. 总裁（总经理）
5. 管理部门
6. 业务部：
   非洲、大洋洲及美洲艺术部
   美国艺术部
   古代近东部
   武器与甲胄部
   亚洲艺术部
   服装研究所
   绘画与版刻部
   埃及艺术部
   欧洲油画部
   欧洲雕塑与装饰艺术部
   希腊与罗马部
   伊斯兰艺术部
   罗伯特·利曼部
   中世纪艺术及修道院分馆
   现代艺术部
   乐器部
   照片部
   藏品保管部
   图书馆
   Antonio ratti纺织品中心
7. 展览及国际事务部
8. 教育部
9. 投资部
10. 财务部
11. 秘书及法律顾问咨询处
12. 人事处
13. 外事处
14. 基本建设部
15. 募款部
16. 设备管理处
17. 商品部
18. 总务处及特殊项目部

除上级领导层之外，大都会艺术博物馆中每个部门的工作方向虽有不同，但一般都是结合自身的馆藏特点或者配合正在举办的展览来进行策划和组织。对于教育部门来说，主要负责教育活动的组织、策划。"Curator（意为管理者、监督者。通常用于指代一个文化遗产机构例如档案馆、美术馆、图书馆、博物馆或园圃的负责人。参见英文维基百科中的'Curator'定义）有责任和义务审阅教育部编写的教材，为教育部举办的讲座作专题报告或推荐发言人，并且为教育部每年访问学者的推选工作提供咨询。也会定期或不定期地为博物馆义务提供辅导和咨询。"② 大都会艺术博物馆教育活动内容多样、种类繁杂，每项活动都需要大量的专业人士参与教育工作。如负责为游客团体进行讲解的导览人员、教育课堂教师、专题讲座的演讲人等。因此，除了馆内在职的教育工作人员以外，大都会艺术博物馆为各项活动所聘请的外部教育人员，以及对外招募的志愿者，都构成了大都会艺术博物馆教育部门的人

---

① 图片转引自卫艳《论美国博物馆中的 Curator 负责制》，硕士学位论文，中央美术学院，2009年。
② 果美侠：《大都会艺术博物馆教育工作述评》，《中原文物》2011年第2期。

力资源。大都会博物馆教育部下设五个项目组：观众发展项目组、展厅与画室项目组、公共展览项目组、学校与教师项目组、音乐会及讲座项目组。教育部门是大都会博物馆员工最多的部门之一，每个项目组中的员工职责分明，相互协作，共同致力于大都会博物馆的公共教育事业。

在美国各大博物馆，志愿者参与博物馆服务是极其普遍的。世界博物馆之友联盟目前作为一个非营利性的非政府国际组织，已经被联合国教科文组织承认。早在1957年，美国博物馆中个人工作的57%，是由6.22万人的志愿者来承担的。1991年，美国共有博物馆志愿者近38万人，是当时全美博物馆正式员工数量的2.5倍。[1] 申请参与大都会博物馆志愿者项目的志愿者们，必须拥有符合官方所要求的技能。例如参与国际导览项目的志愿者需要掌握除英语外的另外一门常用外国语言，如法语、德语、意大利语、日语、汉语、韩语、俄语、西班牙语和葡萄牙语等等。申请为残障人士项目服务的志愿者，则要保证有耐心、负责任，且工作时间上有所保证。志愿者入选之后将接受大都会博物馆组织的相关培训课程。参与不同教育活动的志愿者们将分别参加特别的训练，以便于为其所服务的群体提供更好的服务和协助。

2. 教育[2]空间管理

为了实现教育活动的组织与开展，博物馆内需要配备基本的教育活动空间以及配套的设备，从而使教育活动有效进行。博物馆内教育活动空间可以是教室、展览区域或其他可供一定数量的观众参加并且教学设备齐全的活动空间。将教育作为其建馆宗旨的大都会博物馆，为教育活动的开展建设了专门的活动场地——大都会博物馆尤里斯教育中心（Uris Education Center）。尤里斯教育中心是实现馆内艺术藏品与公众教育相结合的重要纽带，其中又分为九个教育中心教学区[3]，根据不同教

---

[1] THE MET About the Met [EB/OL]. http://www.metmuseum.org/about-the-met, 2017-08-14.

[2] 艺术类博物馆的教育活动以馆藏艺术品为依托，以提供审美欣赏、培养审美能力、传播艺术知识为主要目的，因此艺术类博物馆所提供的教育活动，总体可归结为审美教育活动。因此后文泛称的"教育"，即指"审美教育"。——笔者注

[3] 《美国博物馆与图书馆服务协会2012—2016年战略计划》，http://www.imls.gov/assets/1/AssetManager/StrategicPlan2012-16_Brochure.pdf，2012年1月。

育活动的需要，进行教育场地的安排。如诺兰图书馆（Norland Library），配备了各种网络设施、线上资源、书本读物以及儿童阅览室，成为家庭及儿童教育活动的重要场所；还有进行艺术制作教育活动的艺术工作室，配有先进视听教学设备以及艺术制作用品；等等。

除了尤里斯教育中心，展厅也成为大都会博物馆重要的教学区域。随着博物馆功能的不断变化，展厅的功能属性也逐渐变得更加丰富。博物馆充分利用其"实物教育"的突出优势，将与展品相关的教育活动更多地转移到展览区。一方面增强了教育的直观性与体验性，另一方面则为其他更加需要场地的教育活动让出了空间。

3. 教育对象管理

大都会博物馆的工作宗旨指出："大都会博物馆以服务广大公众为目的，遵照最高的专业标准，收藏、保护、研究、展览代表人类最高成就的各类优秀艺术作品，并促进对这些作品的理解、重视和欣赏。"[①] 大都会博物馆丰富多样的艺术作品为普及艺术教育提供了优质资源；而由大都会博物馆组织策划的教育活动，则让广大不同年龄、不同需要、不同生理特点的参与者都能找到适合自己的教育。在面向公众的博物馆艺术教育方面，大都会博物馆可谓真正做到"有教无类"。具体来讲，大都会艺术博物馆对教育对象进行了细致的划分，针对每个受教育群体的特点，为其量身打造独特的审美教育活动。按照受教育者的年龄阶段，可分为儿童、青少年、成年人三大类。每个年龄层下，则进一步细分。

儿童教育对象的年龄范围在 18 个月到 11 岁，其中又将儿童划分为 18 个月至 6 岁、2—12 岁、3—6 岁、7—11 岁、3—11 岁五个年龄群体。针对儿童不同年龄阶段语言实践能力、智力接受水平的差异，为其设计符合各阶段特点的教育活动。家长作为监护人，也将一同加入活动当中，并在监护儿童的同时，起到辅助和引导作用。每场教育活动都会有大都会博物馆的专业工作人员进行组织安排，现场讲授，帮助孩子们从儿童阶段起，培养对艺术的感知能力，发展兴趣爱好。

---

① 刘鹏、陈娅：《大都会艺术博物馆志愿者运作模式对国内美术馆的借鉴》，《美育学刊》2016 年第 4 期。

青少年教育对象，年龄范围在 11—18 岁，较儿童阶段相比，自主能力增强，正处于喜欢新鲜刺激、好奇心旺盛的状态。这一时期的青少年开始走入初高中的课堂，因此为了不与在校时间出现冲突，大都会博物馆举办了晚 5 点至 8 点的夜场活动，向 13—18 岁的青少年观众开放。除此之外，还将青少年分为初中生、高中生两个阶段，根据其需求特点开放教育活动。11—14 岁、有志于申请艺术类高中的初中学生，可以在素描课中提升美术功底，磨炼绘画技巧；15—18 岁、希望今后申请大学美术系或专业美术学校的同学，或高中毕业之后直接从事美术工作的学生，大都会博物馆的艺术职业规划课将请来美术行业不同领域的著名艺术家来帮助迷茫的学生们了解行业实际现状，尽早定位未来的努力方向。

　　成年人群体中，博物馆及艺术相关专业的大学在校生、艺术教育者作为两个特殊的群体被划分出来。大学在校生将有机会成为大都会博物馆的一名实习生，参与到大都会博物馆的研究工作当中，也可以申请大都会博物馆设立的各项科研项目，获取大都会博物馆提供的便利资源，完成相关领域的学术研究。对于艺术教育者们，大都会博物馆为此类人群举办了交流会，老师们将在这里学习优秀艺术教育工作者们的教学经验，并彼此对各自的教学情况进行交流，从中得到启发。相关学科的老师们还将从大都会博物馆官网上获取丰富的教学资源，如教学课件、出版资料等，为教师们教学活动的设计提供了良好的资料补充。

　　按照受教育者的生理特点，大都会博物馆对于残障人士组织了特殊的教育活动，使他们也能像正常人一样，拥有获得教育的权利。在这里，盲人、视力障碍人士、学习能力障碍者、智力发育障碍者、自闭症患者、老年痴呆症患者、聋哑及听觉障碍人士，都能在其看护人员的陪伴下，参加到针对其举办的教育活动当中。

　　4. 财政资源管理

　　（1）非政府组织财政支持

　　1977 年，美国博物馆服务协会（现在的美国博物馆与图书馆服务协会，the Federal Institute of Museum and Library Services）创立。美国博物馆与图书馆服务协会（Institute of Museum and Library Services）是美国为所有的博物馆和图书馆提供支持的机构，其目标是使社会中的每一群体及个人，都可以通过广泛获取文化知识以及终身学习来实现自身的发展。① 它对美国博物馆和图书馆起到领导作用，从资金、数据和政策分析这些方面对它们提供支持，引导它们的服务进一步发展。美国博物馆与图书馆服务协会提议，美国博物馆每年至少花费 1.48 亿美元用于支持 6—18 岁儿童与青少年的学习。自创立以来，美国博物馆服务协会已提供超过 4 亿美元的联邦资助，用于支持博物馆的终身学习提案。②

（2）政府资助

大都会艺术博物馆在每年年度报告③的开头，对给予大都会博物馆资助的社会各界致以谢意：

> 感谢纽约市政府：纽约市和大都会美术馆董事会成员们，在一个多世纪以来，致力于将博物馆的服务带给广大公众。这座位于中央公园的复合建筑（大都会博物馆）是纽约市的财产，纽约市为其提供供暖、照明和电力等能源。纽约市还承担博物馆藏品及其设备三分之一的保管与安全费用。藏品本身由董事会成员委托收藏。相应地，董事会成员负责为博物馆的保管、教育、特殊展览、收购、学术发表、相关活动和安全成本筹集所需资金。
>
> 感谢纽约州政府：纽约州教育部、纽约州立图书馆和纽约州艺术协会再次为我馆提供了宝贵支持。
>
> 感谢联邦政府：美国联邦政府通过全国艺术基金会为我馆提供持续的资金支持。
>
> 上述机构的帮助，以及慷慨的游客们、朋友们的捐赠，帮助大都会艺术博物馆以其传统的卓越标准为公众服务。

---

① 刘鹏、陈娅：《大都会艺术博物馆志愿者运作模式对国内美术馆的借鉴》，《美育学刊》2016 年第 4 期。
② 刘鹏、陈娅：《大都会艺术博物馆志愿者运作模式对国内美术馆的借鉴》，《美育学刊》2016 年第 4 期。
③ 纽约大都会艺术博物馆年度报告（Annual Report），详见网址：https://www.metmuseum.org/about-the-met/policies-and-documents/annual-reports。本文所有年报数据均来源于 Annual Report for the Year 2016–2017。

从上述致辞中可以看出，纽约市政府、纽约州政府、美国联邦政府都在各项支持上给予大都会博物馆不小的帮助。每年政府下拨的资金数额有所不同，但都成为大都会博物馆财政支持中的重要部分。

（3）私人捐赠及付费会员制

正如大都会博物馆的年报中所述："董事会成员负责为博物馆的保管、教育、特殊展览、收购、学术发表、相关活动和安全成本筹集所需资金"，董事会成员在大都会博物馆的资金募集方面也起到了重要的作用。从大都会博物馆年度报告的募集者名单中可以看到，募捐者以及募捐基金会的名称整整4页，捐赠可以是以艺术作品的形式，也可以是资金的形式，在每年的年报中都会以资金数额的形式进行划分，清晰地显示出每一位捐赠者的名字。在每年年报结尾，大都会博物馆也都会向大众呼吁，希望能够获得社会各界人士的捐助，以维持大都会博物馆的日常展览、各项活动的开展，为公众继续提供高水准的服务。

除了获取直接的捐赠以外，大都会博物馆采取付费会员制的形式，以扩大博物馆的收益。会员按照所付费用的多少分为若干个级别，每一级别所能参与的活动与可享受到的服务有所差别。除了80—600美元的普通会员之外，付费1200—3500美元的青少年以及1500—25000美元的成年人，即可成为大都会博物馆赞助人团体（Patron Circles）的成员，参与专为赞助人所设计的活动，也能获取馆内更多的资源。

5. 对外宣传管理

大都会博物馆注重网络新媒体传播的重要性，在各大常用的社交平台都开设了官方账号，由专人负责发布大都会博物馆的相关信息和图片。社交媒体因其传播面广、传播速度快、易于分享等特点，成为大都会博物馆对外传播信息的重要窗口。美国网民所常用的社交媒体，如社交网站Facebook、Twitter，图片分享网站Flickr、Instagram、Pinterest，视频网站YouTube，音频分享软件Sound Cloud，都是大都会博物馆对外传播的主要阵地。针对中国观众的社交媒体使用习惯，大都会博物馆也在微信、微博上开设了官方账号，及时对外传递信息。

除了社交媒体之外，大都会博物馆官方网站是观众获取信息的主要渠道。博物馆教育活动的开展信息，全部可以从博物馆官网中获取。除了活动的时间、地点内容等信息之外，每一项活动都有详细的活动介绍，以 PDF 形式添加在网站上，观众可以自行获取。此外，为方便观众找到教育活动的参与地点，网站上还添加有电子版地图，供观众提前下载查阅。

（三）纽约大都会艺术博物馆的教育活动策划

纽约大都会艺术博物馆在建馆之初便将教育放在与博物馆展览同等重要的地位。从纽约大都会艺术博物馆对外展示窗口——大都会博物馆官方网站可见，"学习"（Learn）被放在主页工具栏的显眼位置。大都会博物馆的组织结构中设有专门的教育部门，负责组织与策划一系列教育活动。该部门还通过提供实习和奖学金、国际员工交流计划以及与学术机构的合作等方式，对未来有志于从事博物馆行业的受众，以及大都会博物馆现有的工作人员进行培训。大都会博物馆每年提供超过 2 万个免费的审美教育活动，并提供多种多样的方式，满足不同人群的需要。观众们可以选择聆听艺术讲座、参观展览、参与短期课程、工作室作坊、小型研讨会、音乐会、电影放映等形式进行艺术探索。青少年可以与小伙伴们一同加入艺术创作的课程，而有孩子的家庭则可以选择特别设计的亲子参观活动、艺术创作活动。为了让所有人参加到教育活动中来，大都会博物馆也提供了手语翻译和辅助听力设备，以及针对残障观众特点而专门设计的各类活动。大都会博物馆也欢迎学校团体的来访，在讲解员的引导下参观，或佩戴导览器进行自主游览。除此之外，大都会博物馆也为中小学的美术课程提供服务。中小学艺术教师可参加馆内举办的学习班，或网络课程，从中获得专业的培训以及丰富的课程资源。

1. 针对儿童及家庭的教育活动

纽约大都会艺术博物馆针对儿童与家庭推出的教育活动，充分考虑儿童的接受能力，以激发儿童对于艺术的兴趣、陶冶艺术情操、培养艺术品位为目的，在设计过程中注重多样性、趣味性、艺术性相结合。这些活动由纽约大都会艺术博物馆教育部门的专职人员负责设计，每个季度推出全新的教育活动，家长可以通过纽约大都会艺术博物馆官网、移动应用、大都会博物馆博客及时下载和查看相关活动信息。这些教育活动在每周的固定时间向家长和儿童们开放，大多数活动不需要缴纳费用,但儿童课堂除外。但由于场地空间有限,活动的位置往往先到先得,部分过于热门的活动可能出现人满为患的情况。针对儿童与家庭的教育活动,依然对儿童们的年龄进行了划分,按照每一阶段儿童的接受能力不同,为每个年龄段的儿童量身打造了一系列符合其特点的活动。比如:18个月至6岁的儿童,可以参加尤里斯教育中心的图书馆讲故事活动。2—12岁的儿童,可以与其家长一同参与儿童课堂的学习。3—6岁的儿童,可以在工作人员的组织下,参与绘画及音乐的创作,引导他们分享自己关于艺术的观点,发现生活中的艺术。7—11岁的儿童,可以参与"艺术之旅"(Art Trek)活动,在尤里斯教育中心,通过感受时空交错的艺术作品,得到发现和领悟;3—11岁的儿童,可与家长一同参加"家庭午后",在活动中,儿童可以与家长一起动手,尽情创作属于自己的各式各样的艺术作品。

这些11岁及以下的儿童可谓伴随着网络媒体诞生的"千禧一代",对于互联网的依赖程度与使用频率在一定程度上超乎了成人的想象。针对这一特点,大都会博物馆于2015年正式上线儿童网站(Met Kids)。该网站专为7—12岁的儿童设计,首次上线的网站推出了以大都会博物馆馆藏为背景的趣味知识和活动创意视频40个、特色藏品125件。整个网站的设计充满童真效果,上面还随处可见一些充满童趣的提示语,吸引儿童随时随地通过网站进行学习。值得一提的是,不少小朋友参与了网站的设计制作。该网站的供稿人是来自纽约市5个城区以及世界各地的儿童,他们为网站的内容、设计以及用户体验设计提供了帮助。

2. 针对青少年的教育活动

除儿童及家庭教育活动之外,针对青少年的活动也是异彩纷呈:活动主题随时间推移而推陈出新,时间也会相应调整。纽约大都会艺术博物馆针对青春期少年的智力发育程度、知识储备情况,并结合他们活泼好动、活力四射的特点,设计了众多审美教育活动。在活动中,青少年们可以释放自己的创作欲,在属于自我的天地里尽情挥洒艺术的创造力。同样的,针对青少年的活动,依然按照年龄层明确地作出了区分。

13—18岁的青少年,可参加晚上5—8点的纽约大都会艺术博物馆的"少年之夜"(Teen Night)。整晚的活动中包含艺术制作、艺术表演、音乐活动等一系列项目。在这里,学生们可以与朋友们一起尽享艺术带来的魅力，无论是进行艺术修养的提升，还是结交志同道合的好友，都是一个充满艺术与欢乐的绝佳选择。这一年龄段的青少年大多是初高中的学生，"少年之夜"的活动时间也正好安排在放学后的时段，学生入场时只要出示其在校学生证即可参加。忘却平日课上的学业压力，将自己投入博物馆艺术的海洋，对处于青春叛逆期的学生来说，不仅在接受艺术教育上大有裨益，对这一阶段青少年容易产生的心理健康问题也有着一定的疏导作用。

11—14岁的青少年，可参加纽约大都会艺术博物馆的"艺术探索"（Art Explore）活动。在此项活动中，青少年将跟随专业的博物馆教育人员，参观尤里斯教育中心的主题展览。展出的艺术作品来自世界各地，在参观的过程中，专业的博物馆教育人员将为参加活动者深入讲解其中的艺术知识。按照心理学界的年龄划分，0—12岁算作儿童，青少年的年龄为14—18岁。11—14岁为儿童向青少年过渡的阶段，因此相对于其他针对青少年的活动来说，其艺术教育的内容多以知识的讲授为主，符合这一时期孩子们旺盛的求知欲。遨游在艺术作品的展览中，聆听着专职教育人员的讲解，对于这一阶段儿童增加艺术知识、感受艺术魅力等方面颇有益处，也为儿童在后来的成长过程中对艺术感觉的培养，起到了基础性作用。

15—18岁的青少年，可以参加"青年画室"（Teen Studio）活动。青少年们通过提前预约便可免费参加。"青年画室"为前来参加的少年们准备了各种各样的美术工具，在这里，拥有艺术梦想和艺术天赋的孩子得以尽情地发挥自己的艺术创造力。当然，"青年画室"有着特定的主题，每场活动的主题不同。参加活动的青少年们可自由选择自己感兴趣的主题参与。比如"为纽约大学画校园插画""为大都会艺术博物馆的展品创作海报"等等。每场活动都有从事这一艺术领域的艺术家进行专业的指导。艺术家的个人简介及其艺术作品也展示在活动信息的页面，方便青少年及家长对活动有充分的了解。在"青年画室"活动中，参加者不需要任何的美术基础，只要对艺术充满兴趣都可以前来参加。在活动中，参加者可以学到有关活动主题的专业美术技能，如丝网印刷、版画印刷、镂花涂装、压模等一系列艺术制作的方法。"青年画室"为平日里无法参与艺术创作的青少年提供了一个优质的艺术学习空间，充分做到了美术课堂的延伸。其非营利性也使更多的青少年得以获得机会，实现心中的艺术梦想。

11—18 岁的青少年，可以参加"周六素描课"（Saturday Sketching）。这项教育活动每月举办一次，针对想要提高绘画技能，或者有志于申请美术类初、高中的学生。同其他艺术教育活动一样，"周六素描课"会有专业的绘画老师进行指导，参加活动的学生可以近距离接触大都会艺术博物馆所展出的名画真迹，在专业教师的指点下，对艺术史上赫赫有名的佳作进行模仿绘画。对于将来报考艺术学院美术系的学生，参加"周六素描课"所积累下来的临摹作品，汇集成学生作品集，对以后申请美术专业也是一项不错的加分项。当然，对于立志报考艺术学校的美术生来说，每周一次的课程所起到的作用有限，但大都会艺术博物馆为青少年提供的在教师指点下，临摹名画真迹的机会却难能可贵，这是课外美术培训班所难以实现的教育方式。纽约大都会艺术博物馆真正做到了对展品的艺术价值进行全方位、最大化地利用。尤其在艺术教育方面，充分彰显了其教育资源的优势。

"职业实验室"（Career Labs）活动针对 15—18 岁的青少年。这一年龄段的学生正处好于高中阶段。美国法律规定年满 16 岁就可以合法工作，因此在美国，依然有相当一部分学生选择高中毕业后直接进入职业生涯。尤其是对于已经掌握一门实用技能、有能力闯入社会大施拳脚的学生来说，高中的教育足以让他们应付社会。纽约大都会艺术博物馆的"职业实验室"就是为这样一批学生设立的。"职业实验室"中将会请来在各个艺术领域有所成就的职业艺术家，分门别类地为参加活动的学生提供专业的技术指导。在活动中，学生们将通过学习磨炼自己的艺术能力，在不断实践中思考适合自己的工作方向，从而为未来的职业之路奠定基础。活动中所结识的授课老师、艺术伙伴，在未来也有可能成为行业中宝贵的人脉。除此以外，纽约大都会艺术博物馆还对参与"职业实验室"课程的人员进行登记，上满 6 节及以上数量的课程，即可获得由纽约大都会艺术博物馆颁发的参与证书，为学生在之后的求职道路上增添一份鼓励与信心。

"暑期项目"（Summer Programs）作为一项普及性的教育活动，针对的青少年范围较其他活动更为广泛，11—18 岁的青少年均可参加。

"暑期项目"活动中,参与者将由专业讲解员带领,围绕着大都会艺术博物馆的珍贵藏品,展开一系列教育活动。"暑期项目"的目的在于向青少年普及艺术知识,提升他们对于艺术的感知力,从而激发内心的艺术才能。因此针对性较弱,对于青少年年龄段没有进行具体的划分。美国学制中,暑期放假时间较长,一般在 3 个月左右。纽约大都会艺术博物馆的"暑期项目"成为学生们暑期活动的良好去处,使处在智力发育阶段的青少年们在寓教于乐中得到艺术启发。

除此之外,大都会艺术博物馆的"青年博客"(Teen Blog)为青少年们打造了良好的线上互动机会。善于利用网络的青少年终于找到了任其自由发挥的空间,在这里,他们可以肆意地挥洒艺术才能,表达独特的艺术观点,将自己的创作通过网络分享出去。同时,"青年博客"也为其结交世界各地的艺术好友、了解不同地域的文化艺术提供了平台。自 2012 年大都会博物馆"青年博客"推出以来,已经有 4 万多名世界各地的观众浏览过该博客。[①] "青年博客"的受欢迎程度甚至引起时尚界的注意。美国著名青年时尚杂志 Teen Vogue 更是将其旗下的博客网站链接到大都会艺术博物馆的"青年博客"上,从而带来更多流量。

3. 针对普通成年人的教育活动

针对 18 岁以上的普通成年人,纽约大都会艺术博物馆举办的教育活动则更加丰富多样。活动分为免费和付费两种。除了大都会举办的演讲活动和现场表演之外,其他的项目都不需要购票入场。演讲活动一般在每周日的下午举办,形式多种多样。有专家座谈、主题分享等一系列艺术交流活动,帮助活动参与者进一步了解大都会艺术博物馆所珍藏的艺术作品,也给予艺术爱好者分享交流的重要机会。大都会举办的现场艺术表演活动,赋予参观者通过舞蹈、音乐等舞台表演形式,进一步了解不同时代、不同文化的艺术魅力的机会。参加者需要购买 65 美元的门票,7—16 岁的儿童,花费 1 美元即可凭票入场。现场表演的主题多与纽约大都会艺术博物馆的展览及藏品有关,真正做到以藏品为中心,全方位推广艺术教育。活动的表演者均由大都会艺术博物馆特别邀请,

---

① 参见刘鹏、陈娅《大都会艺术博物馆志愿者运作模式对国内美术馆的借鉴》,《美育学刊》2016 年第 4 期。

以歌剧、音乐剧、舞台剧等方式带领观众走进艺术，感知艺术背后的故事。从而使观众不仅通过肉眼去观察藏品之美，更调动起观众的全部感官，从其他方面进一步感受藏品的艺术魅力。

免费艺术教育活动形式更为多样，比如随到随学的"绘画工坊"（Painting Workshop）。纽约大都会艺术博物馆的专业绘画老师，会在展览馆内进行针对某一展品的绘画教学。间隔30分钟后即会重新开始，全天候滚动教学。无论是否提前做好准备，参观者都可凭借着当下的兴致，迅速进入绘画学习当中，在专业指导老师的耐心讲解中，学习名家名作所运用的绘画技巧。当然，教学的主题也是针对纽约大都会艺术博物馆所陈列的藏品所设计的。

除了以上两项活动之外，纽约大都会艺术博物馆最为日常、普及面最广的教育活动便是纽约大都会艺术博物馆的"典藏之旅"（Classic Tour）活动了。周一至周五，所有到馆参观的观众，都可以随时跟随讲解员志愿者，开始时长1小时的"典藏之旅"。"典藏之旅"好似一场穿越时空的艺术旅行，带领观众穿越时间和空间，跨越国别及文化，领略关于某个艺术主题的详尽介绍。该活动为满足世界各地游客的需要，为参加活动的观众提供了8种语言的讲解服务，体现了纽约大都会艺术博物馆国际化的教育理念。

4. 针对大学生及教职人员的教育活动

首先，纽约大都会艺术博物馆为对博物馆感兴趣，或者未来有志于从事博物馆相关行业的大学生、研究生提供了丰富的实习机会。纽约地区的高中生也可以申请专门针对高中生的实习职位。大都会艺术博物馆中的40多个部门将从不同学科背景的申请人中挑选合适的实习生。学生们得以将书本上学到的知识真正应用到实践中，提前参与到博物馆的相关工作中来。

对于来馆参观的大学生团体，大都会艺术博物馆将派专员进行讲解。无论是学生们自发前来，还是由教师亲自带领，都能获得良好的组织及优质的艺术教育机会。除此之外，如艺术教师可将自己的课堂带进大都会艺术博物馆内，通过讲解员引导或自由参观等方式进行现场教学。大都会艺术博物馆还设有专门的图书馆和研究中心，为研究者提供丰富的研究资源。博物馆还有专门的出版物，包括大都会艺术博物馆月刊、展览讲解册等。此外值得关注的是，大都会博物馆为艺术教育工作者们专门出版了特定领域、特定时期艺术作品的相关书籍，成为艺术教学过程中的重要参考资料。

　　大都会艺术博物馆欢迎艺术史、考古、教育、保存等相关专业以及与馆藏文物有关的跨学科领域的大学生及科研人员申请加入大都会艺术博物馆的研究学会。该研究学会受到美国众多基金会的赞助支持，以鼓励上述相关领域的研究者对大都会艺术博物馆进行调查和研究。对于相关专业的研究者来说，大都会艺术博物馆为其学术研究提供了强大的研究资源与研究条件，对于大都会艺术博物馆来说，也为自身未来的发展培养出接班人。大都会艺术博物馆研究协会，自1951年启动之后，到目前为止，已经资助了1.4万名研究者参加项目。很多研究者从这个项目中获益良多，通过大都会艺术博物馆提供的良好资源，得到了学术及实践上的绝佳锻炼。大多数参加过项目的研究者已经成为相关领域的大学教授、博物馆馆长、博物馆保护人员和博物馆研究机构的重要人物。研究协会下设7个分会：艺术史分会、保存及科学研究会、现代艺术分会、博士后管理研究会、图像保存研究会、博物馆教育及公共实践研究会、管理研究分会。每个部门对申请人的简历进行严格的筛选。申请人一般要求博士以上学历，并根据相关领域的研究年限，或是否有相关出版物，将研究人员分成初级研究员和高级研究员。初级研究员可以和大都会艺术博物馆的员工进行合作，接受相关的学术训练、探讨科学研究及实践的方法。高级研究员将针对大都会艺术博物馆的藏品或者资源，进行专门的课题研究。申请者不限国籍，体现了纽约大都会艺术博物馆对待研究的开放态度。成功加入学会的研究人员，其任期一般在一年以上。每个研究会的研究人员每周至少要开一次会议，讨论和分享自己的研究成果。研究人员们通过思想的交流与碰撞，挖掘大都会艺术博物馆及其藏品的深度内涵。大都会艺术博物馆为研究人员们提供图书馆、馆藏藏品、研究设备、实验室以及必要的出国经费，供研究者们在必要的时候前往国外考察学习。

　　5. 针对中小学教育工作者的教育活动

　　在北美及澳大利亚地区，K-12用来指代从小学到高中的教育阶段，对应到我国即为中小学阶段。大都会艺术博物馆为K-12的艺术教育者们提供了针对这一阶段的教育活动及资源，帮助学校教育、社会教育的工作者们更好地完成教育任务。

"阿斯特教育者"（Astor Educator）活动，是大都会艺术博物馆为纽约公立学校的艺术教育者所提供的学习机会。在这里，老师们将和大都会艺术博物馆的艺术教育专家一起研究艺术作品的意义，讨论针对 K–12 阶段学生的教学经验，共同研究出值得向其纽约及其他地区 K–12 艺术教师分享的教育方法，并在学习和交流的过程中，进一步了解艺术教育在学生的学习生涯中所产生的重要影响。

"阿斯特教育者"给予全美各地的优秀教师合作的机会，同时与大都会艺术博物馆的藏品和诸多资源进行互动，意在为学生们创造有吸引力、更有趣味性的课程，促进艺术、历史与当下生活之间的联系。"阿斯特教育者"的参与者们将具体参与以下活动：学习和开发将艺术作品与学生生活中的现实问题联系起来的教学策略；定期与活动成员面对面或者线上交流，开展专业对话，分享实践经验；反思他们的教学实践，以确定优势和改进领域；在大都会艺术博物馆的网站上与本地甚至全球其他国家的同行分享示范性课程设计，以及这些课程的视频。通过网上讨论会，大都会艺术博物馆把影响力扩展到全世界。2013 年全年，该馆召开过两次这样的会议，参与者达 1100 余人，分别来自全世界 47 个国家和地区。[①]

"教育者探讨会"（Educator Workshop），是针对 K–12 阶段艺术教育工作者所开设的研讨会性质的课程。分为在线授课和面授两种方式。课堂内容主要围绕大都会艺术博物馆百科全书式的收藏、博物馆相关学科的教育经验，以及有关艺术作品的跨学科教学方法等方面。

"专业发展项目"（Professional-Development Programs）专为 K–12 教育工作者、管理人员、图书馆员、课程设计者和校长们设计。针对参与者的具体需求，设计出满足参加者教学目的的一套课程。该研讨会将帮助参与者们学会如何将艺术与教学内容相结合，如何挖掘艺术作品中的文本内容及其时代内涵，现场进行实际的教学演练，构建出一套适用

---

① 参见刘鹏、陈娅《大都会艺术博物馆志愿者运作模式对国内美术馆的借鉴》，《美育学刊》2016 年第 4 期。

于多种学科的学习标准。参加专业发展研讨会的教师，如果在日后申请带领学生团体前往大都会艺术博物馆参加教育活动，可获得优先参与权。

教育工作要求教育者们不断地学习，充实自己的头脑。"教育者暑期学校"（Summer Educator Institutes），是大都会艺术博物馆为教育人员提供的暑假充电学习班。参与者可趁此机会扩充自己的专业知识，对自己感兴趣的某一艺术领域进行深入的探讨和研究，进而提升自己的教学质量。

除了上述活动以外，大都会艺术博物馆还为教育者们提供了相应的教学资源。大都会艺术博物馆的专职教育人员按照学科领域、年级和主题进行划分，撰写课程教学课件。有需要的教师可以从大都会艺术博物馆的官网下载，作为自己的教学参考。根据网站中时间线以及导航栏的设计，用户可以一目了然地找到符合自己需要的艺术资料，极大地方便了相关领域学生、教师查阅资料。纽约州立大学奥斯威戈分校艺术系教授丽莎·兰格洛斯（Lisa Langlois）[1]在接受笔者采访时称，自己在教学课件的制作中会参考大都会艺术博物馆的线上资料。在兰格洛斯所教授的艺术史课程当中，也会推荐学生通过大都会艺术博物馆的官网查阅相关艺术作品的信息。这无论对于教师教学，还是学生课下的自主学习，都有着极好的帮助。

6. 针对残障人士及老年人的教育活动

大都会艺术博物馆欢迎和尊重每一位到馆参观的观众，并考虑到观众的多样性需求，为不同年龄、不同身份、不同语言甚至不同能力的人士量身打造了符合他们需求的活动项目。对于身体略有残疾的观众，大都会艺术博物馆专门设计了多种针对残障人士的活动。

大都会艺术博物馆为盲人及视力障碍人士提供了专门的艺术讲习班，参与者将在专业教师的详细讲解下，真实触摸大都会艺术博物馆的展览藏品（一般为雕塑作品）。这些专业教师帮助失去视觉的参与者，用听觉和触觉感受艺术作品的魅力。为了防止手指对作品可能产生的油

---

[1] 笔者 2017 年 2 月至 5 月，在纽约州立大学奥斯威戈分校（State University of New York at Oswego）交流学习，丽莎·兰格洛斯（Lisa Langlois）教授是笔者交流期间的导师。

污或损坏，馆方为每个参加者提供一副透明塑料手套，一方面对珍贵藏品起到保护作用；另一方面保证了手指的触感。

由于视力方面的限制，盲人及视力障碍人士很少学习绘画方面的艺术，在生活中也缺少参与的机会。为了弥补这一缺憾，尽量减轻视力问题在绘画创作的阻碍，大都会艺术博物馆为盲人及视力障碍人士设有专门的绘画课堂。专业教师通过口头讲解与手把手教学，帮助参与者触摸和感受各种绘画工具，并耐心指导学习者们发挥想象，创作自己的作品。

对于有学习障碍、发育障碍或者自闭症的儿童及成人，大都会艺术博物馆也专门提供了特殊的学习班。参与者可在家人和朋友的陪同下，尝试用多种器官感知艺术，亲自触摸、亲手创作艺术作品。在心理学范畴中，用艺术创作缓解病人情绪，释放心理压力的治疗方法称为艺术疗法（Art Therapy）。大都会艺术博物馆针对此类人士所设计的课程，不仅在艺术教育方面做到"有教无类"，在心理疾病的缓解与治疗方面，也起到了一定的积极作用。

针对5—11岁发育障碍与学习障碍的儿童，大都会将为他们以及家人、朋友开放大都会修道院（Met Cloisters）课堂。参与者在博物馆教育专员的带领下，参观中世纪城堡和神圣空间的宝藏。参观完毕，音乐治疗师将引导儿童们欣赏优美欢快的乐曲，在提升参与者的活动体验的同时，也对患病儿童起到音乐疗法的治疗作用。

大都会艺术博物馆在教育活动的设计方面，真正做到为每一位参观者提供有针对性的活动。"出逃大都会"（Met Escapes）是专为患有痴呆症的老年人士及其护工设计的活动之一。行动不便的老年人可以逃离日常生活的无聊与重复，在大都会艺术博物馆的艺术殿堂里感知艺术。在画廊及专门的教室里，坐着轮椅的花甲老人在康复设备及护理人员的帮助下，由专职教育者带领，参与艺术欣赏、艺术讨论，以及艺术制作。除了馆内的艺术品之外，大都会"修道院的景与味"（Sights & Scents at The Met Cloisters）活动将带领他们走进中世纪的大都会修道院，在封闭式的古典花园中以参与讨论、绘画等多种方式，领略中世纪的庭院、神圣的宗教殿堂以及修道院中保存的中世纪艺术品的魅力。

对于老年痴呆症患者来说，大都会艺术博物馆的艺术活动给予他们单调的晚年生活一丝艺术的趣味。他们可以在艺术活动的参与中，感受艺术对于心灵的滋养，潜移默化地接受艺术疗法的治疗，并将"活到老，学到老"这一目标贯彻始终。

针对聋哑人士及听觉障碍人士，大都会艺术博物馆也有符合其需求的特殊活动。聋哑人士在到馆参观的两个星期之前，须在大都会艺术博物馆的网站上进行预约。大都会艺术博物馆将在指定日期安排手语讲解员带领他们开始博物馆展览之旅。手语在国际上没有通用的标准，大都会艺术博物馆目前仅提供美国手语服务。对于听觉有障碍的人士，大都会艺术博物馆内准备了充足的助听设备为参与者免费使用。为这类人士开办的讲座，也在屏幕上提供实时字幕，方便参与者更好地接收信息。

（四）纽约大都会艺术博物馆审美教育活动的实施效果

从大都会博物馆每年对外公布的年报中，我们可以清晰地看到大都会博物馆每年所开办的一系列教育活动的次数以及参与度。2015—2016年年报[1]数据显示，2016年博物馆教育、音乐以及讲座部门所举办的一系列教育活动获得了相当好的社会反响。2016年，大都会博物馆所举办的教育活动共31824场，吸引了847429位观众前来参加。与2015年相比，活动的参与人数上升7%。

报告显示，在各类型教育活动中，艺术制作、艺术设计等参与性强、社交性强的艺术教育活动在青少年观众中需求强劲。2016年共接待了47974位艺术创作类型课程的参与者。

一个多世纪以来，大都会博物馆针对儿童的活动课堂，自推出以来深受广大观众欢迎。但仅有购买大都会博物馆会员身份的观众才有资格参与。自2015年起，儿童教育课堂放宽限制，对广大普通公众开放。除此之外，大都会博物馆还特别设立儿童课堂奖学金，以促进不同经济背景的孩子都有机会参与到课堂中来。此举打破了经济水平的限制，扩大了受教育者的群体，使儿童课堂活动的参与人数显著上升。据大都会

---

[1] 大都会博物馆2016—2017年度报告与前几年相比，缺乏对馆内教育活动数据的详细记录。为说明其近年来的实施效果，最新数据只能参考2015—2016年度报告中的内容。详情请参考大都会博物馆年报网址：https：//www.metmuseum.org/about-the-met/policies-and-documents/annual-reports。

博物馆对外公布的年报显示，2016年儿童课程的参与人数达到10791人，与2015年相比增加了45%。

年报显示，2016年度参与大都会博物馆艺术教育活动的纽约市大学生人数达到了5575人，与2015年相比增加了13%。大都会博物馆专为12年级以下的学生和教师开设的活动项目，吸引了220796名师生、6325个学校团体前来参观学习。针对艺术教育工作者所开设的课程，共有3812位艺术教育者参与，共同对如何将艺术融入课堂进行讨论和研究。

与2015年同期相比，2016年参与大都会博物馆举办的免费艺术表演活动的观众数量增加了68%。年报称，参与者数量的上升，跟新媒体宣传效果的提升有着重要联系。社交媒体平台、网络博客，以及与其他媒体的战略合作，都使越来越多的观众了解到免费艺术表演活动的存在，其参与人数随即显著增加。

大都会博物馆一如既往地积极参与到学术活动当中。2016年，大都会博物馆举办了第二届"教师招待会"（Teacher Reception），主要帮助艺术类学科、博物馆类学科等相关专业领域的教师全方位了解大都会博物馆的教学资源，以及如何利用这些资源，将其运用到教学当中。2016年度共有来自70所高校、65个不同学科的360名教师参加。除此之外，2016年大都会博物馆继续举办了两年一度的"博物馆策展人活动"，其中包括教师与职业策展人共同参与的研讨班。此次研讨班的主题为大都会博物馆春季展览与教师教学的相关性。此次研讨班吸引了45所大学的教师前来参加。该活动反响热烈，年报中摘取了其中一名参会教师的反馈。该教师称，这种小组讨论的形式非常有价值，是一个帮助他思考教学努力方向的一个重要渠道。

大都会博物馆将自己定位为一个连接多学科领域的孵化器。除了艺术史专业之外，大都会博物馆还帮助培养多元化的艺术专业人士，分享关于博物馆领域或该领域之外的知识。高中生、大学本科生、研究生，以及从事相关领域研究的国际学者都有机会参与到博物馆的内部活动当中。2016年，大都会博物馆共接收了74位高中生进入大都会博物馆内部实习。他们跟随专业员工学习，参加博物馆内部的学习研讨会，并为到馆参加活动的青少年负责组织与安排工作。42位大学生参与到了大都会博物馆针对大学生开设的实习项目当中，带领他们一起学习博物馆相关的专业技能。55 位来自世界各地的博士研究生、博士后以及在相关领域颇有建树的学者参与了大都会博物馆的社区活动项目。

大都会博物馆针对青少年开设的"职业实验室"项目的参与率较 2015 年增长了 14%，共有 600 名学生参与到未来职业的探索和计划当中。

（五）纽约大都会艺术博物馆审美教育活动的经验

1. 细分受教育群体

1992 年，美国博物馆联盟发表的题为"卓越与公平：博物馆教育与公共维度"报告指出："与其他机构一样，美国博物馆有责任为人们带来更多的学习机会并培养文明而人道的公民。"大都会博物馆更是践行这一理念的典范。大都会博物馆在建馆之初便将教育作为其重要使命，力求面向社会所有受教育群体，做到有教无类。因此，大都会博物馆教育活动所针对的对象，涵盖了社会上不同特点的人群。无论性别、年龄、经济水平甚至是身体上有缺陷的观众，都能在大都会博物馆找到适合自己的教育活动。大都会博物馆将教育群体划分为六大类，儿童及家庭、青少年、成年人、教育工作者、大学生及研究人员、残障人士。根据每一类群体艺术水平、接受能力、兴趣爱好、现实需要的不同，为他们量身设计最符合自己需要的教育活动。比如，为临近高中毕业，即将选择未来发展之路的学生提供职业规划研讨班；为艺术教育工作者举办的可供其讨论教学案例、学习教学经验的教师研讨班等，都实实在在地发挥了良好的作用，满足了不同人群的切身需求。

除此之外，对于特殊群体的教学，在聘请专业的教育工作者以及活动志愿者时，大都会博物馆也进行严格的挑选和审查，以保证教学工作的质量。比如在申请为残障人士提供帮助的众多志愿者中，尤其看重其工作时间的充裕度以及耐心程度。因为组织一场残障人士的活动需要分发健康辅助设备、缓慢的引导等一系列工作，较其他活动相比，所需时间更长，更加需要参与人员的耐心。教育群体的细分，也充分体现了大都会博物馆尊重每一位个体、有教无类的教育理念。而这种以人为本、保障每一位受教育者权益的先进理念，也是提高博物馆教育水平、更好地开展博物馆教育工作的重要基石。

2. 学习交流的教育平台

大都会博物馆始终将教育作为其重要使命。大都会博物馆不仅仅是一个提供教育的文化机构，更是一个学习平台。大都会博物馆分别为教师、研究人员、学生提供了良好的学习机会。比如"阿斯特教育家"（Astor Educator），为世界各地相关学科的教师们提供了相互讨论和学习的机会，参与者将定期与活动成员面对面或者线上交流，开展专业对话，分享实际教学中的问题和经验。该活动还在大都会艺术博物馆的网站上与本地甚至全球其他国家的同行分享示范性课程计划（以及这些计划的视频），开展网络讨论会，使世界各地的艺术及博物馆相关专业教师，都能通过线上平台交流学习。大都会博物馆开办的"博物馆策展人活动"，也为教师们提供了一个与策展人沟通探讨的机会，掌握第一手展览资讯，以及展品背后有价值的信息。除了开展学习平台类的活动，大都会博物馆将其自身作为最好的教育资源，向学生和研究人员开放，提供进入博物馆学习的机会。学生们能够申请进入馆内实习，跟随博物馆工作人员学习，从实践中锻炼能力；相关专业研究人员则可以申请加入大都会艺术博物馆的研究学会，与同一领域的学者相互协作，分享学术前沿动态。大都会博物馆为研究人员提供馆内一切可以开放的资源，甚至可以为进行长期研究的人员提供住处，最大限度地为研究者提供便利。

3. 教育活动种类多样

大都会博物馆教育活动类型丰富多样。大都会博物馆不限于传统教育活动的理念，开设的教育活动，除了围绕某一主题所进行的课堂、讲座、导览活动之外，艺术表演、聚会活动、研讨会的开设，都为看似枯燥的传统博物馆教育形式增添了新的乐趣。免费的现场表演，无论是芭蕾舞、歌剧还是音乐会，都在潜移默化之中将艺术之美动态地传递给观众；每周五晚5—8点的"青少年之夜"（Teen Night），让活泼好动、乐于社交的孩子们摆脱课堂的沉闷，参与到艺术的互动与交流之中。这些教育活动的设计，考虑到观众审美的感受性，将艺术教育以寓教于乐的形式传播给观众，从而实现艺术对人的熏陶与教化，达到更为广泛、更为深刻的效果。为了保证每项活动的质量，大都会博物馆通过年报的形式，对种类繁多的教育活动的实施效果进行考核。无论是普通观众，还是博物馆内部工作人员，都可以通过年报查阅当年各项教育活动的参加人数，从而能够直观地了解每项活动的开展效果，帮助大都会博物馆对各项教育活动进行及时的管理和调整。

4. 广泛分享艺术资源

除了到馆参观的观众外，大都会博物馆力求将教育对象扩展到世界各地，让知识不再被金钱或地域局限。为此，大都会博物馆将线下教育资源搬到了线上，采用先进的网络科学技术，提供多种形式、不同种类的学习资料。全世界各地的艺术爱好者足不出户，只需登录大都会博物馆官方网站，就可利用网站上详细的导航，查阅自己需要的内容。大都会博物馆将其官网打造成一个线上学习平台，浏览者除了能够在网上查阅大都会约 45 万份藏品的图片以及文字介绍，还能够通过艺术史时间线索按年代、地区、类别选取、查阅有关该艺术品的研究论文。除此之外，网站还提供大都会博物馆制作的电子书籍、音像制品，可供浏览者自行下载使用。

5. 教育服务完善

在教育活动的组织和设计上，大都会博物馆为每一位想来学习的观众提供人性化关怀。大都会博物馆为行动不便的残障人士开通了无障碍绿色通道，最大限度地减少残障人士在馆内参观的不便，并为其提供充足的辅助健康工具，如助听设备等。针对需要照顾的观众，如儿童及残障人士，则允许其监护人及看护人员陪同参与活动。任何观众都可以在尤里斯教育中心的诺兰图书馆中使用博物馆保存的书籍资料以及网络资源，这使观众在到馆参观之余，能够自主地进行艺术知识的查阅及研究。此外，除了馆内提供的相关服务之外，教育服务甚至延伸到了馆外。观众到馆参加教育活动之前，可通过大都会博物馆网站提供的电子手册、地图，充分了解各项教育活动的时间、地点以及所学内容。如此一来，极大地减少了观众到馆后找不到位置等一系列不便，也有助于对于所参加的教育活动进行大致了解。这些完善而周到的服务细节，成为大都会博物馆教育活动顺利开展的重要一环，同时也保证了教育活动的质量和水平，带给观众舒心、方便的学习体验。

二 纽约大都会艺术博物馆审美教育
活动的优势与问题

大都会博物馆充分重视博物馆的教育功能，在教育活动的开办上不遗余力；纽约市本身有着浓厚的艺术氛围，使得审美教育活动有着积极的受众；作为世界三大博物馆之一，大都会博物馆内丰富多样的藏品，为设计审美教育活动提供了大量的素材；作为全球性博物馆，大都会也尽量为世界各国人民提供教育机会。而目前馆内主要面临着资金紧张、门票价格大幅度提升的问题，将对教育活动的开展产生一定负面影响。

（一）纽约大都会艺术博物馆审美教育活动的优势

1. 充分重视教育功能

博物馆若想办好教育活动，首先要意识到教育功能的重要性，明确教育功能在博物馆运营中的地位。只有足够重视其教育功能，才能充分利用博物馆的现有资源向教育功能倾斜，更好地实现教育活动的策划、组织以及开展。由于时代发展需求以及国家政策的影响，美国各大博物馆在建立之时便普遍重视其教育职能的发挥，因此在随后的发展当中，教育活动的开办日渐多样、成熟，且拥有完善的组织体系。纽约大都会艺术博物馆也不例外，其在建馆之初就将"国民教育"写进办馆宗旨。利用馆内丰富的艺术资源，发挥艺术博物馆的独特优势，为不同类型不同需求的参观者提供多种多样的优质教育服务。其语音导览活动更是提供多种语言供游客选择，最大限度地帮助游客深入理解展品。

2. 纽约市艺术氛围浓厚

第二次世界大战之后，由于经济条件及社会稳定因素的影响，世界艺术的中心由法国巴黎转到了美国纽约，越来越多的艺术家聚集于此，纽约市的良好艺术氛围也催生了人们对于艺术的热爱与追求。如今，"纽约有超过1000家的美术馆、画廊和非营利性艺术机构。此外，层出不穷的工作室开放日、艺术节、拍卖预展、艺术博览会也把纽约人一年到头的日程填得满满当当。"① 除大都会艺术博物馆之外，纽约著名的艺术博物馆还包括现代艺术博物馆、古根海姆艺术博物馆、惠特尼艺术博物馆等。众多的画廊、艺术区也为纽约市民的日常生活提供了丰富的艺术色彩。在这样一种全社会接纳艺术、热爱艺术的氛围下，艺术博物馆的审美教育也有了广泛的受众。艺术博物馆为公众提供了了解艺术知识、提高审美能力的教育场所，公众对于艺术的追求也反过来促使艺术博物馆为大众提供更为丰富、更为完善的审美教育服务，两者相互促进，形成良性循环。

3. 大都会博物馆教育资源丰富

从博物馆藏品总量以及占地面积来看，大都会艺术博物馆是美国最大的艺术博物馆，同时也是世界三大博物馆之一。其藏品几乎涵盖了人类艺术史各个时期，其中也不乏各时期的经典作品，宛如一部立体的艺术百科全书。丰富的藏品为审美教育活动的开展提供了最佳的实物教材，各种课程、活动的开发也围绕着藏品展开。除此之外，大都会博物馆占地面积庞大，为教育活动的开展提供了广阔的空间与足量的资源设备。除纽约第五大道80—84街的本馆之外，大都会博物馆还包括麦迪逊大道945号的布劳耶分馆（Met Breuer）与曼哈顿上城的修道院分馆（Cloisters），内部均设有足够的活动空间，供前来自主学习或参加教育活动的公众使用。馆外的庭院、广场等空间也得以充分利用，用以举办小型户外教育活动。大都会艺术博物馆的丰富藏品与充足的活动空间，为其举办审美教育活动提供了良好的资源。

4. 服务全球的视野

纽约作为国际化大都市，吸引世界各国的游客前来观光旅游，纽约大都会博物馆作为著名的游览景点，所接纳的参观者更是来自世界各个国家和地区。除此之外，大都会博物馆作为世界三大博物馆之一，其珍贵的馆藏艺术品为全球的艺术研究者提供了不可替代的优质资源。立足于国际化，大都会博物馆在教育活动的设计上充分考虑到了世界各国艺术爱好者的需要。为了更好地满足世界各国不同语言使用者的需求，大都会博物馆为观众们提供包括英语、汉语、日语、西班牙语、法语、意

---

① 《纽约四大艺术区行动指南》，参见 http：//www.lvmama.com/trip/show/48546。

大利语等多种语言的导览设备。每年举办的"典藏之旅"活动，也为参与者们提供了 8 种语言的讲解服务。加之美国又是多民族融合的国家，各个民族所使用的语言也各不相同。方便各国人民聆听最熟悉的语言讲解，以便更好地理解展品背后的意义，实现审美教育的功能，也体现了纽约大都会艺术博物馆国际化的教育理念。

（二）纽约大都会艺术博物馆审美教育活动存在的问题

近 50 年来，纽约大都会博物馆一直采取私人募捐和获取纽约市政府公共资金的方式维持自身的运营。然而近几年来，由于美国经济增长的放缓、纽约市政府资金扶持政策的转移等一系列因素，大都会博物馆财政赤字逐年扩大，未来将对教育活动的开展产生一定负面影响。大都会博物馆在建馆之初，就将"国民教育"写进办馆宗旨，可见对博物馆教育功能的重视。而教育部门也成为大都会博物馆规模最大的部门之一，以保证馆内众多教育活动的有效开展。除教育部门在职员工以外，还须向社会聘请专业的艺术教育人员开展辅助工作。因此教育活动占据着大都会博物馆中较大的财政支出比例。加之大部分教育活动不收门票，更加导致教育活动经费不足。假使大都会博物馆的财政资金长期短缺，将对其审美教育活动的数量与质量产生不可忽视的影响。

据报道，为了增加博物馆收入，维持原有水平的经营，大都会博物馆于 2018 年 3 月 1 日起对非纽约州居民强制收取 25 美元（约等于人民币 170 元）的门票费。这意味着，该馆持续了近 50 年的按需"自愿付费"政策将终结。① 笔者认为，在目前财政紧张的状况下，大都会博物馆急需采取相应手段以开源节流。但向非纽约州居民"强制收费"的举措未必能真正有效解决大都会博物馆的资金紧张难题。纽约市作为美国第一大城市，吸引着美国本土及全球各地的大量游客，而大都会博物馆作为著名景点，非纽约州居民的参访量并不亚于当地居民。由于自愿付费的政策已持续了半个世纪，此举很有可能使得大部分习惯先前政策的人们产生不满，从而影响参观者的积极性。因此，笔者认为，这一举

---

① 徐明璐:《纽约大都会艺术博物馆取消"自愿付费"引发争议》,《文汇报》2018 年 1 月 17 日第 9 版。

措的实行很有可能在未来引起游客量的下滑，使得其财政收入紧张的情况在短时间内不会好转，甚至有可能加剧财政紧张的状况。博物馆需要获得资金以维持馆内的正常运营无可厚非，但将压力转嫁到公众身上的做法，也并非唯一的解决之道。大都会博物馆可采取其他方式开源节流，如开拓博物馆衍生品的销售渠道，降低成本与价格以薄利多销；适当向公众收取教育活动的参加费，或在活动结束后采取自愿捐款等方式；开辟更加多元的募捐渠道等等，在不损害游客积极性的前提下获得更多经济收入。

三 纽约大都会艺术博物馆审美教育活动的启示

大都会博物馆自 1870 年建馆以来，就将教育摆在重要位置。大都会博物馆审美教育活动的开展时间较长、经验丰富、覆盖面广，对我国艺术类博物馆的审美教育活动有着重要的借鉴意义。人类社会正处于知识爆炸的时代，人们自我完善、终身学习的渴望日益迫切，提升艺术素养、审美能力的需求日渐增强。我国艺术类博物馆应顺应时代机遇，为公众提供种类更加丰富、服务更加便捷的审美教育活动。

（一）我国艺术类博物馆审美教育面临的改革机遇与挑战

21 世纪，第四次工业革命席卷全球，新科技为信息的广泛传播提供了前所未有的机遇。在此时代背景下，人们对于精神文化层面的追求与日俱增，越来越多的人开始发现博物馆、走进博物馆。知识经济兴起，也使教育水平和教育观念不断提升。尤其在全球提倡全民教育、终身学习的大环境背景下，博物馆作为传统教育的重要补充、社会教育的重要机构，也面临着新的机遇与挑战。博物馆是唯一以真实物品作为主要教学用具的教育场所，三维立体的展品能够让观众集中精神、发挥想象力，通过亲身的观察和体验完成学习和领悟。审美教育则更需要通过合适的引导，使观众自主地欣赏艺术、感知艺术，以获得美的享受。在全民教育的时代背景下，博物馆作为教育机构的重要性将日益增强。尽管博物馆被广泛地视作一个社会教育机构，但一味地强调教育功能的实现，或单纯从教育的角度来安排博物馆的各项服务活动，结果却往往不尽如人意。在社会节奏加快的当下,人们走进博物馆大多出于休闲放松、缓解压力的目的。尤其对于艺术类博物馆来说,更是因其艺术氛围、美轮美奂的视觉享受为观众带来心灵上的愉悦。因此,想要更好地开展教育活动,使其更好地服务于社会公众,首先要顺应时代潮流,全方位理解大众的需要,如求知探索、休闲娱乐、社会交际等多方面的需求。应该结合馆内藏品的特点,配以讲解、讲座、互动项目、文化及艺术体验等教育项目,帮助观众实现参与活动的目的。此外,艺术类博物馆还要注意,审美教育重在引导观众完成自我的审美感受,而不是大量机械的文字讲述。审美教育活动在形式上应该更为多样和丰富,实现观众视觉、听觉、触觉上的多重感官体验,真正使观众在活动过程中感受到美的享受,获得美的熏陶。

(二) 我国艺术类博物馆审美教育的对策与建议

1. 教育形式多样化

与国内各大艺术类博物馆相比,纽约大都会艺术博物馆的教育活动最显著的特点之一,就是其形式的多样化。除了我们常见的教育形式——馆内导览与专题性讲座之外,大都会博物馆还开设具有教育意义的艺术表演、聚会活动、研讨会、学习班等。通过多种多样的形式,将娱乐性与教育性相结合,为受教育者提供丰富多样的、符合不同人群需求特点的教育活动。我国大部分艺术博物馆,在教育活动形式的创新方面,还有着巨大的提升空间。以我国著名的艺术博物馆——中国美术馆为例,在官方网站首页的"教育活动"一栏中,我们可以发现,其教育活动大部分以专题讲座的形式为主,且讲座内容的专业性较强。对于不具备美术基础的受众来说,无论从形式还是内容,都不具备很强的吸引力。除此之外,面向少年儿童的教育活动主要分为展览讲解和手工作坊两种类型,形式上缺乏创新与活力。近年来推出的儿童教育活动新品牌"跨界体验夏令营"向前迈进了一步。我国艺术类博物馆可借鉴大都会艺术博物馆的做法,加强审美教育活动形式的开发,丰富教育活动形式,加大受教育者的覆盖面积,实现从少儿到老人全体多样化活动的开设与推广。

2. 教育部门分工化

大都会博物馆之所以能够做到教育活动形式多样、内容丰富，与其对于博物馆教育部门的重视程度密不可分。从大都会博物馆年度报告所列员工名单我们可以看出，教育部门是大都会博物馆员工最多的部门之一，按照不同职能细分为观众发展项目组、展厅与画室项目组、公共展览项目组、学校与教师项目组、音乐会及讲座项目组五个项目组，分管不同类型的教育活动。正是教育部门对各职能进行明确的划分和分工，使得大都会艺术博物馆具备充足的人力开办形式多样的活动。相较于博物馆其他项目，教育活动因受众面广、活动专业性强，需要大量人力与财力的支撑，需要博物馆对教育部门给予足够的重视，通过多种渠道招募合格的、充足的博物馆教育人员，并对教育部门的职责进行细致的、明确的划分，以保证教育活动开办的数量与质量。当馆内员工的人手无法支撑其某项活动时，大都会博物馆根据该项目的需要，向社会各界招募符合条件的志愿者。例如，针对行动不便的老年人所开展的教育活动，需要大量志愿者进行场地的布置，并协助老年人参与活动。大都会博物馆会将招聘信息发布在本馆的各个网络媒体平台中，以便招募到时间充足、富有责任心、能够在指定时间到场的志愿者，以保证活动的顺利开展。

3. 教育对象细分化

通过大都会博物馆官网上对于各项教育活动的介绍，我们可以看出，除了残障人士这类特殊群体之外，大都会博物馆从年龄及职业两个维度，对教育对象进行了十分细致的划分。从年龄维度来说，大都会博物馆的教育活动涵盖了从幼儿到老年的所有年龄群体。尤其对于18岁以下的青少年，大都会博物馆根据教育学理论中对于不同年龄段儿童认知情况的划分，以及教育心理学中各个年龄层的心理变化情况，科学设计出针对每一年龄段青少年特征的活动，以达到最有效的接受效果。从职业维度来说，大都会博物馆更是根据学生、家长、教师、研究者等对艺术知识的不同程度、不同类别的需要，为每一类人群都提供了多样化的教育活动与学习资源。而大部分国内艺术博物馆，除残障群体之外，对教育对象的划分仅限于少年儿童及成人，各阶段的年龄层区分不明显。更鲜有针对不同职业对于艺术的需要而开设的教育活动。如果国内艺术博物馆能将教育对象进行细致的研究与划分，并针对各个群体特征与需求设计相对应的教育活动，必然会扩大审美教育范围，吸引越来越多的人参与到博物馆审美教育活动当中。

4. 活动预约便捷化

一项教育活动开展得成功与否，不仅仅在于活动过程的质量。参与者前期的报名预约、结束后的反馈，都应该纳入对一项活动的完整考量之中。博物馆教育活动因场地有限，往往需要参与者提前进行预约或报名。报名方式的直观与否、简便与否，都在一定程度上影响着参与者的积极性。大都会艺术博物馆在其官方网站中，以图配文的方式向浏览者展现了当下开办的教育活动，并在文字介绍的下方配有报名链接。网站浏览者在查阅完各个项目的基本信息后，随时可点击链接报名参与活动。报名过程也极为简便，有意者只需填写好个人的基本信息，即可完成，大大简化了报名的流程和时间。相比较而言，国内艺术博物馆教育活动的报名略显烦琐。以中国美术馆为例，有意参与者需在活动介绍的页面下载相关附件表格，除基本信息外，还需根据情况填写一些详细的个人信息，完成后将表格发送至指定邮箱。现代社会注重保护个人信息的安全，一些较为详细的问题可能会引起参与者的顾虑与反感，进而放弃填写，不参加活动。笔者认为，国内艺术博物馆在教育活动报名的流程上可进一步简化，采取更加直接、方便、安全的报名手段。一方面将大大减少教育部门工作人员的工作量，提升效率；另一方面减少申请者操作的烦琐与心理上的不适，吸引更多的人参与到教育活动当中。

我国改革开放以来，博物馆逐渐从政治宣传功能向文化教育功能转变，随着物质生活水平的提高，人们对精神文化生活也有了更高的追求。越来越多的人开始发现博物馆、走进博物馆，将博物馆视为放松休闲、求知学习的好去处。因此，受众面广、参与性强的博物馆教育将成为学校教育等传统教育以外的重要补充，在全社会学习之风高涨、提倡终身学习观念的当下大有可为。近年来，我国也极为重视博物馆教育事业的发展。国家文物局颁布的《博物馆事业中长期发展规划纲要（2011—2020年）》中指出，要将博物馆纳入国民教育体系制度化。深化与教育机构合作，开展博物馆教育示范点建设，建立长期有效的馆校联系制度，将博物馆教育纳入中小学历史、艺术、科学、自然、思想道德等课程和教学计划，创造与教学内容结合互补的教育活动项目品牌。而在飞速发展的信息化、智能化时代，对于人才的需求不单单依靠知识储备的多少，更在于各方面综合能力，包括感知力、创新力的衡量。美育的重要性日渐被全社会所重视，在国民教育中占据着不可或缺的地位。我国是历史悠久的文明古国，千百年来遗留下的历史文物不计其数，我国全国各地的博物馆总量也居于世界前列，并呈上升趋势。艺术类博物馆主要展示藏品的艺术和美学价值，它收藏着大量立体真实的艺术作品，为公众们开展审美体验、接受审美教育提供了极佳的场所。博物馆的价值就在于有效地使收藏品及其研究成果为社会公众服务。美国博物馆在建馆初期就将教育功能置于博物馆运营的首要地位，美国艺术类博物馆的代表——纽约大都会艺术博物馆自1870年建馆之时便将国民教育的目的写入办馆宗旨当中，并延续至今。大都会博物馆所开展的审美教育活动时间较长，体系成熟，经验丰富，为我国艺术类博物馆提供了很好的学习对象。大都会博物馆充分重视教育功能的发挥，教育部门员工人数众多，且分工细致、明确；能够充分利用馆内藏品及空间，为公众提供丰富多样的教育活动；并根据不同人群特点详细划分教育对象，从年龄及职业两方面分析各类人群的需求，有针对性地提供多种审美教育活动与服务。无论是认知能力有限的低龄儿童，还是立志报考美术学院的高中生，再到从事美术教育工作的教师、科研院所从事美术研究的学者，都可以参与到大都会博物馆的审美教育活动中；除此之外，大都会博物馆尽量做到有教无类，教育对象全覆盖。残疾人、老年人也都可享受到周到细致的服务，按需参与到审美教育项目中来；除此之外，大都会博物馆立足于国际化大型博物馆的定位，面向世界各地游客提供多种语言的导览服务，以帮助不同国家和地区的人们更好地使用讲解服务；最大限度简化公众参加教育活动的申请手续，公众只需在大都会博物馆网站实时更新的活动简讯下方点击在线申请，填写最基本的个人信息即可完成报名参与；大部分面向公众的教育活动实行免费，降低准入门槛，以真正做到面向全体公众的教育。我国历史悠久，文化艺术积淀深厚。国内博物馆数目逐年上升，艺术博物馆更是为公众提供了审美教育的绝佳场所。但由于历史原因，我国博物馆事业起步较晚，博物馆各项功能的发展较欧美发达国家相比仍有一定差距，我国艺术类博物馆在审美教育的开展方面与世界一流艺术博物馆相比还有较大的进步空间。纽约大都会艺术博物馆的审美教育经验，能为我国艺术类博物馆审美教育的开展提供一些参考和借鉴意义。

（本章作者：王米琪，首都师范大学 2015 级文化产业专业硕士研究生，现为北京市海淀区中关村第二小学教师）

第八章

中国网络院线价值链分析
——以"爱奇艺"为例

随着互联网的触角逐步伸向传统领域,许多传统产业的原有形态开始发生改变,衍生出新的产业发展形式。电影产业作为中国文化产业发展最具活力的领域,随着互联网的加入,其原有的产业链条也开始呈现新的变化。网络院线依托视频网站进行电影的网络发行与放映,为中国电影在新的市场环境中提供了新的发展路径,同时也为视频网站经营模式的探索之路带来新的曙光。中国网络院线自 2011 年诞生,发展至今已经逐渐形成规模,也形成了独有的产业链条。随着市场规模与用户基数的不断扩大,可以预见网络院线将成为中国电影进行网络发行的重要选择。但是同样不可否认,目前中国网络院线的发展仍然很不成熟,产业链发展存在许多不完善之处,价值增值的路径仍然有待进一步探索。

一 网络院线概述与价值链分析

(一)网络院线的内涵
1. 网络院线的概念及表现形式

目前,国内外关于网络院线并没有权威的定义。2012 年,中国电影制片人协会在《关于促进电影网络院线发展的若干意见》(以下简称《意见》)中,为区别于传统院线,对网络院线作了这样的界定:网络院线是指以互联网平台为播出渠道,以视频网站为单位,通过在线播放进行电影发行放映并向用户收取费用的一种电影播出形式。《意见》还对网络院线的传播介质进行了相应的界定:版权方负责提供影片的高清母带、蓝光带、DVD 或其他可接受的数字格式，网络院线负责转制成适合互联网平台播放的格式。①

网络院线是基于互联网与电影产业的融合发展起来的，但是又区别于传统的网络视频。相对于传统的网络电影视频而言，网络院线提供的影片播放质量更加高，在播放形式上采用无广告形式播放；相对于网络视频的免费性，网络院线又是一种电影消费行为；在付费方式上，现行的网络院线主要采用单片点播和会员包月的形式。而相对于传统院线的票房分账来讲，片方在网络院线中的票房分账比例比实体院线更高。以爱奇艺院线为例，通过对用户收费获得的收入按比例与片方分成，项目合作方最高可获得达七成的分成比例。

因此，根据网络院线的特殊性可以将网络院线定义为：在网络传播时代，电影制作方以互联网为依托，通过视频网站等网络视频播放平台，向电影观看者收取一定费用来进行电影发行放映，具备完善网络票房分账模式的网络化电影经营放映机制。

目前网络院线在我国的表现形式主要有两种：第一种是直接以网络院线命名的网络电影播放平台，例如 360 与光线传媒联合成立的先看网络院线，其主要内容便是网络电影的付费点播，类同于网络化的院线平台。第二种虽没有直接称作网络院线但同样属于网络院线的范畴，这便是视频网站的电影专区，这也是当前网络院线的主要存在形式，电影专区内有免费电影，也存在大量的付费电影。由于视频网站业务范围不断扩大，单纯的电影播放难以支撑整个视频网站的运营，因此当下网络院线的主流形态便是设立在视频网站中的电影栏目下。例如爱奇艺的"爱奇艺·电影"（http：//www.iqiyi.com/dianying/）模块，便是爱奇艺网络院线播出平台。近年来随着付费电影数量的逐步增多，视频网站纷纷设立电影会员及付费点播专区，逐步完善网络院线的各项建设。在网络院线中，视频网站的播放平台相当于院线的影院体系，而用户通过视频网站观看则相当于消费者去电影院观看电影，网络院线基于互联网建立，用户覆盖范围更加广泛。

---

① 中国电影制片人协会：《关于促进电影网络院线发展的若干意见》，2012 年 6 月。

2. 网络院线产生的原因

新事物的产生与普及往往受多重因素的驱使，中国网络院线的出现同样是多重因素影响所致。随着互联网的不断普及，社会生活的各个方面因互联网而改变传统形态。视频网站对新的商业模式的探索，人民生活状态的改变等都促成了网络院线的产生。具体来讲，网络院线的产生与普及主要有以下原因。

首先，传统院线发行数量有限。目前我国电影产业的利润来源主要集中在票房收入和广告植入两部分，这样的收益来源便会导致一旦影片市场效应较差，票房收益遭受打击，电影收益有时连成本都难以收回。为了更好地保障票房收益，大制作影片往往在发行环节投入重金，提升电影排片量。但这些影片的数量仅占国产电影数量的一小部分。对于大量的中小成本的国产影片，其本身在上映前由于受发行资金的限制，在院线的排片比率较小，再加上宣传缺乏以及进口好莱坞或者国外大片压制，则更难被消费者所观看到。2015年中国共生产故事片686部，其中在院线上映影片320部。[①] 但从其票房收益来看，票房过亿影片仅有48部，仅占总数的7.1%；未上映影片高达366部，占据制片总数的53%，可以说一半以上的影片难以与观众见面，其市场收益十分有限，甚至很多国产影片处于亏损状态。所以对于更多的中小成本国产影片来讲，网络院线发行周期长、利益分成高，再加上借助互联网平台的宣传优势，更加有利于扩大中小成本影片的知名度，进而弥补投资收益无法实现的缺憾。

其次，用户网络观影习惯的养成。随着中国互联网发展速度的不断加快，互联网接入逐渐成为每个家庭的基本需求。而在对互联网的使用方面，根据中国互联网络信息中心发布的《第39次中国互联网络发展状况统计报告》显示：截至2016年12月，我国网络视频用户规模达5.45亿，网络视频用户使用率达到74.5%，观看网络视频逐渐成为中国网络用户休闲娱乐的主要选择。在电影院观看电影仅能观看到最新上映的电影，虽然有部分影院诸如中国电影博物馆等会定期放映一些经典影片，但是电影本身作为商品存在更多的则是追求当下市场利益的获

[①] 中国电影家协会、中国文联电影艺术中心：《2016中国电影产业研究报告》，中国电影出版社2016年版，第14—15页。

得，因此非上映影片在平时只能通过网络渠道或者 DVD 产品进行观看。电影作为网络视频的主要构成部分，在网络环境中不仅数量众多、资源丰富，还能够充分满足网民自由观影的需求。因此依托视频网站建立网络院线，符合消费者多样化的观影习惯。

最后，网络付费的用户数量不断攀升。网络院线的本质说到底仍然是一种付费视频观看的网络消费形式，从目前世界整体上付费视频发展状况来看，网络视频内容付费正在逐渐成为网络消费的主流趋势。以美国网络服务公司 Netflix 为例：据国外媒体 Quartz 报道称，仅在 2013 年视频服务商 Netflix 公司的美国付费用户数量达到 2920 万人，首次超过美国有线电视网络媒体公司（美国用户数量为 2870 万人）。① 根据艾瑞咨询统计显示，截至 2015 年年底，中国网络视频付费用户总数已达到 2880 万人，随着视频网站免费视频提供服务的不断终止，未来付费用户的数量规模必然呈每年上升的趋势。用户规模的增长是一方面，决定网络院线能够持续发展的基础在于网民的付费意愿。根据艾瑞咨询 2015 年公布的《中国网络新媒体用户研究报告》的调研数据显示，网民愿意付费的类型中电影占比为 53.4%，由此可见消费者对电影等相关视频的付费意愿最高，也反映出用户对热门优质电影付费的意愿更加强烈。

（二）中国网络院线的发展历程

随着互联网与电影产业融合力度不断加大，受众网络观影习惯的逐渐养成，视频网站付费用户规模不断扩大，网络院线便应运而生。网络院线发展至今，逐渐走入繁荣发展期，将随着科技进步和受众休闲娱乐习惯的改变在现有模式的基础上不断发展。

1. 网络院线的诞生期（2011—2012 年）

网络院线的雏形是 2009 年由电影网牵头联合其他 16 家网络视频网站，成立的"电影网络版权营销平台"。② 该平台通过视频网站购买电影版权，然后再以 50% 的版权费用分销给其他网络视频播放平台，目

---

① 李贺：《中国电影产业网络院线发展趋势分析》，《中国电影市场》2015 年第 10 期。
② 彭侃：《中国电影网络付费点播发行的现状与展望》，《电影艺术》2011 年第 6 期。

的在于保护网络电影视频的影视版权。这一联合平台的产生在中国电影产业中的网络平台分销上开了先河,为后期网络院线的尝试奠定了基础。而中国网络院线产生的重要标志性事件是 2011 年由乐视网、腾讯网、迅雷、PPTV、暴风影音、激动网等七家网络视频网站联合发起的"电影网络院线发行联盟",七家互联网公司基于互联网视频的发展速度,开始逐步探索新的网络电影发行渠道,后来优酷网和凤凰视频加入该联盟,致力于打造出中国电影的第二大发行渠道。该联盟同时提出了"三个统一"的理念,即统一上线时间、统一播放品质、统一资费。①其付费点播模式为:影片在影院上映 2—4 周后进行首轮放映,联盟根据影片的制作团队、演绎水平、票房收入以及版权购买的价格等情况,综合考虑后确定点播价格,在各联盟成员内统一执行。

新生事物的成长必然是在曲折发展中不断前进的。两个平台的诞生为电影的网络版权分销提供了重要的尝试与改变,为网络院线建立了初步的分销标准。随后以乐视网为首的几家网络视频网站开始重点布局"正版+付费"盈利模式,以电影播放的点播付费和版权分销为主要途径进行网络院线的建设。但是由于长期以来用户免费理念根深蒂固,再加上版权保护技术的限制造成的盗版频发,网络院线联盟并未收到明显成效。

2. 网络院线的发展探索期(2012—2014 年)

2012—2014 年这段时间是中国各大视频网站进行整合重组的高发期,视频网站出现大规模的重组现象,网络视频发展生态逐渐定型。2012 年 8 月优酷与土豆实现强强联合,随后两家公司共同成立合一影业;2013 年百度收购 PPS 视频并且推动 PPS 与爱奇艺进行合并,爱奇艺视频整体实力大幅提升;2014 年搜狐视频收购视频网站 56 网。经过一系列洗牌,视频网站呈现主要集中态势,视频网站竞争市场基本成为几家大的视频网站对影视资源的抢夺。

对网络院线的探索也主要体现在几家视频网站的竞争与合作之中。主要表现在两个方面:首先,自制内容成为"深耕"战略。影视资源数量有限,再加上彼此实力差别不大,激烈的"烧钱式"竞争只会造成两败俱伤的局面。视频网站逐步开始涉足自制电影行业,增加对网络

---

① 《电影网络院线发行联盟成立,准备好付费看片了吗》,《人民日报》2011 年 3 月 22 日。

院线自制资源的抢夺。其次，网络院线争抢硬件终端。网络院线为视频网站的发展提供了新的机遇，为不断提升用户体验，各个视频网站逐渐兴起对视频硬件终端的争抢。爱奇艺和优酷视频纷纷开发独有的网络视频盒子，借硬件的普及进行网络院线的推广，逐步抢占用户资源。最为典型的是乐视网利用自己的硬件优势顺势推出乐视超级电视，开启"平台+内容+终端+应用"的网络院线建设模式，在乐视电视中嵌入自身的高清电影资源。而电影内容合作方面，乐视网积极与各大影视制作方合作，建立了拥有 5000 多部正版电影的电影资源库。

该阶段许多影片也开始逐步走进网络院线，进一步延长电影生命周期，扩大电影收益。例如，好莱坞大热的喜剧电影《冒牌家庭》在北美上映两周之后登录优酷网络院线，仅仅数天时间里，收益高达 170 万元。① 在国内电影方面《我想和你好好的》《笔仙Ⅱ》等在院线放映后再度登录视频网站的电影，也吸引了很多当时没有进入电影院观看的观众。2013 年到 2014 年一年间，乐视网借助乐视超级电视平台，实现包括《小时代 3》《归来》《脱轨时代》在内的超过 20 部院线大片在乐视网络院线独家首发。该时期网络院线逐步走入大众视野，开始受到电影发行方的重视，互联网的发行优势逐渐凸显。

3. 网络院线的兴盛期（2015—2017 年②）

经过几年的酝酿发展，2015 年以后中国网络院线逐渐走入发展兴盛期，成为中小成本影片的主要发行选择，以及影院放映影片在院线下线后实现电影生命周期延长的重要手段。

网络院线上映影片数量逐步增多。2015 年网络电影上线达 622 部。2016 年这一数字有望超 2000 部。③ 2015 年有超过 200 家电影制作出品方与爱奇艺进行网络院线年合作，爱奇艺力争实现每周新片更新数量超过院线。此外从网络院线上映的影片收益来看，网络院线的票房也呈现抢眼之势。同样以爱奇艺为例，在 2015 年 1—8 月，爱奇艺网络院线中涌现出了诸如《道士出山》《捉妖记》《道士降魔》《二龙湖浩哥之狂

---

① 人民网：《深度解读：网络院线的春天》，2014 年 4 月 21 日。
② 指截止到本文完稿前的 2017 年。——编者注
③ 张勇：《中国网络大电影的硬伤》，《光明日报》2016 年 6 月 18 日第 6 版。

暴之路》《阴阳先生》《赌神归来》等多部网络大电影，它们在网络院线中收获高播放量的同时也收获了应有的票房收益。

网络院线发展除了在数量和市场收益上逐渐显现外，相应的智能硬件设备发展逐渐成熟，并逐步走进千家万户。2015 年以后随着智能电子产品技术日臻成熟，以 VR（虚拟现实）为代表的新一代影像智能设备发展繁荣，更多的年轻人在家中一样能够享受到视觉逼真的影院效果。视频网站在现有的战略布局上，也不断重视对硬件技术产品的开发，目的在于抢占用户终端，为用户提供更多更优质的网络院线资源。以电视盒子产品为例，优酷盒子、暴风盒子、乐视盒子已经走入千家万户，而这些盒子除了作为网络电视的转换设备外，一般都附带本网站的影视资源。

此外，网络院线的繁荣也让一些传媒资本转向网络院线产业，最为典型的便是 2014 年 12 月 360 与光线传媒合作成立的 360 网络院线。360 网络院线在 2015 年 3 月正式上映后，致力于打造出电影在线放映"零窗口期"的网络院线放映效果，也即影片在实体院线下线以后，直接上线实现网络播放，消费者就可以通过 360 网络院线观看影片。从目前网络院线的发展状况来看，视频网站的会员数量正在呈逐年上升趋势，消费者进行网络电影付费的意愿也在逐步提升。

2015 年之后各视频网站产业链逐步开始向上游和下游转移。乐视网成立乐视影业，优酷土豆成立合一影业，爱奇艺成立影业公司，视频网站纷纷进军电影行业，逐步开始涉及电影投融资、电影制作与 IP 开发、电影衍生产品开发等环节。网络院线的全产业链布局逐步呈现，同时各个视频网站对电影独家资源以及热门 IP 的争夺愈演愈烈。随着互联网对传统产业的融合力度不断加大，网络院线逐渐从单一的电影网络渠道发行，演变成集电影投资制作与 IP 开发、网络发行、版权分销、衍生产业开发等渠道为一体的全产业链化新型电影生态商业模式。2015 年以后视频网站对网络院线的重视力度逐渐增大，再加上各项盈利模式的稳定，网络院线逐步走入发展兴盛期。

4. 网络院线发展的重要意义

首先，网络院线的发展弥补了当下院线制发行环境下影片发行的不足，为众多发行资金不足的中小成本影片以及部分小众影片能够进入电影市场，被观众所观看提供了新的发行渠道，也为这些影片收回制作成本提供了机会。受传统院线影片排片制和上座率的影响，进入影院的影片中仍有相当一部分影片存在"影院一日游"的现象，而网络院线的发展与价值链条的完善，能够弥补当前电影产业链的不足，促进电影产业健康发展。

其次，以网络院线为代表的电影互联网发行链条的完善，能够最大限度地延长电影在院线上映的生命周期。在我国当前的院线环境下，排片率与院线上座率是决定电影在院线上映生命周期的关键因素，绝大部分影片在影院的生命周期仅有 30 天左右，如果上座率较低，影院会提前将电影下线。对于依赖票房收益的国产影片来讲，院线下线即意味着"影片生命"的终结。在当前的发行环境下，网络院线的产生使影片在院线下线后仍旧可以在互联网平台付费观看 60—90 天。电影进入网络院线并以付费的形式在视频网站播出，意味着电影同样能够被消费者关注与消费，进而获得网络票房收益，从而延长国产电影的生命周期。

最后，网络院线价值链条的完善，对电影在互联网环境中的版权保护有积极的作用。长久以来，盗版电影大肆传播是电影产业发展的困局，而电影盗版主要表现为网络盗版与 DVD 等音像制品的盗版传播。随着个人电脑的普及与宽带使用率的提高，中国以 DVD 为代表的音像市场逐渐衰落，利益竞争逐渐倾向网络盗版，网络盗版便成为当前电影版权保护的打击重点。网络院线以付费的形式让消费者获得观看影片与下载的权利，充分体现了对电影播放版权的保护。网络院线各参与方为了保证片方和视频网站的收益，网络院线联盟成员间互相订立协定共同抵制盗版影片。对于视频网站而言，为了保障自身利益的实现，也会不断加大对盗版影片的审查与清除力度，对电影版权的保护具有重要意义。

（三）价值链理论与创意产业价值链

1. 价值链理论

价值链理论由美国哈佛商学院迈克尔·波特于 1985 年在其著作《竞争优势》中提出，该理论诠释了基本企业生产与发展过程中所涉及的一般环节。波特认为："每一个企业都是用来进行设计、生产、营销、交货以及对产品其辅助作用的各种活动的集合。所有这些活动都可以用价值链表示出来。"① 价值链作为企业参与市场竞争的各个环节中创造的价值的总和，总价值的创造由企业的基本活动（内部物流、生产经营、外部物流、市场营销、服务）和辅助活动（采购、技术开发、人力资源管理、企业基础设施建设）构成（见图8-1）。波特同时指出，价值链不是各个环节独立活动的集合，而是相互依存、相互影响所构成的一个系统。企业要想在激烈市场竞争中保持竞争优势，不可能在整条链条上拥有全部优势，关键是要抓住生产发展过程中那些优势比较显著的战略环节，只有控制住了这些关键战略环节，才能控制整个价值链，实现产业链条价值最大化。

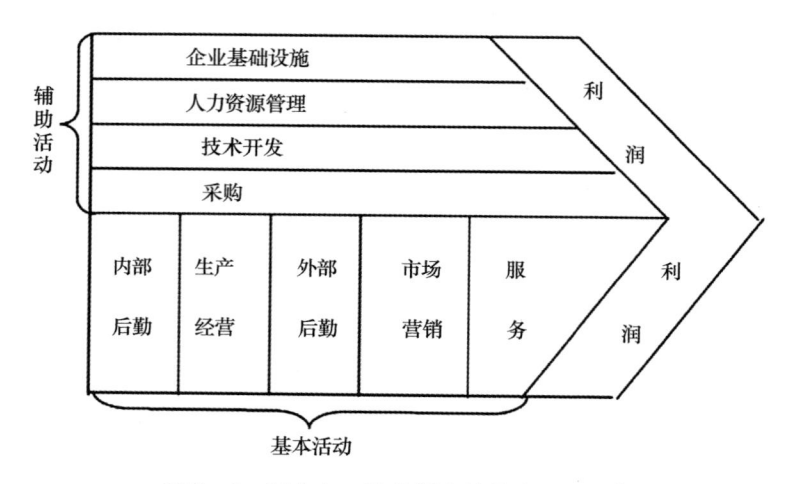

图 8-1 迈克尔·波特提出的基本价值链②

2. 创意产业价值链

波特的价值链理论基于传统企业的市场竞争而提出，随着市场经济的不断发展和科技水平的不断提高，新兴产业逐渐成为推动世界经济发展的重要力量。随着传统产业发展不断滞后，创意产业作为新的经济亮点备受世界各国关注。创意产业于20世纪90年代由英国最先引入文化政策文件，"英国创意产业之父"约翰·霍金斯在《创意经

---

① ［美］迈克尔·波特：《竞争优势》（上），陈小悦译，华夏出版社2013年版，第76页。
② ［美］迈克尔·波特：《竞争优势》（上），陈小悦译，华夏出版社2013年版，第37页。

济：如何点石成金》中将创意产业定义为："其产品都在知识产权法的保护范围内的经济部门，知识产权有四大类：版权、专利、商标和设计，知识产权法的每一形式都有庞大的工业与之相应，加在一起这四种工业就组成了创造性产业和创造性经济。"① 虽然世界各国对创意产业的侧重各有不同，但是从共性来看，均是把创意作为产业的核心要素，强调产业内容创新与个人创造力，因此各国在名称上主要称作"创造性产业""创意经济"或者"文化创意产业"等。

创意产业价值链是传统价值链的演化与延伸。我国著名学者厉无畏在《创意产业导论》中对创意产业的价值链作了基本描述。他指出创意产业价值链主要由内容创意、生产制造、营销推广、传播推广、消费者五个要素构成（见图8-2）。内容创意作为创意的形成环节，是控制整个链条的关键，主要的增值部分就在于原创的知识含量。② 生产制造是将创意转化为产品，企业可通过技术等批量生产创意产品。营销推广作为创意产品的助推者，将创意产品的使用价值让渡给消费者。传播渠道作为创意产业售出渠道，是创意产品走入大众的重要环节。而消费者则是创意需求的最终接受者，对整个价值链具有反馈和互动作用。

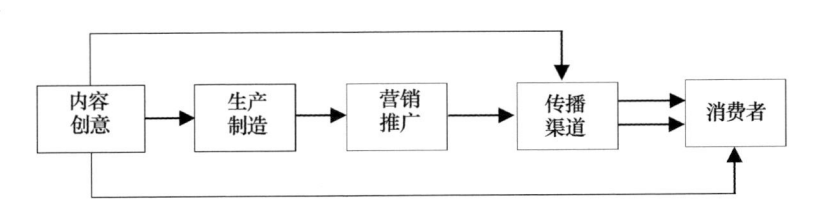

图8-2 创意产业基本价值链③

电影产业作为创意产业的重要组成部分，同时也是网络院线发展的重要基础。电影产业价值链作为文化创意产业中发展活跃的产业形态，被巴里·利特曼称为"大电影产业"。利特曼于1998年在其《大

---

① 参见［英］约翰·霍金斯《创意经济：如何点石成金》，洪庆福、孙薇薇、刘茂玲译，上海三联书店2006年版。
② 厉无畏：《创意产业导论》，学林出版社2006年版，第195页。
③ 厉无畏：《创意产业导论》，学林出版社2006年版，第196页。

电影产业》一书中提出，电影产业已经跨越了电影自身的疆界，演变为媒介大产业中最有活力的组成部分，其价值链的核心特征是价值链自身的完善和"扩窗效应"与价值链的联动，即向各关联产业的价值链延伸。① 阮南燕、顾江在利特曼提出的大电影产业的基础上，描绘出了当代电影产业价值链的构建图（见图8-3）。他们从电影观众需求出发，延伸至衍生的经济价值和社会价值，通过价值创造，电影生产包含制作、营销、发行、院线四个阶段，并且带动电视、音像、出版、游戏、动漫、玩等相关产业的附加值创造。他们认为电影经过传统的制作到院线流程后，其审美价值并未完全终结，而且凭借其巨大审美张力向其他产业渗透，衍生出种类繁多的产业内容，拓展出新的产业链，构筑更大的社会价值和经济价值。

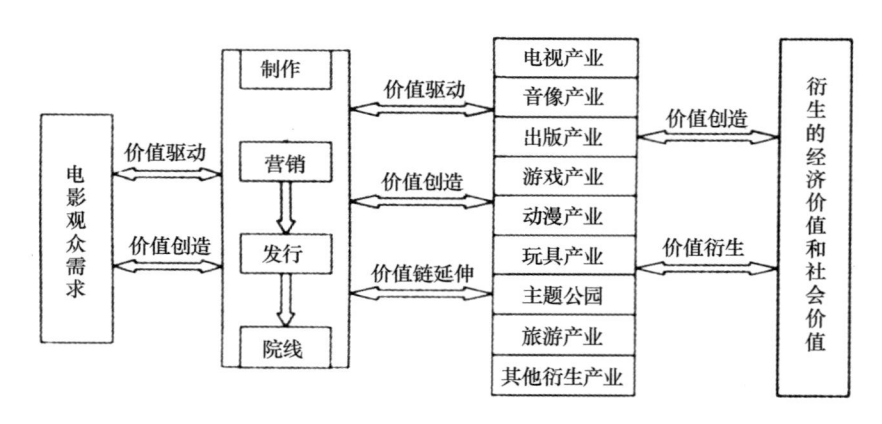

图8-3 电影产业价值链构建图②

（四）网络院线价值链与增值模块分析

1. 网络院线价值链

网络院线作为新生事物，其本质仍然根植于电影产业，只是互联网的加入使原有的电影产业链在传播环境下产生了新的变化。网络院线的

---

① ［美］巴里·利特曼：《大电影产业》，尹鸿、刘宏宇等译，清华大学出版社2005年版，第4页。

② 阮南燕、顾江：《基于全球价值链的我国电影产业升级研究》，《江淮论坛》2010年第1期，第32页。

价值链已经不能从单环节逐个考虑，网络院线已逐步发展成为以视频网站为中心，互联网企业为支撑的网络电影投资、生产、发行、票房回收、衍生产品开发的全产业价值链条。在未来的市场份额争夺中，随着互联网实力的不断增强，可调动的资源平台更加广泛，互联网力量将成为电影产业发展的重要推动者。因此传统电影产业链条再加上互联网技术与影视产业融合力度的加深，在原有电影产业链各环节的基础上，形成了现有的网络院线价值链（见图8-4）。

网络院线价值链的变化主要体现在网络院线本身不仅仅是一个电影的发行渠道，由于网络院线产生并依托于视频网站，视频网站成为贯穿网络院线价值链条的核心，也是网络院线的核心建设者和运营者。2013年后随着几大视频网站不断兼并重组，部分实力雄厚的视频网站逐渐在原有电影网络发行的基础上开始将触角伸向电影产业链的上、下游以及相关的衍生环节。也正是由于这些因素的存在，中国网络院线发展到今天才展现出异于传统电影价值链条的特殊性。具体价值链构成环节（见图8-4）。

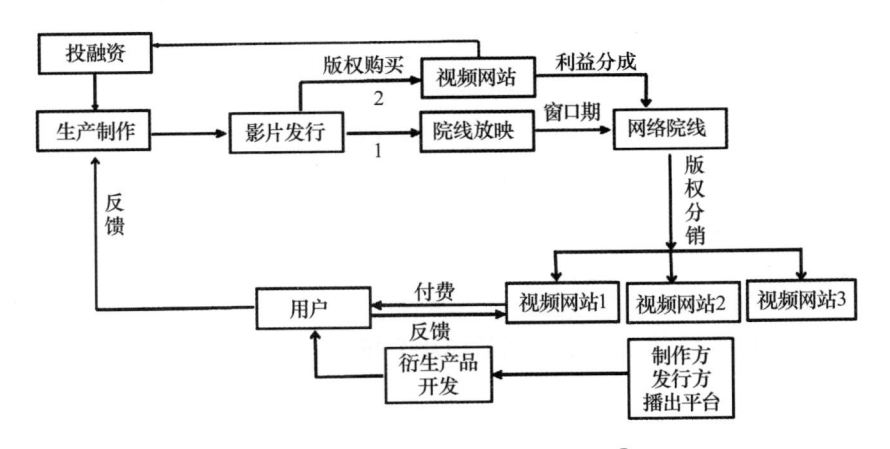

图8-4 网络院线价值链示意图①

---

① 图8-4中，1.影片放映权出售给院线和网络院线，先在院线上映，下线后进入网络院线付费观看。2.影片直接将发行放映权出售给视频网站的网络院线进行付费观看，不进入院线上映。本图为笔者绘制。——笔者注

2. 网络院线价值链增值模块

(1) 上游：生产制作——投融资、版权购买、IP 开发

根据电影产业生产制作的规律，网络院线的上游环节主要集中在电影投融资、版权购买与 IP 开发三个方面。由于当前互联网力量逐步渗透在网络电影产业链条的各个层面，视频网站作为网络院线的创造者和产业运营者，为了能够更好地掌握产业链各个端口的价值环节，获得强有力的竞争优势，视频网站逐渐向电影产业上游渗透，借助自身发行平台，探索参与投资制作，进而获得市场收益的路径。

首先，在投融资方面，这是作为网络院线的建设者在近年来资本力量与企业实力不断壮大的基础上对原有电影产业格局的一种改变。以电影产业的投融资为例，互联网力量纷纷开始涉足电影投融资领域，逐渐改变原有的电影产业格局。其中主要的投融资形式有两种：直接投资和借助网民投资。直接投资便是互联网企业纷纷成立电影公司，直接进行资本投入，最终实现电影票房的分账，带动相关网络院线的发展。网民投资最典型的便是电影众筹在电影产业中出现。阿里巴巴集团推出"娱乐宝"，广泛吸引网民资本进入电影生产制作领域，通过班组探班、明星周边、电影票等回报方式获取资本来源，充分利用粉丝经济撬动电影产业资本格局。娱乐宝首期便获得 7300 多万元总投资额，涉及热门电影《小时代 4》《狼图腾》等众多项目。[①]随着互联网模式的不断深入，相信互联网资本在未来会源源不断进入电影产业各个层面，从整体上影响电影产业格局，进而促进网络院线的发展与壮大。

其次，在版权购买方面，自 2011 年网络院线在中国成立以来，最初的网络院线主要集中在影片的发行环节，主要代理电影在互联网平台的发行放映，其主要的价值增值环节便集中在版权购买上。视频网站为了增强网络院线的用户黏性与影片点播量，便会大量购买电影市场中受欢迎的影片发行版权，从而在市场竞争中保持优势。版权购买的主要方式是视频网站通过与电影制作方合作洽谈，电影生产制作

[①] 陈少峰、徐文明、王建平等：《中国电影产业报告 2015》，华文出版社 2015 年版，第 206 页。

后,将互联网放映或发行权出售给视频网站的网络院线。

最后,在 IP 开发方面,这是目前整个电影产业发展创意的主要来源。创意是电影产业保持持久生命力的关键,而对创意源头的掌握就显得尤为重要。随着互联网的诸多力量不断进入电影产业,作为影视剧本创作的源头也在不断发生变化,而变化最为显著的便是 IP(Intellectual Property,知识产权)逐步成为当下影视产业开发的创意源头。IP 可以是小说、电影、游戏、动漫,也可以是人。中国传统电影开发模式以讲好故事作为电影开发的关键,但随着互联网与传统产业的深度融合,用户思维逐步成为电影开发者主要考虑的问题,因此热门优质 IP 的开发成为现在电影创作的主要向导。而对于 IP 的开发,主要方式是将热门优质的 IP 进行改编再创造,再根据用户喜爱的内容形式创造出被广大用户喜欢并接受的影片以及衍生产品等其他形式。

(2) 中游:营销发行——影片发行、版权分销

目前我国视频网站均提供海量高清优质的电影播放服务,从目前广大网民互联网使用的情况看,通过视频网站观看电影也已基本形成习惯,大量的用户为网络院线的影片营销奠定了良好的营销基础。网络院线的中游产业价值链主要围绕影片的互联网渠道的营销发行来进行,具体到网络院线中则主要集中在影片发行和版权分销两个板块。

影片发行是指电影在制作完成之后,需要进入市场与观众见面,进而获得市场收益。在网络院线的价值链中,主要是指将影片推向视频网站,通过视频网站的播放窗口让受众进行观看。主要方式便是制片方以出售电影互联网播放版权的形式,将播放权利授予视频网站进行独家播放或者某几家播放,该环节也是视频网站投资影片获得收益的重要手段。目前在视频网站竞争市场,为了更好地占领市场,进而向受众提供丰富、优质的电影播放资源,众多视频网站购买电影版权的步伐不断加快。而对于电影公司来讲,他们在出售互联网播放版权的同时,也能够充分节省宣传费用。

版权分销则一般是指在影片发行的版权授予过程中,某一家视频网站通过版权购买的方式获得影片的独家互联网播放权利后,将播放权以利益分成或者版权出售的形式授予其他视频网站进行播放。近年

来，视频网站购买独家视频资源的力度不断增大,"高烧钱"式的经营模式使许多视频网站在经营资金上捉襟见肘,因此,视频网站在购买到独家电影版权资源后,再经过一定的时间,便会将播放权售卖给别的视频网站,进而获得市场效益。从目前国内视频网站的发展路径来看,版权分销逐渐成为网络院线进行价值增值的重要方式之一。原因在于版权分销不仅能够获得直观的经济效益,同时随着视频网站逐步参与电影制作,也更希望通过别的视频网站扩大自身制作电影的品牌知名度,进而提高网络票房收入。

(3) 下游:收益与反馈——票房收益与分成、用户反馈

网络院线的价值链中,网络票房的获得与收益分成构成了网络院线价值链的下游产业形态。电影通过网络院线与受众见面并获得网络票房是电影产品的最终目的,同时也是一部影片最大价值实现的关键点。随着近年来网络院线的发展力量不断壮大,越来越多的电影开始走进网络院线,除了希望获得更大的市场收益外,更希望通过视频网站的平台增加电影的品牌知名度。

网络票房的获得是电影作为市场产品来讲最主要的目的,其收益方式主要是影片通过版权售卖的各个流程进入网络院线,而观众要想在视频网站中观看到这些影片需要通过付费来实现。目前网络院线中付费路径主要有两种,一种是单片点播的形式,一种是会员包月的形式。单片点播的价格一般在2—5元之间,用户通过电子支付平台付费后便可观看完整的电影视频。则是会员包月的形式,视频网站的会员用户可以第一时间观看到视频网站上播放的最新电影资源,而且能够享受到免广告、高清优质画面等专享视频观看服务。网络院线付费观看的全面展开,不仅有利于打击盗版影片的传播,同时对于视频网站而言也增加了创收途径。目前在网络院线中主要有两类影片:一类是在院线下线后继续在网络院线中播放的影片;另一类是不能进入院线只在网络平台进行付费播放的电影。因此收益分成则是指影片通过网络院线播出后,视频网站根据网络票房的获得按原有的票房分成比例进行网络票房的收益分配。以爱奇艺为例,根据爱奇艺现有的网络电影分账模式,一部网络大电影单片播放需要付费5元,根据影片类别与分成比例,爱奇艺将会付给制作方1.5—2元的分账。分账比例

的固定化与成熟化也逐渐使得网络院线的发展模式更加成熟。

用户反馈则是指电影在互联网平台播放后，根据票房收益以及影片点播数量可以综合分析出什么类型的影片更受消费者的欢迎，未来电影的开发应该选择哪种题材。在互联网时代，用户思维逐渐成为电影制作与IP开发的主要考量，网络院线用户反馈机制的完善，为电影制作公司进行新一轮影片制作与衍生产品开发提供有效的数据参考，能够最大限度地降低电影制作与投资风险，避免投资浪费。

（4）延伸价值增值——衍生产品开发

电影衍生产品是指电影获得票房收益后额外获得市场收益的部分，一直被称为"电影后产品"。根据电影发行以及衍生产品制作的时间节点，可以将电影衍生产品分为前产品和后产品。前产品主要包括电影中涉及的道具、人物造型以及原著书籍等，前产品主要是根据电影内容情节进行开发，让消费者更好体验电影的内在魅力。后产品则一般通过授权加工方式进行开发，涉及范围较为广泛，包括玩具、服饰、食品包装、主题公园、游戏等，后产品开发注重拓展电影本身的产业链条，实现电影本身价值最大化。

长久以来，电影衍生产品开发一直是中国电影产业发展过程中的短板，但随着互联时代粉丝经济的崛起，再加上电商与视频网站的不断融合，网络院线在衍生品开发过程中借助粉丝力量，通过与电商平台合作进行衍生产品的开发与售卖。网络院线衍生产品开发的主要方式是在取得电影衍生品制作授权后，借助视频网站大数据优势，依据对受众观影偏好的把握，通过电子商务平台适时向观看者进行衍生品的推送，进而提高受众对衍生品的兴趣度与购买欲。最典型的便是优酷视频"边看边买"的商业模式。优酷视频与天猫合作，电影通过优酷视频播放后，在视频右边区域便会根据电影内容的播出进度，显示电影中出现的产品以及电影中男女主角的服装等这些产品购买信息，观众点击后便可直接进入天猫商城下单购买。方便快捷的购买路径为影迷和明星粉丝购买衍生产品提供了便利，对于电影衍生产品销售渠道的扩大也起到重要的推动作用。

二 "爱奇艺"网络院线价值链分析

(一)"爱奇艺"网络院线发展现状[①]

1. "爱奇艺"网络院线的发展历程

中国视频网站于 2004 年至 2005 年开始发展,2004 年 11 月乐视网的正式上线标志着中国视频网站的开端。随后在 2005 年上半年,中国视频网站如雨后春笋般层出不穷,56 网、PPTV、PPS 等视频网站均成立于该时期。随后大量的金融资本融入视频网站的竞争序列,中国视频网站逐步走入激烈竞争期。2009 年以后许多门户网站开始凭借资源和用户优势,涉足视频网站行业,搜索网站自然也不例外。2010 年百度宣布投资组建独立视频公司,由龚宇出任爱奇艺 CEO,同年 3 月奇艺网正式成立,开始全面进军正版、高清、长视频网络视频领域,并提出了"悦享品质"的品牌理念,致力于为用户提供流畅的观影体验、高清的视觉效果,满足受众对"悦享品质"的追求。

2013 年 3 月爱奇艺宣布启动"网络大电影"计划,该项计划涵盖范围包括电影播放平台、电影投融资平台、青年导演成长平台,该计划的宣布实施也同时宣告了爱奇艺网络院线的成立。该项网络院线的发展计划中同时推出了国内第一个网络电影分成计划——"分甘同味",首次对互联网付费电影的收益分成进行了明确界定,这也标志着以爱奇艺为代表的中国网络院线发展步入正轨。

2013 年 5 月,百度宣布收购著名视频网站 PPS,宣告爱奇艺与 PPS 合并,合并后爱奇艺公司拥有"爱奇艺"和"PPS"两个品牌,同时成为中国最大的视频网站,作为网络院线来讲,也成为中国最大的网络院线播放平台。

2013 年 8 月,当很多视频网站还在将 1080P 超高清视频作为付费的竞争亮点时,爱奇艺宣布向全部直接用户开放 1080P 超高清视频播放服务,真正实现了"悦享品质"的承诺。而在 2014 年 3 月爱奇艺凭借先进的技术优势,在视频网站开始推出 4K 超清视频服务。4K 超清的清晰度

[①] 本文定稿于 2017 年 3 月,文中数据截止到 2016 年底。——编者注

是 1080P 超高清视频清晰度的 4 倍,逐步改变网络院线的视觉体验。

2014 年以后,爱奇艺网络院线充分利用自身的平台优势,积极扩充自身的影视资源,先后与北美六大电影公司、威尼斯电影节、香港电影节、北京电影节等进行合作,开设在线影展,引入优质电影资源,逐步构筑了中国最大的电影资源库。在产业链建设上,2014 年 7 月爱奇艺影业成立,爱奇艺开始向电影产业上游进军,逐渐利用自身力量发展网络院线产业。2014 年 9 月 18 日爱奇艺成立文学版权库,开始布局优质文学 IP 的开发。在会员数量上,根据爱奇艺官方公布的数据,截至 2016 年 6 月 1 日,爱奇艺有效 VIP 会员数已突破 2000 万人。[①] 爱奇艺会员规模不断扩大,逐步发展成为中国视频网站付费会员规模最大的视频服务平台。经过多年发展,爱奇艺网络院线逐渐成长为融电影投资与制作、电影发行与播放、视频技术研发与服务、衍生产品为一体的网络电影产业发展平台。

2. 爱奇艺网络院线的发展策略

(1) 网络大电影计划

网络大电影计划是伴随着爱奇艺网络院线的建立而提出的网络院线建设与发展计划,主要涉及网络电影播放平台、电影投融资平台、青年导演成长平台三大发展平台。网络大电影是指时长超过 60 分钟,制作水准精良,具备完整电影的结构与容量,同时符合国家电影产业的相关政策法规,以移动和互联网发行为主的影片。[②] 网络大电影是目前网络院线的主要组成部分,也是网络院线的诞生对中国电影产业带来的产业改变。其中网络电影播放平台是指借助爱奇艺视频网站进行网络电影的播放,为广大网络视频观看者提供更多、更优质的影视资源。电影投融资平台则是为有志于进行电影制作的团队募集电影制作资金,助推中小成本电影的发展。青年导演成长平台则是对青年导演的培育与扶持,针对那些怀揣电影梦想但又没有资源优势的青年优秀导演提供全方位的帮助,力争帮助青年导演的作品实现从线下转入线上。另外为了鼓励网络大电影的创作,进而提升中国电影发展质量,爱奇艺与网络大电影项目合作,网络大电影合作方最高可获得达七成的分成比例,以帮助专业青

---

① 爱奇艺官网:《爱奇艺 VIP 会员数超 2000 万 开启全民 VIP 时代》,2016 年 6 月 14 日。
② 若珲:《网络大电影朝左还是朝右》,《乐山日报》2016 年 12 月 4 日第 2 版。

年导演创作更多的优质电影,并通过互联网平台实现价值。

(2)"分甘同味"计划

分账模式作为院线发展来讲是院线逐步走向成熟的标志,同时也是网络院线在未来发展中获得持久生命力的保障。只有建立成熟的分账模式,电影制片方才能在制作以及发行电影时尽可能降低市场风险,获得最大收益。"分甘同味"计划是爱奇艺网络院线在2014年4月发布的国内首个具备完整清晰商业模式的网络院线电影发行收益模式,网络大电影分账模式的确立,也预示着爱奇艺网络院线逐步走入正轨。根据"分甘同味"电影计划,在爱奇艺网络院线上映的网络电影最长有六个月的付费窗口期,付费期内电影收益根据用户点播量来决定分成金额。窗口期过后电影转为免费电影,改为终身广告收入分成的模式。另外根据发行影片是否为爱奇艺独家播出,分成比例也将会有所区别。根据爱奇艺官方公布的网络电影合作说明来看(见表8-1),网络大电影的分成主要有独家合作和非独家合作两种,根据影片质量分为A、B两种级别。独家影片付费期为上线之日起六个月,非独家影片付费期为上线之日起三个月,同时根据影片的播放数据表现,影片制作方与爱奇艺沟通后还可根据实际情况有一次调整付费期的机会。清晰的分账模式,不仅极大保障了网络电影的市场效益,同时对于中国电影院线长期以来排片制所带来的电影发行困境提供了优化路径。

表8-1　　　　　爱奇艺网络大电影内容合作分成模式[①]

A级(独家合作*[②])	2.5元/有效付费点播*[③]
B级(独家合作*)	2元/有效付费点播*
C级(非独家合作)	1.5元/有效付费点播*
D级(非独家合作)	0.5元/有效付费点播*

[①] 资料来源:爱奇艺官网:《网络电影合作说明》,http://www.iqiyi.com/common/wldy-hzsm.html。

[②] 独家合作可由合作方申请,是否独家合作及合作分成单价由爱奇艺内部评审作品质量确定,评审规则及评委会人员均不公示。

[③] 有效付费点播:每付费用户播放单一付费影片超过6分钟的一次或以上的观影行为,计为1次有效付费点播。

（3）全产业链建设模式

爱奇艺网络院线不满足于只是一个网络电影的播出平台，在随后的建设中逐步向网络院线产业上下游发展，逐步探索网络视频与电影产业的合作共赢之路。爱奇艺网络院线建立之后，爱奇艺先后发布了网络大电影计划和"分甘同味"计划，二者更多是针对电影发行渠道建设，此时的爱奇艺网络院线更多承担着向用户提供电影资源网络渠道播放的路径。在爱奇艺网络院线的上游建设方面，2014 年 7 月爱奇艺成立爱奇艺影业，涉足电影投资与电影制作，力争在网络院线建设的上游保障网络院线的资源来源。2016 年 5 月 5 日，爱奇艺宣布正式启动以打造原创文学 IP 为核心的文学业务，"爱奇艺文学"正式成立，网络院线的布局涉足电影的 IP 开发。在中游发行建设和下游票房收益分成方面，爱奇艺本身就是视频网站，发行优势突出，再加上原有的分成计划与电影导演扶持计划，会让爱奇艺在影片发行方面更具优势。在下游产业链建设方面，爱奇艺大力发展会员业务，通过多种策略扩大会员数量。例如邀请国内当红明星杨洋、杨颖、黄渤成为爱奇艺 VIP 会员品牌代言人，借助粉丝力量获取注意力优势。此外爱奇艺还联合唯品会等多家电商网站，通过新会员折扣的方式吸引更多用户成为爱奇艺的视频会员，为网络电影建立播放保障。

全产业链的建设模式使爱奇艺网络院线不仅作为一个网络电影播出平台，随着网络院线各个产业链条的逐步打通，爱奇艺逐渐成为一个以电影为中心，同时贯通网络院线各个生态的综合性网络院线商业模式。

（二）爱奇艺网络院线的价值链构成

1. 电影投资制作

爱奇艺影业作为爱奇艺网络院线投资制作的主体力量，虽然成立时间较短，但是发展迅速，逐渐成为当下互联网电影公司的新星。在电影投融资方面，爱奇艺影业公司成立后与中影集团、中信信托合作，三家企业联合推出"百发有戏"的互联网影视文化金融众筹平台，致力于为中小成本电影发展募集资金。① 与此同时，爱奇艺影业还与百度钱

---

① 陈少峰、徐文明、王建平：《中国电影产业报告 2015》，华文出版社 2015 年版，第 196 页。

包、百度金融中心共同推出百度爱奇艺众筹计划，进一步打通"互联网—金融—电影"的共赢生态圈。在电影制作方面，截至2016年爱奇艺影业先后投资出品了《王朝的女人·杨贵妃》《华丽上班族》《破风》《一步之遥》《西游记之三打白骨精》《十月初五的月光》等多部电影，这些电影在院线上映后逐步转入爱奇艺网络院线，继续在网络院线实现增值。除了院线电影外，爱奇艺还参与了许多网络大电影的投资制作与发行，不断巩固自身网络院线资源建设，例如《斗地主传奇之双王之王》《奔跑吧小凡》等多部网络大电影均有爱奇艺影业参与制作与发行，并在爱奇艺网络院线独家播放。

2. 优质IP开发

IP开发是爱奇艺网络院线自2016年正式实施的发展战略，主要标志是爱奇艺文学的建立。爱奇艺文学建立后将借助爱奇艺视频播放指数与百度搜索指数相结合，充分利用自有的大数据优势，根据互联网中各项IP的点击量与搜索量，结合各项榜单排名、付费用户画像、衍生价值标准等，致力于挖掘适合影视化和IP全产业链开发的原创网络文学。根据艾瑞咨询数据显示，爱奇艺本身拥有日均1.03亿的覆盖用户、2.85亿移动端月度用户和27.5亿小时月观看时长等各项优势，与网络文学的受众群体十分契合。① 爱奇艺网络文学上线后先后试水推出了《欢乐颂》《最好的我们》等原著影视文学作品，广受广大网络文学爱好者的欢迎。以《欢乐颂》为例，在爱奇艺文学上线两周，总累计浏览量就突破500万次。此外，爱奇艺文学将通过举办中国好故事文学大赛，甄选100个中国好故事，扶持新人新作，从源头上扶持优质IP的开发，进而为网络院线的发展提供剧本创作的支持，保障网络院线产业链的完整与延续。IP深度开发一直是爱奇艺在过去着重建设的一个互联网生态路径，爱奇艺在挖掘优质文学IP的同时，会根据该IP在市场中的表现，适时推出新的生态形式。例如2015年电视剧《花千骨》火遍大江南北，《花千骨》登录爱奇艺视频后，爱奇艺立即买断《花千骨》的游戏版权，在电视剧热播的同时，同名手游和页游也成为火爆市场的爆款游戏。《花千骨》上线的首月流水就突破两亿元，成为影视相关衍

---

① 爱奇艺官网：《爱奇艺文学全面起航　全产业链开放协同助攻原创IP》，2016年5月6日。

生 IP 中收入最高的作品。围绕着优质热门 IP，爱奇艺网络院线将逐步打通互联网生态的全产业链，从优质文学 IP 开发到影视剧集、游戏、电商等各个领域，形成泛娱乐化的全产业链条，从而进一步提高用户黏性，实现全产业链的价值增值。

3. 网络电影发行与票房分账

网络电影发行方面，爱奇艺自从与 PPS 合并后成为中国最大的视频播放平台，在 2014 年 11 月百度、小米和顺为资本联合宣布，小米以 18 亿元人民币战略入股爱奇艺，原有的百度用户数据优势再加上小米视频的数据导流，原本就拥有用户数量优势的爱奇艺网络院线在发行优势上更是"如虎添翼"。爱奇艺网络院线建立以来，吸引了大量的院线影片下线后通过爱奇艺网络院线进行二次收益。例如 2016 年的热门华语影片《美人鱼》《夏洛特烦恼》《寻龙诀》《老炮儿》等在院线下线后均成为爱奇艺网络院线的发行影片，大大延长了院线电影时代一部影片市场价值的生命周期。而在中小成本的网络电影方面，许多影片通过爱奇艺网络院线同样获得了应有的市场价值。由本山传媒与华谊兄弟等联合出品的喜剧电影《山炮进城 2》，并没有选择院线上映，2015 年 10 月 27 日在爱奇艺全网进行独播。首日播放量便超过 600 万次，当日累计网络票房 187 万次，三日点击量累计 1550 万次，票房累计 400 万次，上线首周（6 天）播放量累计 2770 万次，票房数累计 556 万元①，双双创下网络大电影行业首日播放量新高和同行业票房回收纪录。另外，据新华网报道，2015 年，全网共上线"网络大电影"近 700 部，其中 90% 以上在爱奇艺发行②，这也充分说明了爱奇艺网络院线逐渐成为未能在院线上映的中小成本影片的主要选择。充裕的影片数量，再加上逐步完善的票房分账模式（"分甘同味"计划），为爱奇艺网络院线的发行环节构筑了坚实的增值基础。

4. 衍生产品开发

衍生产品开发一直是好莱坞电影进行产业深度挖掘的一大法宝，同时该环节的成熟也标志着整个电影产业链条的完善与繁荣。在我国，电

---

① 人民网：《小沈阳等出演〈山炮进城〉上线首周破多项纪录》，2015 年 11 月 4 日。
② 祖薇：《网络大电影蹭热点蹭 IP 不再吃香》，《北京青年报》2016 年 12 月 8 日第 A19 版。

影产业常常过于追求高票房而忽视衍生产品开发环节，虽然近些年对衍生产品逐渐重视，但是也仅仅停留在电影外在产品的售卖，对内在价值的深度挖掘仍然有待提升。根据艺恩咨询数据统计，中国电影票房与非票房收入的比例为8∶2，其中衍生品收入在非票房收入中的比重更为不堪。反之在美国，两者的比重约为3∶7，衍生品创造的产值远超北美地区的票房收入。

爱奇艺在衍生产品开发方面，主要的策略有两个方面：爱奇艺商城和爱奇艺会员建设。在爱奇艺商城建设方面，网络院线播出的影片所涉及的外在衍生产品，均可在爱奇艺商城购买。同时爱奇艺商城与网络院线深度结合，根据院线上映影片，适时推出相应的周边产品。电影观看者通过网络院线观看时一边看视频节目一边购物，满足电影粉丝的购买需求，提升影片综合价值。此外在会员建设方面，爱奇艺推出网络院线后，特别注重会员用户的运营与留存。通过建立爱奇艺 VIP 聚乐部，凝聚粉丝力量，定期根据不同的粉丝群体，设立粉丝观影专有视频区。例如"冯小刚喜剧20周年电影展"，为观众奉上共计8部冯氏经典喜剧，并且冯小刚现身影展现场与 VIP 会员互动，带来零距离对话大师体验。在会员运营上，更加注重会员的存在感与价值观念，除了组织各种电影活动外，还围绕会员进行粉丝周边产业的开发。例如爱奇艺 VIP 会员专属定制演唱会，爱奇艺邀请大张伟、陈嘉桦、林宥嘉等数十位歌手与影视演员同台献唱[①]，有力地带动了线下票务的发展，同时促进了网络院线影片的品牌传播。

（三）爱奇艺网络院线实现价值增值的策略

爱奇艺网络院线成立时间虽然不长，但是从目前电影网络发行渠道与数量来看，爱奇艺已经成为电影网络院线发行的主要选择。根据爱奇艺公布的数据，仅在2015年爱奇艺网络院线就占据网络大电影发行量的九成以上，许多院线影片在影院下线后，纷纷将目光转向爱奇艺网络院线，期望借助爱奇艺的用户优势延长电影的价值周期。爱奇艺网络院线之所以能够构建出当前的市场态势，主要因为其在以下几个方面持续发力。

---

① 光明网：《爱奇艺 VIP 嘉年华举办，打造粉丝艺人互动盛宴》，2016年8月30日。

1. 明确分账机制，主动参与投资制作

分账机制清晰明确是爱奇艺网络院线有别于其他几家视频网站建立网络院线的显著优势，分账比例的确立不仅标志着网络院线运营模式成熟，同时也吸引了众多不能够在院线上映影片制作方的关注。根据爱奇艺的分账比例，影片最高可达七成的分账比例，能够满足绝大多数中小成本影片的利益需求。对于影片制作方来讲，清晰的分账模式让他们能够更专注于精品电影的打造。据爱奇艺 2016 年 10 月和 11 月公布的网络院线上映的网络大电影的票房分成来看，排名榜首的影片分成金额均达千万级，票房收益十分可观，良好的票房收益也会增强电影制作者对于爱奇艺网络院线发展的信心。而且自 2016 年 9 月起爱奇艺在每月 10 日定期发布上月度分账金额的新片榜单和总票房榜单，并在次年的 1 月 20 日公布上一年度分账金额的年度榜单，进一步推进行业数据的公开化和透明化。这也表明爱奇艺网络院线的分账模式逐渐走向成熟，同时随着网络院线票房收益的不断提高，网络院线的市场规模也会不断扩大。

此外主动参与投资制作也是爱奇艺网络院线在上游环节的成功策略。随着视频网站对版权的争夺逐渐白热化，广渠道、全面化的版权引进成为视频网站当下及未来的主要竞争策略。随着互联网势力与电影产业不断融合，爱奇艺网络院线逐步进军上游领域，一方面能够实现资本的不断增值；另一方面能够从源头上保障网络院线的版权引进路径。爱奇艺网络院线建立之初便发布网络大电影计划，建立众筹平台，随后通过资本力量扶持中小成本电影开发，帮扶青年导演成长成才，提供网络播放平台，启动网络文学业务平台等，这些发展战略的制定都是为了使爱奇艺能够从根本上掌控电影产出的源头，保障网络院线的持续发展。爱奇艺的主动出击同样效果显著，2015 年爱奇艺投资制作以及参与发行的大部分影片都成为爱奇艺网络院线的独家电影资源，使网络院线的资源数量得到持续补充。

2. 持续丰富片库资源

爱奇艺网络院线建立后十分注重内容资源建设，致力于为用户提供丰富多样、正版优质的电影资源。爱奇艺在网络院线片库资源的建设中，长期与万达、华谊、博纳、寰亚、索尼、迪士尼、环球、派拉蒙、狮门、福克斯、东宝、松竹等全球知名影业公司保持紧密合作，以最快

速度上线院线电影，并保证经典片库的最大覆盖。另外，爱奇艺网络院线力促与电影节合作，开设电影节专区，争抢独家电影视频资源，最大限度满足视频受众的观影需求。2014年10月9日，爱奇艺釜山电影节签约乐天、Fine Cut 斩获百部韩国电影独家版。2015年6月15日，爱奇艺通过"在线影展"展映第18届上海国际电影节的53部影片。除了在电影节与著名影视制作与发行公司进行独家合作外，爱奇艺还积极与导演合作，尽力缩短网络院线上映窗口期。2014年3月24日，爱奇艺影业与香港著名导演王晶签署合作协议，在未来要合作推出6部独家影片并实现院线与网络同步上映。① 截至2016年爱奇艺VIP会员可以畅享近万部付费电影资源，囊括了国内院线90%以上最新上映影片，同时全部覆盖好莱坞六大电影公司的电影作品以及丰富的独家全网独播网络电影。丰富的片库资源能够充分满足网络视频用户的最大观影需求，同时也能够提升用户的付费意愿，保障网络院线的持续增值。

3. 拓展优质IP全产业链，实现价值最大化

传统电影产业的生产开发模式一直延续着"导演思维"或者"作品思维"，即导演提供的电影项目成为影视投资与开发的对象，而相关产业的开发与拓展也是项目在市场中获得良好的反响之后。但是2014年一些热门名导大制作的电影《黄金时代》《太平轮》《一步之遥》等遭遇票房市场"滑铁卢"，使电影投资陷入困惑。随着互联网与影视产业的深度融合，电影市场的主流消费群体逐渐被"网生代"为代表的年轻群体所占据。"网生代"受众更喜欢对品牌的认知，而作为电影产业开发品牌的对象——IP（Intel-lectual Property）便应运而生，影视公司开发制作逐渐走入"IP为王"的时代，谁有强势的IP，谁就能够打通全产业链。

在泛娱乐化时代，网络院线发展已经不能仅仅满足于视频播放与传播单一角色，而应逐渐掌握IP开发的主动权，发展成为影视制作与播出的综合性商业平台。在移动化、娱乐化、商业化产业浪潮之下，爱奇艺网络院线经过长期的发展与建设，已经构建出原创IP全产业孵化与内容付费的良性生态。爱奇艺网络院线上线先是投资成立影业公司，为电影IP全产业链开发奠定基础；随后爱奇艺试水《花千骨》IP产业链的开发，在

---

① 新华网：《王晶与爱奇艺影业达成合作　未来推六部重量级影片》，2015年3月27日。

获得《花千骨》的影视播放版权后，借助于《花千骨》的 IP 热度，联合天象互动和君游网络两家业内精英团队全力研发《花千骨》官方手游和页游精品产品，并携手版权方负责相关商品的线上线下推广，通过这一内容优质 IP 打造出首个包括游戏、电商、电影票网售等在内的产品体系。最终爱奇艺在收获高播放量的同时，也使《花千骨》的 IP 实现最大限度的价值增值。再加上爱奇艺电影主动与国内外知名电影制作公司和导演团队深度合作，掌握独家影片发行资源，同时充分利用国内外知名电影节积极宣传爱奇艺网络院线，设立电影节展览专区，为众多无缘院线影片提供发行平台，成为兼备电影发行、IP 全产业开发的重要平台。

2016 年 5 月爱奇艺网络文学的成立以及 2016 年 12 月爱奇艺 VR 战略的发布，也宣告爱奇艺网络院线初步形成以网络文学 IP 为起点、VR 开放为终端，囊括网络综艺、网络剧、网络大电影、媒体融合（PGC 内容）、文学、动漫、电商等业务板块的娱乐 IP 全产业链开发模式（如图 8-5）。正如爱奇艺创始人、CEO 龚宇所说："五年之后，爱奇艺将不

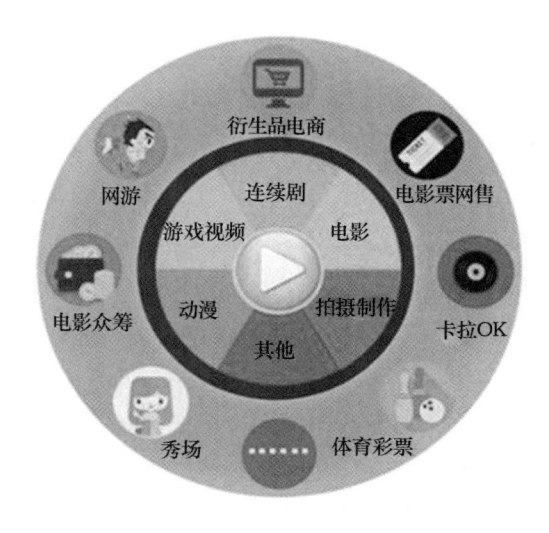

图 8-5　爱奇艺 IP 全产业链开发模式①

---

① 图片出处：《五年之后，爱奇艺将不只是一个视频网站》，https：//www.iqiyi.com/common/20150512/6231fdfd3cc245b9.html。

只是一个视频网站，而是一个健康丰富强大的消费品牌，让我们以视频为介质，让人们可以平等便捷地获得更多视频，以及视频相关的各种各样的服务。"爱奇艺基于优质IP全产业链开发模式，不断拓展优质IP的产业链条，使网络院线的载体在价值链的每个环节实现最大增值。

4. 优化观影体验，提高用户黏性

传统院线相对于网络院线来讲，在观影体验上占据着优质视听的优势，但随着视频技术的不断升级，网络院线的视听效果正在逐渐提升。爱奇艺作为中国网络视听的代表，不断提升网络视频视听体验，为用户提供优质的观影效果。

在视听技术层面：爱奇艺与高通合作，联合推出节电技术，提升爱奇艺移动端观看用户在有限时间内的观影时长；爱奇艺不断改进视频编码、云平台和CDN等技术，首先，在全网向全部直接访问用户开放1080P超高清视频，同时实现视频播放中零缓冲播放，减少用户观看等待时间。其次，爱奇艺与国际著名音频科技实验室——杜比开展战略合作，爱奇艺视频借助高保真耳机，使用户在观看高清视频的同时还能够听到杜比环绕声音效，真正体验"网络电影院"效果。2014年2月25日"2014年世界移动通信大会"（Mobile World Congress）上，爱奇艺发布了面向安卓手机、Kindle Fire等移动设备的新版客户端。新版客户端全面置入"杜比数字+内容"服务，用户在扬声器和佩戴耳机的多种环境下，都能够享受最优质的杜比音效在线播放效果。近年来随着智能影音设备的发展，VR技术逐渐应用到视听领域，2015年12月爱奇艺与HTC达成合作，双方共同将全球领先的VR视频观看体验带给中国用户。继全网独家VR视频应用外，2016年11月，爱奇艺正式推出"智能3D立体声"功能，并实现全站内容覆盖。随着科技发展不断与现实结合，爱奇艺还将继续在音频采集、制作、后期渲染方面做更深入的研究探索，为用户提供更优质的视频观看体验。

在会员服务层面：爱奇艺VIP会员不仅能够享受到4K超清体验，以及先进的智能科技视听体验，还能够最快观看到院线电影下线后的最新原声影片资源，充分满足会员观影需求。另外在会员附属价值方面，爱奇艺网络院线还充分利用当前粉丝经济发展迅速的契机，使会员享受基本的免广告、最新高清影视外，还能够参与爱奇艺线下观影团，享受与明星面对面近距离接触的机会。此外爱奇艺定期举办会员活动、粉丝演唱会等；成为爱奇艺会员还可以抽取电影周边产品、电影票、手机、电视等丰厚的奖品。极致的视听体验，再加上丰富多样的会员收益，使爱奇艺会员黏性大幅提升，2016年爱奇艺以2000万名会员的数量，占据付费视频网站首位。

三 中国网络院线价值链发展困境

近年来，随着互联网发展优势逐渐凸显，网络院线的用户规模也不断扩大，爱奇艺网络院线抓住有利的发展契机，逐渐成为网络院线的优秀代表。但是中国网络院线整体发展状况仍然处在持续摸索阶段，发展路径仍然值得深究。网络院线自2011年建立以来，其发展前景虽然可观，但是要在电影市场竞争中持续实现价值链各个环节的价值增值，仍然面临着许多挑战。

（一）上游：版权购买与融资困境分析

1. 平台吸引力不足，融资规模有限

网络院线目前在中国电影产业发展中虽然初见规模，但是由于长久以来电影发行固有的"院线"本位以及实体院线的"票房繁荣"，所以导致大量的电影发展资金流入传统电影院线产业领域，而目前中国网络院线平台对电影投资者的投资吸引力仍然十分有限。

首先，在网络院线建设方面，网络院线难以获得融资机遇。我国目前电影发展融资渠道主要来源于政府专项资金、影视发展基金会、影视制作机构（如电影制作公司）、个人投资等，根据中国电影家协会和中国文联电影艺术中心联合发布的《2016年中国电影产业研究报告》显示，2015年中国电影投资主要集中在影视基金和大型企业投资两个渠道。而在融资方面2015年电影产业共有PE（私募股权投资）/VC（风险投资）事件14宗，但是主要资金仍然流向传统电影制作公司。例如仅华谊兄弟就获得阿里创投和平安资产的联合投资22.13亿元，此外在影片直接融资上，《栀子花开》《杀破狼2》《咱们结婚吧》等影片获得影视基金的直接投资。在众多电影融资事件中，作为网络院线而言并未获得投资发展的机遇，目前网络院线基本上完全依托视频网站进行直接投资建设，例如爱奇艺网络院线便靠爱奇艺影业进行运营，乐视网、优酷网也同样依靠母公司进行投资建设，其资本规模十分有限。

其次，在网络院线影片融资方面，虽然电影众筹等渠道为网络院线电影提供了发展契机，但是由于网络大电影目前整体质量相对较差，对付费用户的吸引力较低，因此获得融资的渠道虽然广泛，但是平均资本规模十分有限，再加上网络院线投资有限，当前网络大电影的资金主要来源于广告收入、个人投资以及众筹互联网金融手段。目前国内互联网众筹渠道虽然在顶层受到政策发展的支持，但是由于众筹等资金募集方式的发展仍然处在初始阶段，在融资渠道、法律保障与规范性、使用透明度等方面存在诸多问题，因此造成了目前中小成本网络院线影片尽管市场投资众多，但是存在着"小散乱"、渠道广而不精等不足，导致平均资金数量有限、电影精品缺乏等问题。虽然目前爱奇艺网络院线占据着网络大电影发行量 90% 以上，但是最能吸引消费者付费的仍是传统院线高投资制作的电影。

2. 版权购买价格虚高，IP 抢夺陷入"烧钱"模式

版权购买作为网络院线不断充实片库资源，提升网络院线内在价值，提升用户黏性的重要手段，是网络院线建设的源头。但是随着视频网站对用户资源的竞争陷入"白热化"，为了争夺独家电影互联网发行版权，以网络院线为依托的视频网站纷纷卷入版权购买的"价格战"。网络院线发展兴盛之前，每部电影的网络版权价格远低于电视版权价格，但是随着网络院线的付费回收效应逐渐显著，当前网络版权价格一路飙升，远超传统的电视版权。以姜文的电影《让子弹飞》为例，在 2010 年其独家网络版权价格仅为 500 万元，但是 2014 年《一步之遥》上映时，独家网络版权价格上涨为 3000 万元，而依照目前的网络院线票房来看，3000 万元的票房收益已经是"奇迹"式的网络票房。在目前网络院线市场中，院线影片版权价格较高，未上院线的进口片及国产片相对价格较低。据华视网聚副总裁张明透露："票房预估超过 10 亿元的电影，其网络版权价格均突破 3000 万元；票房预估过亿但不超过 10 亿元的电影，版权价格在 500 万元到 2500 万元不等……"但是该价格只是在预估值的基础上进行版权交易的价格，由于电影市场涉及变量较

多，票房预估很难准确判断，但是网络院线为了提前抢占网络发行版权，不得不高价购买。因此过高的价格泡沫往往使得网络院线经营陷入负增长的态势，导致许多版权购买投资浪费严重。

随着网络院线逐渐向影视产业上游转移，IP 全产业链的开发也成为网络院线发展的重要突围策略。当下粉丝经济效应逐渐显现，用户对于付费内容态度的转变，也为网络院线进行 IP 产业链的拓展开发增强了信心，但为了争夺优质 IP，网络院线的竞争逐渐陷入"烧钱式"的发展困局。

IP 开发的引入对于电影产业全产业链的开发以及视频网站商业生态的建立，都具有重要的指导意义，但是优质 IP 引入使网络院线以及视频网站获得商业发展机遇的同时，也使竞争陷入恶性循环。网络院线为了占有更多的优质 IP、获得更好的市场收益，不断加大对优质 IP 的投资，但是却让自身陷入持续亏损的状况。根据优酷土豆财报显示，2015 年前三季度亏损达 2 亿美元，其中购买版权是最大成本，内容费用为 1.41 亿美元，占营收的 48% 左右。再以热门 IP《如懿传》为例，其单集价格高达 900 万元，该剧未开拍已收回 13.5 亿元版权费用，电视台版权卖出了 5.4 亿元，而网络版权由腾讯和优酷联播，分摊每集 900 万元的网络发行费。① 但是真正走红的 IP 质量参差不齐，其中有不少是捞快钱的"快餐作品"。还有一些市场呼声极高，但收益却大相径庭，电影《一步之遥》《黄金时代》《盗墓笔记》等均是此类情况。真正的超级 IP，例如《哈利波特》等才能获得现象级效果，而目前中国泛 IP 的竞争态势只会加剧网络院线的发展困境。

（二）中游：发行与版权分销的困境分析

1. 版权分销导致影片内容同质化突出

随着版权购买价格不断攀升，为了缓解成本负担，也为了更好地提升购买影片的知名度，进而降低市场风险，获得更好的市场收益，目前网络院线以高价获得网络发行版权后，通常会以版权分销的形式，将网络发行版权转售给其他视频网站构建的网络院线，而版权分销也是网络

---

① 牛梦笛：《"天价"电视剧版权，谁来买单》，《光明日报》2016 年 4 月 6 日第 9 版。

院线实现价值增值的重要手段。

2011年由乐视网牵头成立的"电影网络院线发行联盟"便是本着降低风险、版权共享的理念发起的。当时市场环境并不成熟，再加上用户付费规模较小，因此版权共享有助于培养用户消费习惯，壮大网络院线发展力量。近年来随着独家资源竞争激烈，再加上爱奇艺等新的网络院线的出现，差异化逐渐成为竞争热点。但是碍于版权交易昂贵，再加上当前中国网络环境盗版频发，版权分销依然是当下网络院线进行版权交易的主流。正如乐视网CEO贾跃民介绍："点播付费收入只占成本回收的40%—60%，还是要靠分销。"但是版权分销的结果便是网络院线失去独家资源优势，分销的视频网站也会要求同步上线，最终使网络院线内容同质化。以热门院线电影《湄公河行动》为例，该影片经过版权分销后同时在腾讯、优酷土豆、乐视、爱奇艺、芒果TV、电影网、PPTV七家视频网站的网络院线同时上映。目前在版权分销方面，爱奇艺虽然一直倡导独家资源并积极推动独家资源平台建设，但是高昂的版权费用再加上电影制作方出于更多票房利益的考虑，院线上线电影的版权分销是一贯的做法。这样的现象便会导致顾客的忠诚度不高，呈现"流水会员"的状况。虽然版权分销能够帮助网络院线快速收回版权购买成本，但是长此以往这种共享式的网络院线发展路径难以有效留存忠诚用户。

2. 院线影片"窗口期"较长

电影"窗口期"是指影片从院线下线后进入网络视频播放平台开始播放的周期。电影"窗口期"是网络院线发展的生命线，"窗口期"长短决定着用户付费效用的高低，很大程度上影响着网络院线影片发行环节的价值增值。正如陈少峰所分析的那样，零窗口期播放商业大片可以为视频网站聚拢较高的人气，因为影片上映时间较短，宣传热度还未下降，市场的影响力比较大。[①] 而对于网络院线发展而言，最优的发行增值路径便是实现"零窗口期"或同步上映。

由于网络院线的影响力逐渐扩大与视频网站的积极努力，许多影

---

① 卢扬、沈艳宇：《零窗口期电影初现，大片网络版权恐涨价》，《北京商报》2015年3月12日。

片进入网络院线的间隔期逐渐缩短，但是实现网络院线的"零窗口期"建设仍旧阻力重重。传统电影产业发展流程中，网络视频窗口期最长可持续六个月。随着互联网智能设备不断发展，中国 DVD 市场逐渐萎缩，家庭录像产业规模不断缩小，"窗口期"设定已经从此前"影院—音像制品—付费电视频道—闭路电视频道"的模式转变为"影院—视频网站/网络电视"的模式。但是从当前影片在院线上映周期来看，一般影片在院线上映基本持续在 30 天的周期。随着热门影片密钥延期的普遍化趋势，热门电影在院线上映一般在 40—90 天后才会逐步走进网络院线进行付费点播。这种现象对于许多喜爱观看电影的潜在付费用户来讲，间隔时间太久进而导致放弃付费。电影消费本身除了作为文化娱乐消费之外，还承载着人们对于最新事物消费的精神性满足程度，代表着人们对于流行文化的追求，而时间过长就会使很多消费者的电影消费兴趣大减，他们又怎么会愿意付费去观看一部过时几个月的影片呢？

在同步上映方面，早在 2009 年国外网络院线市场如 YouTube 便实现了网络与影院同步上映著名导演吕克·贝松的电影，这也是首次实现二者的同步上映。据《长江商报》报道，美国著名网络院线运营商 Netflix 在 2016 年 10 月与豪华影院公司 iPic 娱乐达成合作协议，未来由 Netflix 制作的十部电影将会实现网络院线与 iPic 位于纽约、洛杉矶的影院同步上映。[1] 受"院线本位"思想影响，爱奇艺网络院线凭借会员用户众多的优势，虽然获得了极少数影片准同步上映的机会，但是对于网络院线整体而言，同步上映发展步履缓慢，甚至遭受传统影视公司的抵制。2015 年 11 月，影片《消失的凶手》拟通过乐视电视进行付费点映，但消息一出立即受到各大影院的集体抵制，表示如不放弃点映将集体将影片下线，最终乐视网放弃了点映计划。[2]

（三）下游：网络票房回收困境分析

中国网络院线票房回收的主要因素在于网络院线影片能够满足用户

---

[1] 纪文君：《网络和影院同步上映动了谁的蛋糕》，《长江商报》2016 年 10 月 16 日。
[2] 光明网：《〈消失的凶手〉超前点映遭抵制，乐视有苦说不出》，2015 年 11 月 27 日。

消费的最大效用，从目前网络院线的发展以及影响用户网络消费的主要因素来看，网络院线的产品即网络电影起着决定性的作用。而网络电影整体质量、影片资源的可替代性、观影需求及体验都影响着网络票房的回收，决定着网络院线关键环节的价值增值。目前，影响中国网络院线票房回收的主要因素在以下几个方面。

1. 网络院线电影整体质量堪忧

目前中国网络院线的影片主要由两部分组成：院线下线电影和网络大电影。当前我国电影市场竞争激烈，院线上映电影逐渐被知名电影制作公司所垄断，具备良好的发行优势和营销优势，在受众中享有广泛知名度和市场影响力。这部分影片对受众最具吸引力，付费概率也更高。但是这部分影片同样是各个网络院线争抢的热门资源，多家的争夺导致独家优质电影资源数量很少，难以充分吸引消费者。面对这种竞争现状，目前网络院线将主要发展方向放在网络大电影的开发与合作上，高比例的收益分成与付费用户基础的形成，再加上网络院线宣发费用较低，十分符合网络大电影的上映需求，因此目前中国网络大电影发展初具规模，并成为网络院线的重要组成部分。根据艺恩咨询《中国网络大电影行业研究报告（2016）》，2016年院线电影预计上映485部，而网络大电影预计上映2500部，是院线电影的5倍①，仅在2015年网络大电影上映数量就达到700部之多。同样不可否认的是，网络大电影虽然数量众多，类型多样，但是整体质量状况堪忧。首先，网络大电影数量与质量不成正比，盈利和口碑出现倒挂，拿得出手的作品缺失，成为目前网络大电影市场面临的核心问题。此外网络大电影"蹭IP"现象十分严重。例如王宝强离婚事件"发酵"出一部名为《宝宝别哭》的网络大电影，从编剧到拍摄完成仅用8天；导演冯小刚的新作《我不是潘金莲》还没有上映，《我是潘金莲》《潘金莲就是我》等网络大电影，就已经登上了视频网站的热搜。无独有偶，诸如《捉妖济》《解救武先生》《神秘美人鱼》《澳囧》《小炮儿》等各类山寨IP横空出世，误导网络受众。② 2016年11月初，60部网络大电影遭集体下架，席卷爱奇

---

① 艺恩咨询：《中国网络大电影行业研究报告（2016）》。
② 鲁博林、李蕾：《网络大电影现状堪忧》，《光明日报》2016年9月14日第5版。

艺、乐视、腾讯、优酷、搜狐等大部分平台，被视为国家新闻出版广电总局针对"网大"全面整治的开始。这也充分说明了网络大电影整体质量亟须改善，网络院线影片质量亟须提升。

2. 盗版影片传播肆虐

盗版侵权长期破坏着中国电影产业的持续健康发展，虽然近年来我国对盗版传播网站进行了大规模的治理与严惩，但是电影盗版问题依然频发。网络院线的建设一方面在于助推视频网站以及电影产业的健康发展，另一方面对版权保护也具有重要的参考意义。影视内容付费潮流的形成，有助于培养国人的版权意识，从源头上保护电影版权。

网络院线虽然发展多年，付费用户规模迟迟难以打开局面，重要的影响因素便在于盗版影片获得的便利性使得互联网用户能够轻易获取电影网络资源，盗版影片获取习惯的养成，使得中国互联网用户拒绝为电影内容付费。盗版网站受经济利益驱动开设众多盗版传播电影论坛及BT种子分享网站，同时盗版网站借助社交媒体和网络存储设备上传盗版影片，吸引广大用户免费下载，进而提升网站流量获得广告收益。盗版传播电影中热门大片的盗录情况更为严重，而这部分影片也是网络院线获取市场收益的重要资源。例如2015年热映大片《寻龙诀》在上映第二天就出现了盗版。影片的关注度越高，盗版网站的上传速度也就越快，2015年4月上映的《速度与激情7》在影片上映一周之后便可以在互联网上观看盗版影片。5月《复仇者联盟2》上映一周也能够在互联网上找到大量的资源进行盗版链接下载。由于这些盗版影片的大量存在以及上传时间迅速，广大的视频观看用户能够轻松拥有网络观影的免费资源，自然也就没有付费的必要。这种现象的持续存在，不论是对于实体院线还是网络院线来讲都是阻碍其长久发展的重要因素。

3. 片库资源有限，观影体验有待提升

虽然网络院线的发展规模不断扩大，其上映数量不断增加，但是不可否认的是在相当长的一段时间内网络院线仍然是实体院线的补充。习近平在2016年中央经济工作会议上指出，要着力振兴实体经济。[①] 因此，在未来发展中，实体院线作为实体经济的一部分仍然是优质影片的主流

---

① 袁勃：《中央经济工作会议在北京举行》，《人民日报》2016年12月17日第1版。

选择，而网络院线虽然能够帮助文艺影片、网络大电影、艺术影片等冷门影片获得融资以及发行渠道，实现影片的自身价值，但是并不能从根本上取代实体院线电影。正因如此，网络院线"片库"的建立以及电影片库资源的丰富，是网络院线消费者进行影片消费的重要保证，也是吸引广大消费者进行单片点播或者会员付费的基础。只有网络院线资源足够丰富，才能够满足付费消费者的需要，促成二次消费。但是，从目前各大视频网站构建的网络院线影片库的资源数量来看，虽然网络大电影资源充实，但是在经典老旧影片、文艺影片以及部分小众影片建设上仍旧处于贫乏状态。以爱奇艺为例，会员付费电影专区中的经典影片数量相对较少，许多经典影片在单个网络院线搜索不到，消费者想观看这些影片时只能通过盗版网站下载观看，导致众多付费会员的流失。

视听体验同样是网络院线吸引用户付费的重要因素。根据中国电影家协会和中国文联电影艺术中心发布的《2016 中国电影产业研究报告》的调查显示，只有 7.2% 的观众选择 2D 观影，7.5% 的观众选择无特别倾向；另外针对中国电影观众陪伴观影倾向性调查显示，观众去电影院观影大部分是和家人一起，仅有 5% 的观众一个人去影院观影。这两项数据综合来看，观众进行电影消费受社交因素和视听效果影响巨大，因此对于网络院线来讲，提升视听体验，抓住单独观影观众的观影需求对网络院线的发展具有重要意义。但是当前网络院线建设中除爱奇艺和乐视网外，影片清晰度仍然处在 1080P 的高清水平，距离普遍实现 4K 超高清和 HDR（高动态范围图像）的清晰度仍然具有一定的距离。在视听体验的其他方面如 3D 效果、VR 观影、杜比立体环绕声音效等方面也存在很大的进步空间，视听体验仍需不断改进。

（四）延伸环节：衍生产业开发困境

1. 网络院线衍生产品开发滞后

衍生产品开发虽然已经被中国电影产业广泛重视，但是并没有形成一条有效的产业增值路径。对于网络院线价值增值而言，衍生产品能够有效延长电影在市场中的生命力，有效拓展产业链条。以美国迪士尼品牌为例，迪士尼作为美国电影工业生产与开发的代表，至今影响着世界数以亿计的人口，其重要策略便是衍生产品的开发，通过衍生产品的延伸伴随数代人的成长，让其影视动漫产品近百年来依然影响力不减。实体院线衍生产业开发效果不佳，实际上为网络院线借助于互联网进行电影周边的开发提供了良好的契机，但是纵观整个网络院线衍生产品开发，仍然仅仅停留在影片内嵌产品售卖阶段，并没有形成完善的衍生产品开发与售卖体系。首先，在数量和种类上，许多影片均是在院线上映或者网络点击量提升之后，才匆忙赶制出一些简单的产品，在院线或者网络渠道出售。但是这些影片周边产品并没有着眼于价值增益，而只是作为宣传手段，目的同样是提升电影票房。其次，在售卖渠道和营销方面，目前设有影视周边衍生品售卖的除乐视商城和爱奇艺商城在渠道建设上有一定的影响力，其余网络院线并没有设立相应的便捷周边产品售卖渠道。虽然优酷土豆利用电商合作引流，但是其产品质量较低，缺乏衍生产品精品。即使爱奇艺和乐视两家商城也是以自身的硬件产品售卖为主，主要销售自身智能产品，影视衍生产品在数量上和种类上均比较少。在版权授权方面，由于当前网络院线知识产权保护力度不够，版权监管体系不完善，因此网络院线后产品开发不足，品牌授权产业空白，衍生品开发市场相对混乱。这也充分说明网络院线对衍生产品开发重视不够，周边产品的价值增值系统亟须完善。

2. 跨界合作方式单一，盈利模式有待拓展

随着互联网触角伸向各个产业，依托于互联网广泛用户基础的优质IP逐渐走上全产业链开发的路径。目前，以BAT为代表的互联网集团不断加大对优质IP的抢夺，逐步形成了以IP为中心，打通影视、小说、游戏、漫画音乐、玩具以及相关附属产业的强大全产业链条（见图8-6）。未来的互联网企业谁拥有强势IP数量多，谁就能掌握全产业链开发的主动权，实现整个互联网产业生态的价值增值。

在IP全产业链开发阶段，从当前网络院线的整体发展态势来看，除了爱奇艺和腾讯视频充分利用自身实力优势，将逐步打通网络院线全产业链，其他网络院线仍旧处在单一IP版权购买阶段，资源整合力度十分有限，全产业链开发仍旧处在探索阶段，拓展范围十分有限。虽然爱奇艺在产业拓展中将IP扩展至游戏开发领域，但也仅仅是在试验阶段，其他相关领域涉及较少。其他视频网站建立的网络院线目前在跨界合作方面，也只局限在与电商合作、在线售票等领域，跨界合作范围较

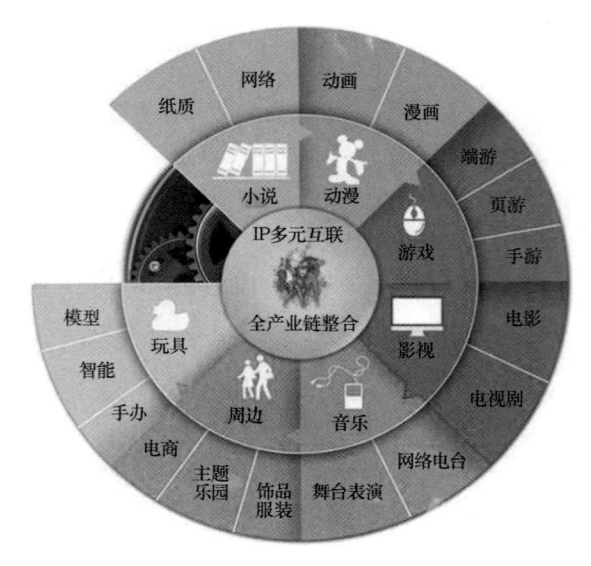

图 8-6　IP 全产业链开发示意图①

窄。由于 IP 产业链开发风险较大,所以大部分网络院线不敢尝试,只是在小范围内进行跨界合作。

在盈利模式方面,目前网络院线更多布局在版权分销、票房分成、用户付费三个方面,盈利方式仍然有限。对于网络院线而言,其会员体系建设的加强,能够最大限度地拓展网络院线的用户盈利空间。在与电影生产者合作方面,影片自身衍生产品等影片潜在价值开发仍旧是短板,网络院线仅仅完成了影片发行的基本功能。未来网络院线对于影片的衍生价值链仍需加大拓展力度,充分挖掘影片 IP 本身的内在价值,进而拓展网络院线的盈利空间。

四　中国网络院线价值增值的提升路径与制度保障

(一) 网络院线价值增值的提升路径

价值链理论指出,企业与企业的竞争,不只是某个环节的竞争,而

---

① 图片出处:《观察　骅威第一波:言传身教如何分得 IP 大市场的一块奶酪》,https://www.sohu.com/a/27437929_ 114795。

且是整个价值链的竞争，整个价值链的综合竞争力决定企业的竞争力。正如波特在《竞争优势》中所说："消费者心目中的价值由一连串企业内部物质与技术上的具体活动与利润所构成，当你和其他企业竞争时，其实是内部多项活动在进行竞争，而不是某一项活动的竞争。"① 因此，互联网企业在建设网络院线的过程中，同样应把握住网络院线价值增值的关键环节，在泛娱乐化市场竞争中，尽可能实现每个价值环节的剩余价值最大化，以此在激烈的市场竞争中保持有利的竞争优势。针对当前发展所遇到的各种限制因素，网络院线的运营企业可以在以下几个方面着手改进，进而实现网络院线产业链的整体价值增值。

1. 共建投融资平台，优化"IP"开发机制

目前网络院线之所以与实体院线难以"相提并论"，原因在于缺乏大规模的资金支持。正所谓"巧妇难为无米之炊"。首先，各个视频网站应该积极合作，共同设立支持网络院线发展的投融资平台，帮助致力于网络院线发行的中小成本优质电影实现自身价值的最大化。面对当前网络院线的发展"瓶颈"，爱奇艺、乐视、优酷等几家大的视频网站应携手建立投融资平台，联合打造出一批产生于网络院线的优质电影，从而提升网络院线的整体知名度与市场竞争优势，进而获得总体的价值增值。目前几家视频网站的用户规模与增长态势基本持平，原因便在于彼此均把对方视为竞争对手，一味抢占垄断资源，长此以往最终会造成两败俱伤的结果，当前视频网站持续亏损便是最好的例证。正如《合作竞争》中所说："企业经营活动是一种特殊的博弈，是一种可以实现双赢的非零和博弈……企业的经营活动必须进行竞争，也有合作。"② 基于合作竞争理论的战略目标，建立和保持与所有参与者的一种动态合作竞争关系，才能最终实现共赢局面。网络院线的发展同样如此，目前中国付费用户规模不断增大，网络电影数量不断增多，但各个网络院线均出现数量繁多但精品缺乏的困境，因此，只有各个网络院线共同携手，才能实现整体的共赢。另外，合作建立投融资平台，一方面能够减轻单个

---

① ［美］迈克尔·波特：《竞争优势》，陈小悦译，华夏出版社 2005 年版，第 36 页。
② 参见［美］拜瑞·J. 内勒巴夫、亚当·M. 布兰登勃格《合作竞争》，王煜全、王煜昆译，安徽人民出版社 2000 年版。

视频网站的投资负担；另一方面也能增强网络院线投资影片的竞争活力。为了获取丰厚的投资，网络电影制作者应更加注重内容的优质，从而有利于优质影片的形成。

在 IP 资源的争夺方面，网络院线应保持理智，针对自身优势，合理进行 IP 资源购买与开发，建立 IP 开发的良性循环模式。自 IP 概念在中国创意市场出现并成为掌握泛娱乐产业链开发的核心之后，网络院线资源争抢也逐渐进入"烧钱"式的盲目状态，一切以"IP"为纲而罔顾自身发展实力。网络院线购买 IP 资源，首先，应根据市场现有情况注重 IP 版权购买的差异性，建立独有的市场定位，保持自身的市场竞争优势。其次，应认真评估 IP 的潜在价值与自身开发实力，避免将 IP 奉为一切影视制作与开发的核心。《黄金时代》与《九层妖塔》的票房遇冷便验证了 IP 为纲的错误性。最后，在优质 IP 开发方面，可联合优秀的传统影视公司共同制作，提高电影的制作水准，提升优质 IP 的内在价值。以爱奇艺为例，2016 年 12 月 1 日爱奇艺与索尼电影公司共同宣布双方达成战略合作，未来将联合开发 Chosen 等一系列超级网络电影项目，推动网络大电影由量到质的转变。[1]

2. 打造差异化内容平台，缩短影片发行"窗口期"

当前网络院线版权价格飞涨，版权购买方为了分解版权购买压力而进行版权分销，进而导致网络院线平台整体出现内容同质化的发展困境。内容作为网络院线发展的核心资源，要想在市场竞争中保持竞争优势，只有打造出独具特色的网络院线发行平台，才能吸引稳定的用户群体。首先，在版权购买方面，网络院线应根据自身的市场定位与院线特色，加大对相关影视资源的版权引进，例如腾讯视频在打造自身的网络院线时便将好莱坞等海外电影资源作为产品亮点。根据腾讯视频 2016 年发展战略，将实现 100% 覆盖华语院线电影，此外还将涵盖 2000 多部北美经典影片和最新院线大片[2]，同时与派拉蒙和米高梅等好莱坞电影公司达成合作，独家授权播放部分优质好莱坞电影。其次，在网络院

---

[1] 爱奇艺官网：《爱奇艺发布网络电影战略合作计划，携手索尼、罗杰·科尔曼助推产业升级》，2016 年 12 月 1 日。

[2] 许青红：《腾讯视频欲打造"视全视美"内容帝国》，《京华时报》2015 年 11 月 9 日第 24 版。

线内容建设中，应找准市场定位，细分受众群体，充分发挥自身优势，打造出独特的网络院线资源体系。最后，在版权分销方面，网络院线可采取差别分销的战略。网络院线在获得影片播放授权后，可根据每个视频网站的用户特征进行差异分销，以此提高分销价格或者分成收益。差异化的分销能够更有效集中用户群体的付费选择，进而实现影片的应有价值，避免影片同质化的发展困局。

在网络院线的当前发展中，院线影片作为网络院线主要"吸睛点"刺激着用户付费的实现，因此上映周期的间隔对用户付费的选择至关重要。首先，网络院线应积极把握住中小成本影片的发行选择。这部分影片由于资金实力有限，发行成本较小，因此相应的院线排片便受到"积压"。除了"票房黑马"外，这部分影片基本上在实体院线中遭受冷遇，票房业绩不佳，甚至制作成本难以回收。因此网络院线应力促实现这部分影片"零窗口期"上映，及时获得影片的首播权，提前获得竞争优势。以2015年为例，中国国产电影票房过亿影片仅48部，仅占总比例的6%，可以说大部分影片票房收益十分有限，因此应极力缩短这部分影片的上映间隔，抢占用户资源。其次，网络院线可与实体院线积极合作。针对一些排片率低的影片，可与电影制作方及实体院线达成合作，提前转入网络院线。该部分影片由于不受观众欢迎，实体院线受成本运营的考虑，一旦上座率低，便会逐步减少放映场次。因此网络院线可以以利益分成的形式与实体院线合作，将这些影片尽快拿到网络院线上映，这样不仅节省院线运营成本，同时能够扩大影片的受众范围，实现双赢。

3. 设立网络院线准入标准，改进影片分账模式

由于网络院线目前处在发展的初级阶段，在很多情况下只是追求量的积累，但随着网络院线规模的不断扩大，网络院线应积极担负起提高网络院线影片整体质量的责任。当前网络大电影是网络院线的主要内容构成，但这部分资源目前处在数量多、质量差，有票房、无口碑的发展境地。网络院线在提升网络电影整体质量过程中，首先应设立网络院线的准入标准，不仅仅是时长标准，更重要的是设立质量审查标准。网络院线对于合作的影片可以提前邀请志愿者或者内部人员观看审核，确保影片的高级趣味。针对当前"蹭IP"的现象可以加大对影片制作者的

警示，下线有"蹭 IP"嫌疑的影片。爱奇艺网络院线在 2016 年 12 月 5 日发布了网络大电影内容价值观说明，划定了网络大电影的 9 条红线，明确表示抵制宣扬血腥暴力、不良婚恋观的作品，也拒绝片名低俗化，蹭 IP，宣发内容低俗无底线的作品。① 但是，当前仅仅是爱奇艺在付诸行动，并未形成行业内的共有宣发标准。因此，在设立网络院线影片质量标准的过程中，最重要的是各个视频网站形成统一认识，共同遵守影片质量发行公约，设立低俗影片黑名单制度，对于触犯底线数次的影片制作方采取永不合作的处罚，从共有机制上提升影片的总体质量。

此外，在影片的分账模式方面，为提升网络电影的整体质量，首先可根据影片的质量及受众反响，改进影片分账模式。对于优质影片可提高分账比例，延长付费周期，以此来鼓励影片制作者不断提升影片质量。其次，可根据受众反响将影片设定不同的分账级别，设立多档次的影片分账模式，进而打击低劣影片，鼓励优秀影片创作。2016 年爱奇艺网络院线便逐步调整"网大"的分成模式。在此前最低 1.5 元/次有效点击（有效点击，即付费观看）的 C 级片之下，增加 D 档 0.5 元/次有效点击的影片，简称"五毛档"。同时，将优质"网大"的付费周期上调到 12 个月。② 这两种举措的推进通过给予优秀作品更好的资源平台，加强网络大电影精品化的建设。根据艺恩咨询统计，2016 年网络院线分账超百万元影片已经超过 200 部，根据该发展趋势，2017 年网络院线超百万元分账影片有望突破 500 部，其市场规模也将不断扩大。而根据盈利—扩大再生产的规律，一旦劣质电影尝到甜头，其连锁效应便会造成整个网络院线整体影片质量低下。因此对于网络院线来讲，应充分利用收益分配调节手段控制网络院线质量持续走低的不良局面。

4. 持续丰富"片库"资源，增强用户观影体验

克里斯·安德森的长尾理论指出："只要产品的存储和流通的渠道足够大，需求不旺或销量不佳的产品所共同占据的市场份额可以和那些少数热销产品所占据的市场份额相匹敌甚至更大，即众多小市场汇聚成

---

① 祖薇：《网络大电影蹭热点蹭 IP 不再吃香》，《北京青年报》2016 年 12 月 8 日第 A19 版。
② 祖薇：《网络大电影蹭热点蹭 IP 不再吃香》，《北京青年报》2016 年 12 月 8 日第 A19 版。

可产生与主流相匹敌的市场能量。"① 而网络院线正是符合长尾理论所描述的产业发展环境，网络院线的主要影片构成也符合长尾理论所提出的产品特点。因此，在网络院线建设过程中，应持续加大对网络片库资源的建设，吸引更广泛的网络院线消费者。目前国内网络院线上线的主要影片除网络大电影外，一般以最新的院线电影为主要盈利资源，但是对于许多"70 后""80 后"的消费者，经典老旧影片有着十分庞大的需求市场，目前在网络院线的内容建设中资源仍然较少。作为经典影片的主要受众，他们目前一般均有稳定的收入来源，因此付费的潜在可能性也会更高。此外很多文艺电影同样拥有一定的观众群体，他们的观影需求同样应该得到满足。针对这两部分影片，网络院线可与中国电影资料馆等机构合作，灵活调整价格体系与分成模式，扩大影片的内容建设。

　　依照施拉姆的信息选择或然率公式可以看出：选择的或然率＝报偿的保证/费力的程度。再根据效用理论，被假定为"理性人"的消费者，在外在环境既定的条件下，会根据自身目标和有限资源做出最优选择，以实现效用的最大化。因此对于网络院线的用户付费来讲，其影响付费选择的因素在于：获取资源的便捷性、观影的心理满足度、付费的成本、流畅的观影体验、是否为稀缺资源等几个方面。因此，网络院线在满足消费者观影体验的过程中，在不断充实片库资源的同时，还应注重以下几方面：在影片建设上，积极与影片制作商合作，抢占独家影片资源，实现资源的无可替代性。在影片的观影视听方面，加强与影音视频技术商的合作，不断改进影片清晰度与流畅程度。在观影硬件方面，加强影音智能设备的研发与普及，提升网络院线的观影效果，满足付费用户的高质量观影体验。在会员服务建设上，充分利用大数据优势，根据用户观影习惯，向用户及时推送具备潜在消费需求的影片，发掘用户潜在消费，节省用户搜索成本。据 Netflix 统计，该平台借助数据分析实现用户选择推荐影片比例达到 75% 以上。② 此外随着互联网影视互动模式的开启，网络院线可增强用户的互动观影体验，满足用户的多层次观

---

① ［美］克里斯·安德森：《长尾理论》，乔江涛译，中信出版社 2006 年版，第 170 页。
② 陈蒙蒙：《Netflix 付费流媒体视频网站的突围策略》，《传媒》2013 年第 8 期。

影需求。例如除了弹幕功能之外，360 网络院线还推出了明星陪你看电影、土壕包场等互动项目，主打"观影 + 社交"的网络观影新模式。多样化、全方位、智能化的观影需求能够最大限度地实现用户付费的最大效用，提高用户付费概率，改善网络院线票房回收的困境。

5. 加大衍生产品开发力度，拓展盈利模式

网络院线基于互联网的基因而产生，本身拥有强大的数据优势和电影衍生产品开发与后期营销的优势，因此，可以根据消费者观看喜好，清晰描述用户画像，加大对衍生产品的开发，拓展网络院线的衍生产业链条，实现总体产业链的价值增值。

首先，网络院线加大对优质 IP 全产业链的拓展力度，形成以 IP 为中心的影视娱乐产业生态圈。目前，网络院线实际建设缓慢，除了在游戏方面有初步合作外，其他产业拓展进度有待加快，原因在于购买 IP 后均想独家全面开发，但由于风险较大且资金来源有限，因此只能单方面逐步尝试。因此，网络院线在投资开发 IP 方面，应做好衍生产品的前期介入与产品策划，根据 IP 的内容特点，除开发影视资源外，同时做好游戏开发、图书出版、玩具产品、品牌授权等各项工作的规划。鉴于当前网络院线资金链紧张的现状，网络院线可与不同的内容开发商合作，共担 IP 全产业链开发的风险，进而实现企业利润的最大化。后期授权方面扩大授权范围，电影播出后根据市场反响，挖掘影片主要收视群体的衍生产品喜好，在做好版权保护工作的前提下，对不同产品类别进行授权开发。美国电影产业之所以在全球具有强大的影响力，原因在于其衍生品开发在电影项目运作之初就当作重点项目进行运作。以《变形金刚 4》为例，总投资约为 2 亿美元，但影片中植入了 17 个品牌，再加上玩具、服装等总收入，该电影仅衍生品授权在中国市场便收回了上亿美元，占总投资的一半。由此可见，拓展产业链条对于网络院线衍生品开发至关重要。

其次，在网络院线的盈利空间上，可细化网络院线影片的内容元素，充分挖掘潜在盈利产品。当前网络院线盈利模式主要依靠现有的广告植入、用户付费及版权分成等方式，盈利空间有限。在未来发展中应拓展盈利方式，实现盈利方式多元化。随着数字化的推进，目前电影市场已逐步放弃 CD、录像产品，但是仍然有相当一部分消费者存在。对

于网络院线来讲，可抓住该小众市场，为这些消费者提供产品服务。网络院线可通过独家售卖或与电商合作，将热门影片的原声音乐及原画质超高清影视资源以数字或光盘形式进行出售，拓展盈利渠道。同时这些资源还可与高品质影音设备进行搭配，满足高端消费人群的需求。此外，还可优化广告投放方式，降低用户反感度。付费电影资源在网络院线中的免广告是指免去片前广告，而网络院线可根据影片内容提供广告定制开发服务，使广告与影片内容完美契合。以腾讯视频和正午阳光影视的合作为例，在网络剧《如果蜗牛有爱情》中将探探的广告与网剧剧情搭配，并由剧中人物代言，设定与网剧剧情相近的场景。这样既能达到广告插播的目的，也能让用户在不同的剧情体验上大大降低广告反感程度。另外在在线票务方面，随着 Online To Offline 的发展，在线购票已经成为中国消费者购买电影票的重要方式，根据艺恩咨询统计显示，2015 年中国电影市场用户在线上购买电影票的比例达到 57.5%。并且，由于其促进电影销售的作用越来越重要，一些大的购票网站已经开始参与电影票房的分账。① 因此，网络院线未来在盈利方式探索中，随着用户规模的扩大可以进军在线票务市场，拓展盈利空间。

（二）网络院线价值增值的制度保障

随着网络院线影响力的提升，已经不能将其仅仅视为一个简单的视频网站企业，随着影片数量与市场规模的壮大，网络院线将会成为中国电影产业的重要发展平台。因此，其产业价值链的完善与价值提升，更需要国家层面及政府部门的扶持协助，以行政及经济手段为网络院线的价值增值提供制度保障。

1. 完善网络院线政策体系

近年来，受排片制的影响，大量影片深陷"影院一日游"以及无缘上映的困局。随着互联网进入电影产业，网络院线应运而生，进一步扩大了电影的发行渠道，为中小成本影片找到了重要的宣传与发行平台。但是，网络院线自建立以来一直在市场中摸索前进，并未得到国家及政

---

① 何群、王之风：《互联网企业的电影布局对电影产业的影响分析》，《当代电影》2015年第7期。

府层面的支持协助，因此，给予电影的扶持政策亦应逐步覆盖网络院线建设。

首先，政府部门应出台网络院线建设的指导性意见，明确网络院线进行电影宣传和发行的影片范畴，避免与实体院线发展相冲突。目前，网络院线的发展已经成为电影产业内部的共识，而且得到了互联网企业的持续支持，其产业规模也在不断壮大。但是新闻广电官方机构并未对网络院线作出明确界定与规范，未来发展也没有明确的方向指引，这种情况容易导致网络院线发展错位，其价值增值也就无从谈起。

其次，将网络院线发展纳入《电影产业促进法》[①]，出台网络大电影指导条例，对网络大电影的标准和整体质量进行约束，提升网络大电影的影片质量。条例的出台可充分参考视频网站提出的意见，坚持行政指导与市场自由相结合，既要保证网络院线朝着积极健康的路径发展，又不能过于限制视频网站的发展空间。

最后，设立网络院线发展基金，鼓励和支持网络院线发展。可与网络院线建立者以及电影投资机构合作建立网络院线发展基金，用作支持网络院线建设优质网络电影发展平台。重点支持网络院线进行优质IP全产业链开发，促进优质影片通过网络渠道"走出去"，提升中国电影产业品牌影响力。

2. 建立网络院线评价考核机制

由于网络院线处在发展的初级阶段，为保障网络院线健康的发展方向，实现网络电影社会效益与经济效益的协调统一，可建立网络院线的评价考核机制，定期对网络院线进行评价考核。

首先，管理部门应根据网络院线的发展实际出台相应的考核管理办法，设立评估考核机构，发放相应的网络院线运营牌照，助推网络院线正规化，同时鼓励网络院线建立自审、自查、自我考核机制，促进网络院线的规范运营。

其次，建立联合考核机制。政府部门可联合相关专家、网络院线

---

① 《中华人民共和国电影产业促进法》已于2017年3月1日起施行。总则第二条强调："通过互联网、电信网、广播电视网等信息网络传播电影的，还应当遵守互联网、电信网、广播电视网等信息网络管理的法律、行政法规的规定。"

运营机构及网络受众，采用抽查的方式对网络院线播放的影片质量、网络院线的运营模式进行评价考核，对于传播低俗影片、侵犯影视版权的网络院线予以取缔。针对考核结果进行公开通报，同时针对网络院线发展出现的问题，及时指导，督促改进，保障网络院线平台的健康运营。

最后，充分运用税收杠杆和经济政策鼓励优秀网络院线的发展。出台相应的网络院线考核标准，对于优秀建设单位可采取税收优惠、专项资金支持等奖励方法，推动网络院线优质竞争。此外通过经济政策鼓励网络院线强强联合，目前网络院线大多依托视频网站运营，单独运营发展实力较弱，因此政府部门可通过金融支持、税收减免等金融政策，鼓励网络院线独立运营并促进强强联合，实现网络院线平台的壮大与影响力提升，真正为中国电影产业提供第二条电影发行渠道。

3. 加强版权保护，加大盗版影片整治力度

目前内容付费已经成为各个互联网内容运营平台的主要发展策略，随着人们版权意识的提高，互联网内容免费的时代逐渐远去，在未来付费将成为互联网内容资源提供的主要方式。盗版影片的传播破坏着网络院线的良性发展，应该加大力度予以整治。

首先，网络监管部门应提高技术监管水平。网络版权监管部门应提高影视数字版权技术水平，与国内外先进技术公司展开合作，提升依法保护网络内容版权的能力，并向有关资质企业逐步推广最新技术手段，全方位清查盗版影视资源以及其他数字资源。

其次，加大对盗版影片传播的惩罚力度。当前国内电影市场盗版频发的主要原因是盗版传播付出的代价低而获利高。电影版权主管部门未来可尝试将影片盗版纳入经济犯罪范畴，提升盗版惩罚力度，让盗版者得不偿失，这样才能遏制盗版传播乱象。

最后，引导和建立行业内部监管组织机构，完善行业内部版权举报与清查机制。由政府部门牵头联合网络院线相关视频传播平台，组织建立行业内部盗版监察组织，形成有效的举报与清查机制，进行平时的盗版清查与警示。该组织为全平台性质，可由行业成员共同出资成立，对于不听劝告的机构和个人，可由行业组织直接向监管部门举

报并协助治理，共同打击盗版影片的传播，为网络院线电影版权提供保护。

网络院线自 2011 年诞生以来，便肩负着为中国电影产业提供第二条发行渠道，实现电影产业优化，提升电影产业总体水平的重任。随着互联网力量逐渐深入影视产业链的各个环节，网络院线所汇集的资本力量也逐步向原有的产业链上、下游布局。随着泛娱乐产业形态的逐步形成，网络院线也从原来单一的影片发行，逐步发展成集影视投融资、IP 开发、版权分销、衍生品开发等于一体的网络电影商业机制，网络院线的产业链条不断扩展，其价值增值的内容形式也将更加丰富。

爱奇艺网络院线作为中国网络院线发展的代表，最早开始布局网络院线全产业链建设，通过实施网络大电影计划、"分甘同味"计划、全产业链建设等发展战略，逐步探索出网络院线发展的良性之路。爱奇艺网络院线凭借在发展中加大对优质 IP 的全产业链开发，拓展盈利空间；明确分账机制，持续丰富片库资源；不断改进视听技术，丰富会员内容建设等运营策略，逐渐占据市场竞争的优势，其发展经验也值得其他网络院线借鉴。但是，应该看到包括爱奇艺网络院线在内，当前中国网络院线在实现总体价值增值的发展中仍然面临着诸多困难。平台吸引力不足，版权价格虚高，限制着网络院线的内容开发与引进。版权分销造成的同质化，影片"窗口期"过长，导致影片发行出现困局。在票房回收方面存在着影片整体质量低下、盗版肆虐、片库资源有限的限制因素。衍生品开发滞后，盈利模式单一困扰着网络院线延伸价值的增长。这些限制因素束缚着网络院线的整体价值增值。

面对诸多不利因素，网络院线要想逐步占据竞争优势，实现总体产业的价值增值，笔者认为网络院线的运营者和政府部门应共同担起重任，真正为中国电影产业的网络发行开辟一条良性发展之路。对于网络院线自身建设而言，应携手共建投融资平台，优化 IP 开发机制；打造差异化内容平台，缩短影片发行窗口期；设立网络院线准入标准，改进影片分账模式；持续丰富片库资源，增强用户观影体验；加大衍生产品开发力度，拓展盈利模式；通过加强内容建设实现产业持续增值。对于政府部门而言，应完善网络院线政策体系，建立网络院线评价考核机制，加强版权保护，加大盗版影片整治力度。通过行政或经济手段为网络院线的价值增值提供制度保障。

  网络院线的建设是一个长期而又艰巨的过程，在发展过程中必然会出现新的困境，只有通过创新才能突破瓶颈。创新则是实现产业繁荣的根本，是一个民族进步的灵魂，网络院线发展只要坚持创新，明确发展定位，必然会实现产业整体的价值增值。

  （本文作者：李贺，首都师范大学文化产业专业 2014 级硕士研究生，
现为河南艺术职业学院文化传播学院党政办公室主任、助教）

编　后　记

　　几年前，我计划将我在首都师范大学"首都新农村文化与社会发展研究中心"做过的九个应用型研究课题成果编辑出版。当时觉得这些课题紧密联系实际，直面首都文化发展与建设、特别是城乡接合部文化生态现实，如果围绕首都文化建设这个中心予以加工、整理、出版，还是具有实实在在的价值和意义。于是，我很快就着手这项工作，稿子汇集起来以后，随着修改的深入，其中一个十分重要的问题逐渐浮现。这些课题基本上都是应命之作，每年都由中心根据北京市政府工作报告精神发布总的课题，然后由各位成员根据自己的研究领域细化为子课题。大家再用差不多半年的时间，带领自己的课题组完成一篇研究报告。这些报告得到过北京市有关部门的肯定，获得过奖励，证明了它的应用价值。然而，问题的另一面就是它的时效性。当我要将其汇编出版的时候，我发现大部分内容的时效性已经失去，它曾经的价值也已经随着时间的推移消磨掉了。在这种情况下，我不得不舍弃掉原来的计划，另起炉灶了。

　　现在大家看到的这本书，它的主题并未远离原来计划的核心，依然是围绕着首都文化建设这个主题，只不过它更加具有普遍性，更加具有研究色彩，更加强调理论性和方法论意义。之所以能够实现这种转换，得益于十几年来这些作者都是围绕着都市文化、文化创意、文化产业、文化服务、网络文化空间等问题展开研究的，因此，我能够在这个基础上，将这些研究成果整合起来，围绕"都市：货币、文化空间与人的发展"这个中心旋转。

编入本书的八篇论文中，王晓辰的《首都功能核心区名人故居文化生态与文化创意模式研究》是她读书期间完成的阶段性成果，因内容与本书主题相关性高，故编入本书。其他七篇都是硕士学位论文。当然，并非我指导的所有学位论文都能够进入本书，只有符合如下两个要求的学位论文才能入选。首先，当然是写得好一些的。其次，主题与内容符合本书的需要，那些虽然完成质量较好，但与本书主题关系不密切的论文没有编入本书。

书中的八篇论文虽然独立成篇，但鉴于它们所论问题的相关性，组合为一个整体仍然显示出其中的逻辑性。它们围绕一个中心——都市文化与人；它们沿着从抽象到具体、从理论到实践的轨迹——由西美尔的货币哲学、列斐伏尔的空间生产理论、波特的价值链理论以及国内学者的学术观点，到首都的历史文化街区和名人故居、中关村创意产业集群和宋庄艺术创意产业园区、艺术类博物馆审美教育与公共文化服务、网络文学生产和网络院线价值增值等或微观或具体的案例研究，凸显了都市文化研究内容的丰富性和现实意义。本书大体采取了由宏观到微观的结构形式，但并不拘泥于此。实际上，每一章作为独立的论文，都有自己由宏观到微观的结构路径。

需要说明的还有如下几点：第一，书中有的章节使用的数据是几年前的，但这并不影响研究的价值。第二，根据本书的要求，对编入的论文做了较大幅度的剪辑与修改，这些工作主要集中在对文章文字的梳理，对数据的补充与纠正，对无关内容的删除等，至于论文的观点和主要论述，都一如其本来面目，尽量保留原貌。第三，本书采取了章的结构，因此，作者的名字和简介一律缀在每一章的最后，以表明著作权的归属和文责。

本书的编写完成于新冠肺炎疫情期间。编者对文章存在的大大小小的问题尽力做了修改，但由于编者的水平、能力所限，其中的问题可能还有很多，这些还需要读者批评指正。这八篇论文的作者现在已经走上工作岗位，但当时都是青年学生，他们走过的足迹可能还不够扎实、稳重，但仍然是他们成长过程中真切的脚印。作为导师，我尽力帮助他们走得好一些稳一些，但有时真的力不从心了。

书稿最后修改定稿时，我邀请闫烁参加审校工作，担任副主编之责，博士生马丽、颜煌整理了部分资料，谢谢你们！首都师范大学文学院为本书出版提供了专项资助，深表感谢！中国社会科学出版社安芳女士，为本书的出版付出了辛勤劳动和极大耐心，真心感谢！

包晓光

记于首都师大文科楼 502 室

2021 年 2 月 5 日